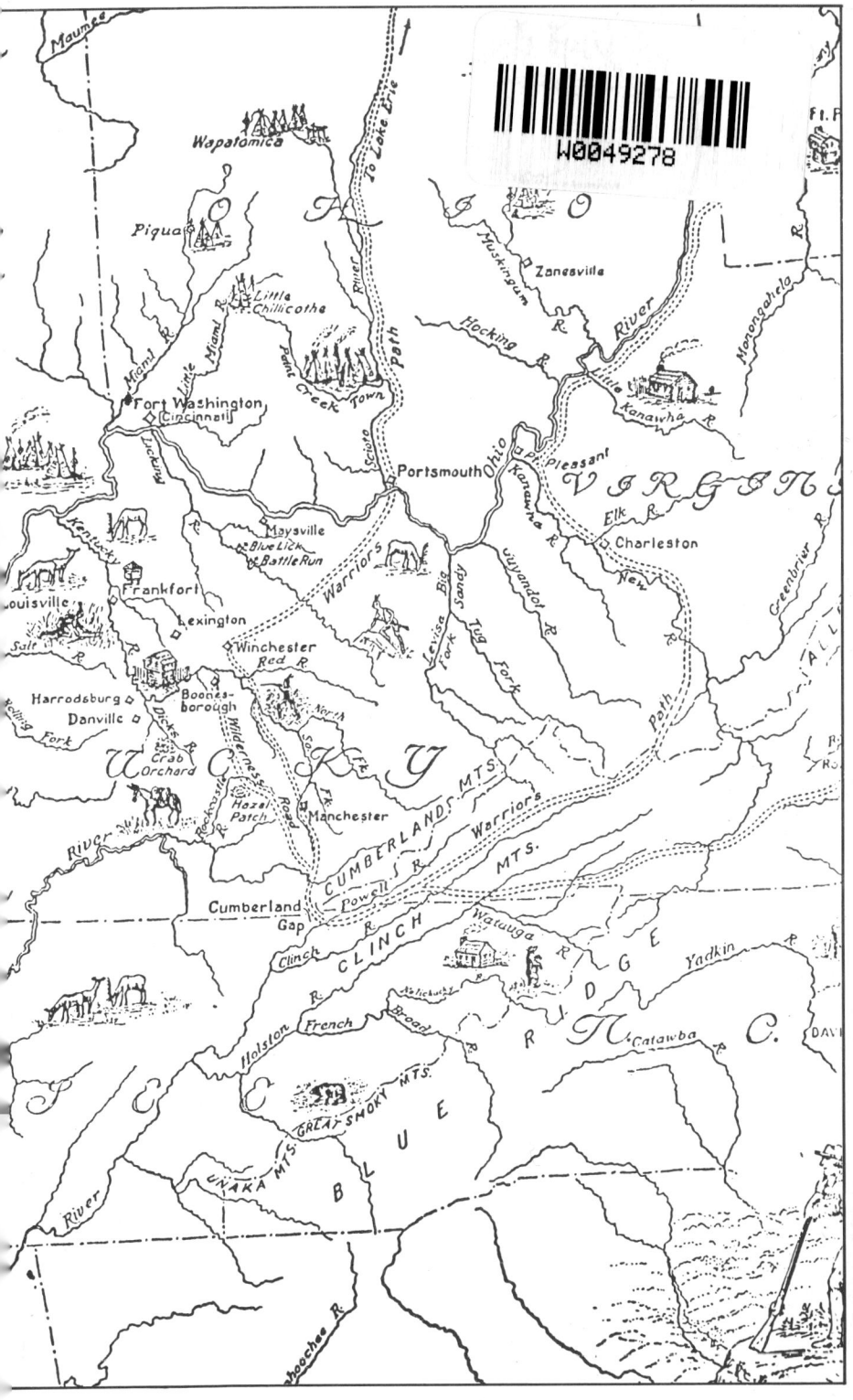

PETER BAUMANN

Auf den Spuren von Coopers Lederstrumpf

Mit einem Geleitwort von
James A. Michener

List

Soweit nichts anderes vermerkt, stammen
sämtliche Fotos vom Autor

Schmutzumschlag: Kaselow Design, München;
Foto: Peter Baumann

ISBN: 3-471-77169-7

© 1989 Paul List Verlag in der Südwest Verlag GmbH. und Co. KG, München,
Vorwort: © 1989 by James Michener. Deutsche Rechte durch Paul & Peter
Fritz AG,
Zürich. Nr. 25120
Printed in Germany
Druck und Einband: Mohn & Co, Güterloh

Meinem Freund Karlheinz Baumann

Inhalt

Vom neuen Anfang
in einer neuen Welt

Ich wuchs in einer Universitätsstadt auf, in der alles, was wertvoll und wichtig war, aus Großbritannien kommen mußte. Das hätte auch für meine Sicht der Dinge gegolten. Aber dann, eines Tages, als ich noch ein junger Mann war, zog ich nach Colorado, nach Westen, und fand ein neues Universum, das meine Gefühle, meinen Verstand und mein politisches Bewußtsein ganz in Anspruch nahm. Von Colorado aus gingen wir ein- oder zweimal im Jahr nach Chicago, und das hieß für mich in den Osten reisen.

Ich habe also selbst den Traum von einem neuen Anfang in einer neuen Welt geträumt und seine Verwirklichung erfahren. Daher weiß ich, warum für viele Menschen Geschichten über die Pionierzeit Amerikas, die weite und offene Landschaft im Westen und die Bewährung in der Wildnis große und zeitlose Themen sind.

In einem meiner Romane findet man das historische Bild von Menschen im frühen 16. Jahrhundert, die das westliche Ufer der Chesapeake-Bucht verlassen, das ziemlich besiedelt war, und an der östlichen Küste landeten, wo es keine Ärzte, keine Dentisten, keine Apotheken und keine Läden für wichtige Waren gab. Es war ein ungeheures Wagnis, und doch wurde es für die Chance eines Neubeginns unternommen – so wie später der lange Marsch über die Großen Ebenen, über den ich in der »Colorado-Saga« schrieb. Daniel Boone, der Held dieses Buches und offenbar auch der Mann, der Coopers »Lederstrumpf« war, ist durch seine Lebensgeschichte ebenfalls untrennbar mit diesem großen Abenteuer der Menschheit verbunden.

Unter den Amerikanern, die eigentlich noch immer eine Grenzer-Gesellschaft sind, die keinen Bedarf an Literatur hat, waren Coopers »Lederstrumpf«-Romane in der Vergangenheit ein großer Erfolg. Seine Lesergemeinde war groß, weil die Leute mehr über eine Welt erfuhren, in der sie lebten und von der sie etwas wußten. Heute gilt das alles bei uns als ein wenig überholt und gar zu romantisch – auch das Thema der lebenslangen Freundschaft zwischen einem Weißen und einem Indianer, für das man in der ganzen amerikanischen Geschichte kein Beispiel findet. Unsere Geschichte ist mit den Indianern nicht gut umgegangen. Dabei waren viele der nördlichen Stämme – wie die Cheyenne, die Sioux, die Arapahoe und andere – ausgesprochen nobel. Sie ließen zwischen 1820 und 1850 endlose Wagenkolonnen unbehelligt durch ihr Gebiet ziehen. Wir haben zwar Historiker und historische Gesellschaften, die jene Zeit aufarbeiten, aber die Mehrheit der Amerikaner verdrängt das Thema Indianer aus ihrem Bewußtsein.

Anders im übervölkerten Europa. Dort entsprang die Beschäftigung mit der scheinbar naturnahen Lebensweise der Indianer den Sehnsüchten vieler Menschen. Auch Coopers »Lederstrumpf«-Erzählungen blieben im Gegensatz zu seinen See-Romanen Lesestoff bis in die heutige Zeit. Sie regten während des 19. Jahrhunderts vermutlich zu den Forschungsreisen des Prinzen zu Wied und des Herzogs Paul Wilhelm von Württemberg in den Westen Nordamerikas an. Während der Vorarbeiten für mein Buch »Texas« entdeckte ich auch, wie stark die Besiedlung durch die Deutschen in diesem Teil der Vereinigten Staaten war. Allein im Jahre 1845 wanderten 10000 Kolonisten aus Deutschland ein. Sie gründeten Oldenburg, New Brausfels und Fredericksburg. Sie waren auf der Suche nach einem anderen Leben – einem Leben in einer neuen Welt, von der viele erstmals durch James Fenimore Cooper erfahren hatten.

James A. Michener
Coral Gables, im Frühjahr 1989

Auf den Spuren
von Coopers Lederstrumpf

In der ersten Hälfte des 19. Jahrhunderts, als der Schriftsteller James Fenimore Cooper seine »Lederstrumpf«-Erzählungen verfaßte, waren weite Gebiete Nordamerikas noch Indianerland. Nur die mutigsten unter den weißen Waldläufern wagten sich damals, wie der Held der »Wildtöter«-Geschichte, in die reichen Jagdgründe der Indianer, wo der »eingeborene Krieger, der in geräuschlosen Mokassins auf geheimen und blutigen Kriegspfad zog, Schutz und Sicherheit in den dichten Wäldern« fand.

In Coopers Geburtsjahr, dem Jahr 1789, waren die Vereinigten Staaten gerade sechs Jahre unabhängig, und in den 13 Staaten, die sich in einem siebenjährigen Krieg von England losgelöst hatten, zählte die weiße Bevölkerung knapp drei Millionen Menschen. Vom Westen hatten die meisten Amerikaner nur eine ungefähre Vorstellung durch die Berichte der französischen Entdeckungsreisenden, denen die großen Wasserläufe Wege ins Innere Nordamerikas gewiesen hatten.

Dem Schriftsteller James Fenimore Cooper war das Pionierleben vertraut. Die Umgebung des Otsego-Sees, wo er lebte, war während seiner Jugendjahre Schauplatz einer Landspekulation von wahrhaft amerikanischem Ausmaß. Sein Vater hatte hier Landbesitz von der Größe eines europäischen Fürstentums erworben und verkaufte davon gutes Farmland zur Entwicklung an Siedler – in den ersten 16 Tagen nach Veröffentlichung seines Angebots 16 000 Hektar. Nicht weit davon entfernt, in den Catskill- und den Adirondack-Bergen, waren damals die Burgen der Biber noch zahlreicher als die Bauten der Menschen, und der junge Cooper traf in den Wäldern noch Männer, die als Trapper und Jäger lebten. Er beobachtete auch, wie sie in der wachsenden Welt der Farmer allmählich zu Fremden im eigenen Land wurden. Diese Männer besaßen seine Sympathie. Sie nahmen ihn mit auf ihre Pirschgänge und zeigten ihm, wie man die Biberfallen am Rand des Wassers setzt. Es waren jedenfalls Eindrücke seiner Jugendjahre, die Cooper später in seinen »Lederstrumpf«-Romanen verarbeitete, und der See, an dessen Ufern er aufwuchs, wurde als »Glimmerglas«-See zur Bühne seiner »Wildtöter«-Erzählung.

An diesem See liegt das noch heute beschaulich wirkende Cooperstown, eine Gründung seines Vaters. Cooperstowns Anfänge gingen in den Roman »Die Ansiedler« ein als die Anfänge der Ortschaft »Templeton . . . wo man den Hammer vom frühen Morgen bis zum späten Abend hört«. Der junge Cooper sah den Rauch der Brandrodungen über den Wäldern, und mit den Jahren wuchs seine Einsicht, daß der Austausch der Artenfülle gegen die Monokulturen auf Feldern und Weiden einen unersetzlichen Verlust bedeutete. So sehr er seinen Vater bewunderte, so sehr schien er sich innerlich von dessen Ansiedlungspolitik zu distanzieren, die ja auch die Politik der Regierung war: »Ihr habt Gottes Geschöpfe aus der Wildnis vertrieben«, ließ er später den alten Lederstrumpf klagen.

Um so merkwürdiger – ein Leben in der Natur oder gar ein Pionierdasein lockte ihn nicht: »Als Cooper in seiner Phantasie tiefer und tiefer in die amerikanische Wildnis eindrang, war er in Wirklichkeit weiter und weiter davon entfernt... Er beendete ›The Prairie‹, die am westlichsten lokalisierte aller Lederstrumpf-Geschichten, in Paris im Jahre 1827.«[1]

Nun schrieb er nicht alle Geschichten in Europa, das er vor allem seiner kulturellen Schätze wegen bereiste, oder fern von Cooperstown. »Der Wildtöter« entstand 1841 am Otsego-See, und jede seiner Buchten, jede Windung des Sus-

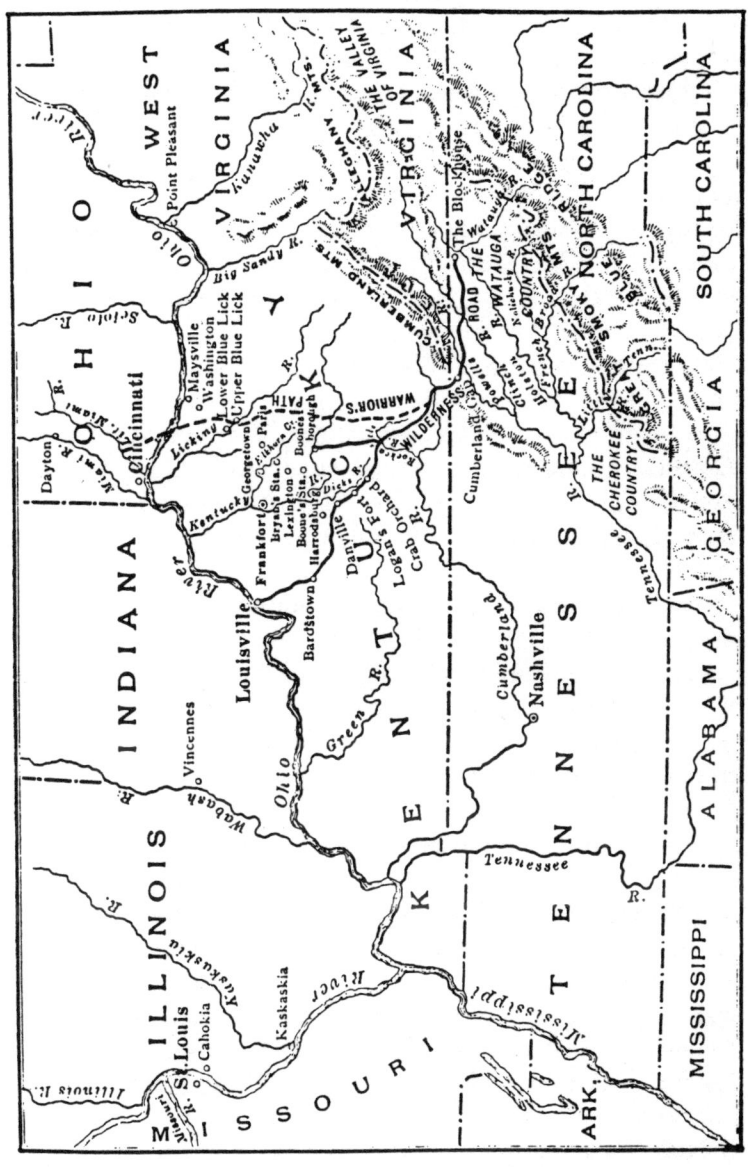

Der Westen zur Zeit Daniel Boones. Die Karte zeigt Warrior's Path und die historischen Schauplätze.

quehanna-Flusses scheint darin aufgenommen zu sein, wie ich während der Dreharbeiten für den Fernsehfilm »Auf den Spuren von Coopers Lederstrumpf« feststellen konnte. Ein Cooper-Forscher, von denen es am »Glimmerglas«-See nicht wenige gibt, zeigte mir all die Schauplätze: den Mohikaner-Canyon, Natty Bumppos Höhle, Sunken Island, den Ratsfelsen der Mingo-Indianer und so fort. Es schien mir, als habe Coopers Phantasie dort die Wirklichkeit erobert. Sogar ein Leatherstocking County gibt es im Bundesstaat New York.

Authentischer im Zeitkolorit als die anderen Romane wurde »Der Wildtöter« deswegen freilich auch nicht. Das liegt wohl vor allem daran, daß der »Vater der Indianer-Erzählungen« seinen Indianern nie zu nahe kam. Wir wissen, daß er zum Beispiel das Vorbild für seinen Pawnee-Häuptling Hartherz nicht etwa westlich des Mississippi ausmachte, sondern bei einem Besuch in Washington, wo Häuptling Petalasharo gerade Visite beim Präsidenten machte. Der Delaware Chingachgook dagegen scheint direkt »aus der Schule von Mr. Heckewelder und nicht aus der Schule der Natur« zu stammen, wie General Lewis Cass kritisierte, der als Zeitgenosse Coopers einen Teil der Konflikte Amerikas mit den roten Kriegern an der Pioniergrenze in Michigan ausfocht. Nun war Heckewelders »Schule« aber gar nicht zu verachten. Der Missionar von der evangelischen Brüdergemeinde der böhmisch-mährischen Herrnhuter gehörte damals zu den ganz wenigen Leuten in Amerika, die Informationen über die Religion, die Stammesorganisation und die Kultur der Delaware zusammentrugen. Sie waren für den Geschmack des Generals allzusehr gefärbt, weil der Missionar die Indianer als Menschen entdeckte. Die Militärs freilich kannten einen Teil der Delaware als mindestens ebenso listenreiche Kämpfer, wie es die Mingo waren, an denen Cooper nichts Gutes finden konnte.

Daß Cooper die Delaware so bevorzugte, mochte einmal an ihrem historischen Schicksal liegen, zum anderen an der Fülle der Missionsberichte über sie. Sie waren der erste

14

James Fenimore Cooper, der „Vater der Indianer-Erzählungen". John W. Jarvis malte ihn um 1815 in Öl. (*New York State Historical Ass., Cooperstown*)

Algonkin-Stamm, dessen Mohikaner-Bund die Weißen friedlich empfing. Mohicanyuk nannten sie sich, das Volk, das am fließenden Wasser wohnt. Auch einen Unkas hatten sie als Führer. Er kämpfte an der Seite »King« Philipps im

Indianeraufstand von 1676. Als der junge Unkas in »Der letzte Mohikaner« vor dem greisen Tamenund stand, fühlte dieser sich an den Unkas erinnert, den er in seiner Jugend gekannt hatte – den historischen Unkas. Ein Teil der Delaware öffnete sich der christlichen Mission, und diese Tatsache mochte Cooper auch zur Stiftung jener Freundschaft zwischen Chingachgook und Natty Bumppo angeregt haben. Chingachgook wurde am Ende seines Lebens zum Christenmenschen John Mohegan, gleichzeitig aber auch zum Trinker, der sich in der Siedlung der Weißen der Lächerlichkeit preisgab.

Wenn also Amerikaner heute zu Tausenden in den Trachten der Grenzerzeit in wieder errichteten Forts und Siedlungen Pioniergeschichte nur als romantische Reise in die Vergangenheit inszenieren, können sie Cooper nicht zu ihrem Zeugen machen; die roten Söhne der Wildnis hatten sein Mitgefühl, und ihre Verdrängung betrachtete er als historische Schuld: »Ich weiß, daß die Bleichgesichter ein stolzes und gieriges Geschlecht sind. Nicht nur die Herren der Erde wollen sie sein. Selbst der geringste unter ihnen dünkt sich besser als die Weisen unter den Roten Männern« – Einsichten des greisen Tamenund in »Der letzte Mohikaner«. Doch die Klagen des Delawaren über die Arroganz der Weißen und den Verlust der Jagdgründe verhallen in Coopers Lesergemeinde ebenso unbeachtet wie Coopers Plädoyers für den Schutz der Wildnis in all seinen Romanen. Amerika war ja noch so jung. Und wer wie Coopers Helden dem Druck der Zivilistion weichen mußte, fand eine neue Wildnis. Die Freizügigkeit war so grenzenlos wie der Flug des Adlers. Sie war ebenso ein Bestandteil des amerikanischen Traumes wie das geflügelte Wort von den ungeahnten Möglichkeiten hinter neuen Horizonten: »Geh nach Westen und wachse!«

Wohl kaum ein Zeitgenosse James Fenimore Coopers hat in seinem Leben für die Erfüllung dieses Traumes mehr gewagt und geopfert als Amerikas Nationalheld Daniel

Boone. Er war alles, was sich ein Schriftsteller von einem Helden erträumt, und er war tatsächlich mehr als jeder andere Pionier an der wilden Grenze, the frontier, Coopers historisches Vorbild für seinen Natty Bumppo. Cooper erwähnte den »ehrwürdigen und harten Pionier« in einer 1832 neu aufgelegten Ausgabe seines Romanes »The Prairie«. In einer Fußnote nannte er ihn den »Patriarchen von Kentucky, der in seinem 92. Jahr in ein Gebiet 300 Meilen westlich des Mississippi emigrierte, weil er eine Bevölkerung von zehn auf eine Quadratmeile für unbequem hielt«.[2]

Es ist das erste und einzige Mal, daß Cooper unmittelbar Bezug auf den Mann nahm, den er bei mehr als einer seiner Geschichten im Kopf hatte. Doch haben verschiedene Autoren, die das Leben und die Vorstellungswelt Coopers studierten, viele Ereignisse nachgewiesen, die er sich aus dem Leben Boones für seinen Bumppo ausborgte: »Der Patriarch von Kentucky«, schreibt Stephen Railton, »diente wie die Waldläufer, die Cooper aus seiner Jugend kannte, ziemlich gewiß als eine Figur, nach der er seine phantastische Schöpfung modellieren konnte. Boone und Bumppo sind sich auch in einem ›moralischen Sinn‹ ähnlich. Beide sind zum Beispiel bekannt für eine kompromißlose Antipathie gegenüber der Gesellschaft ihrer Landsleute«.[3] In einer Zeit, erfahren wir bei Railton, in der Amerika »emsig beschäftigt ist, die Wildnis zu zivilisieren«, spürten Boone und Bumppo »den Konflikt zwischen den Werten der Zivilisation und den Freiheiten der Wildnis. Daß auch Cooper diesen Konflikt fühlte, wird in jeder seiner Erzählungen klar offenbart«.[4]

Auf den Spuren von Coopers Lederstrumpf habe ich Daniel Boone gefunden. So sehr überlagern sich die beiden Figuren gegenseitig in Legende und Wirklichkeit, daß ich nicht sagen könnte, welche die andere mehr beeinflußt hätte: Daniel Boone den Natty Bumppo oder Natty Bumppo Amerikas Bild von Daniel Boone.

Daniel Boone ist beides zugleich – Wegbereiter der Zivilisation und ihr prominentestes Opfer. Die Spannungen zwischen Zivilisation und Wildnis kann er in seinem Leben nicht auflösen. Seine Lebenswanderung durch Amerika ist daher wohl auch eine immerwährende Flucht vor sich selbst.

Boones Schicksal aber läßt die Abenteuer von Coopers Lederstrumpf verblassen. Er nimmt am Waldkrieg zwischen Franzosen und Engländern teil, durchstreift als einsamer Jäger und Pfadfinder das »Land des grünen Rohrs«, den heutigen Staat Kentucky, und erschließt ihn der Besiedlung. Er kämpft in vielen Gefechten gegen die Mingo-, die Shawnee- und die Cherokee-Indianer und verliert in der Wildnis zwei Söhne, einen seiner Brüder und viele Freunde. Als Adoptivsohn des Shawnee-Häuptlings Schwarzfisch wird Boone zeitweilig selbst ein Sohn der Wildnis, bis ihn der beschlossene Angriff seiner Freunde auf sein eigenes Fort, Boonesborough, zur Flucht veranlaßt. Boone führt die Ansiedler bei der Verteidigung von Boonesborough und muß sich doch gegen den Verdacht wehren, ein Renegat zu sein. Noch im hohen Alter flieht dieser Lederstrumpf dann – wie Natty Bumppo – vor der Siedlerwelle über den Mississippi hinaus in die Prärie, nach Spanisch-Amerika damals, und ehe er stirbt, unternimmt er eine wagemutige und einzigartige Reise zu den Rocky Mountains, ist vielleicht der erste weiße Mann am Yellowstone River und am Ufer des Großen Salzsees.

Zur Tragik in Daniel Boones Leben gehört jedoch auch, daß er die Wildnis, die er so sehr liebt, selber mit zerstören hilft.

I. Teil
Daniel Boone, der Wildtöter

Ich habe beinahe 30 Jahre alle Laute in diesen Wäldern gehört ... Ich habe die Wälder wehklagen hören, habe oft der Musik des Windes gelauscht, wenn er durch die Zweige der Bäume strich ... Aber ich höre immer nur den hohen Willen Gottes, der mit den Werken seiner Hand spielt.
Natty Bumppo in »Der letzte Mohikaner«.

1. Kapitel

Er hat einen breiten, skeptischen Mund, der für den Maler nicht lächeln will, und unter schweren Brauen helle Augen. Falkenaugen? Nein, dafür sind diese Augen zu alt. Boones Gesicht erscheint eher spitz. Das weiße Haar gibt der Stirn viel Raum. Dafür fließt es hinter den Ohren länger. Sprächen die kräftige Kinnlade und die vorspringende Nase nicht von Energie, gäbe es dennoch wenig Bemerkenswertes, was auf all die Taten schließen ließe, die ihm die Geschichte und die Fama nachsagen.

Der alte Mann, den uns der Maler Chester Harding überliefert, sitzt kühl und distanziert auf einem Stein und wirkt so gar nicht heroisch in seinem Gehrock mit Weste und seinem weißen Schillerkragen. Das Bild vermittelt auch nicht jenen sechsten Sinn für Gefahren, geschärft in den langen Jahren des Belauerns und Belauertwerdens auf den einsamen Jagdpfaden im Indianerland und vor allem in den »dunklen und blutigen Gründen« Kentuckys. Der Betrachter muß also Phantasie aufbieten, um die Büchse Boones blitzschnell aus der Armbeuge an die Schulter springen zu sehen, die treublickenden Augen des alten Hundes zu seinen Füßen als argwöhnisch umzudeuten.

Ich weiß nicht, ob ich ihn sympathisch finden kann, Amerikas und Coopers Helden Daniel Boone. Dafür hat er für meinen Geschmack zu viele Indianer umgebracht. Was die Literaturkritik über Coopers Helden Natty Bumppo sagt, trifft in besonderem Maß für den wirklichen Mann zu: »Als weißer Mann, der sich des ›Geschenks‹ seiner Farbe bewußt ist und weder einen Skalp nehmen noch grob zu einer Dame sein würde, als Mann ohne gesellschaftlichen Rang, der seinen Platz kennt und alle Offiziere und Gentlemen als Vorgesetzte betrachtet, handelt er doch immer nach seinem eigenen Gesetz: Richter und Henker, der Mann mit dem Gewehr, der tötet – wenn auch gegen seinen Willen. Er ist der Prototyp aller Pioniere, Trapper... und anderer schuldlos unheilstiftender Naturkinder, das heißt der Prototyp des Westerners, stets schußbereit und gegen Schuldgefühle immun.«[1]

Wo hört die Selbstverteidigung in der Wildnis auf, wo beginnt die Selbstjustiz? Männer, die wie Boone handelten, waren schon damals schwer zu fassen. Noch schwerer haben wir es heute; denn wir können unserem Helden ja nicht einfach edle Gesinnung, Löwenmut und christliche Nächstenliebe andichten, wie es der Zeitgeist jenem unsäglichen Friedrich von Gagern in seinem 1927 erschienenen »Grenzerbuch« befahl: »In ihm verkörpert sich die Summe aristokratischer Lebensbekenntnis, verbunden mit dem nahverwandten, klugen Ideal des Asketen, des Einsiedlers. Wenn je ein Amerikaner, so war Boone Aristokrat bis ins Herz hinein; nicht einer jener kleinen armseligen Herdenbarone, die in gemeinsamer Untätigkeit, in sorgfältig gepflegtem Vorurteil und sogenanntem Zusammenhalt Schutz ihrer Einbildungen und ihres Standes suchen, sondern einer jener ganz großen Herren der Welt, die aus innerer Machtfülle heraus auf alle Genüsse des dichtbevölkerten Tieflandes verzichten und um die köstlich bittere Minne der Einsamkeit alle Vorteile gesellig eingehürdeten Daseins gegen die Strapazen, Entbehrungen und Gefahren der Wildnis verächtlich lächelnd hintauschten. Von dieser Art war Daniel Boone, und darin ist er sich immer nur treuer geworden bis zu seinem Tod.«[2]
    Da hat er der schlappen, gesinnungslosen Jugend seiner Zeit und den vermeintlich engstirnigen Amerikanern eins auswischen wollen, dieser Friedrich von Gagern, indem er aus Worten einen Helden baut, an dem gemessen zu werden eine Gemeinheit ist. Kann es einen solchen Mann geben? Nein, einen solchen Menschen darf es gar nicht geben; er ist einfach nicht menschlich. Der deutschtümelnde Schrift-

steller, der mit seinem Buch Generationen beglückt hat, vereinnahmte den Helden sogar fürs deutsche Blut: »Der häufig einfach Boon geschriebene Name hat als ›Buhn‹ einen unverkennbar deutschen Klang.«[3] Deutscher Herkunft könnten auch die Namen Smith und Miller sein, aber die lohnen die Mühe solcher Deutung nicht.

Boone war natürlich nicht deutschstämmig. Eher hatte seine Familie weitläufige Verwandte in Holland; denn als ihn seine Eltern auf den Namen Daniel tauften, hatten sie vermutlich einen Maler holländischer Herkunft im Sinn, der in der zweiten Hälfte des 17. Jahrhunderts in England zu einigem Ansehen gekommen war. Der hieß Daniel Boone. Als gesichert gilt, daß Daniels Großvater, der Weber George Boone, aus Devonshire in England stammte und im Alter von 51 Jahren nach Amerika auswanderte. Seine Motive waren damals die Motive vieler Menschen. Er suchte als Anhänger der Quäkersekte religiöse Freiheit, und er suchte Land, auf dem er sich ausbreiten konnte wie ein englischer Landadeliger. Beides verhieß die Kolonie Pennsylvania in Nordamerika.

Der vorsichtige George Boone schickte erst einmal drei seiner zehn Kinder, darunter auch den Vater Daniels, als Kundschafter über den Atlantik, ehe er sich auf den Bericht seines Sohnes George hin dann im Jahr 1717 selber auf das Abenteuer Amerika einließ.

Wir wollen seine Wege nicht weiterverfolgen, sondern sehen, was Daniels Vater drüben macht. Der erst siebzehnjährige Squire Boone, der sich seine Passage als Schiffsjunge verdient hatte, kehrte nicht nach England zurück, um seinem Vater über das Leben in Amerika zu berichten, sondern blieb gleich in der Kolonie Pennsylvania. In den vier Jahren, bis sein Vater mit der ganzen restlichen Familie kam, muß er sich allem Anschein nach behauptet haben. Er war ebenfalls Weber und gut beschäftigt. Mit 24 Jahren konnte er Sarah Morgan heiraten und vier Jahre später auf gut 48 Hektar eigenem Land im Bucks County siedeln. Drei Jahre darauf zog die Familie Boone in der Nachbarschaft des Va-

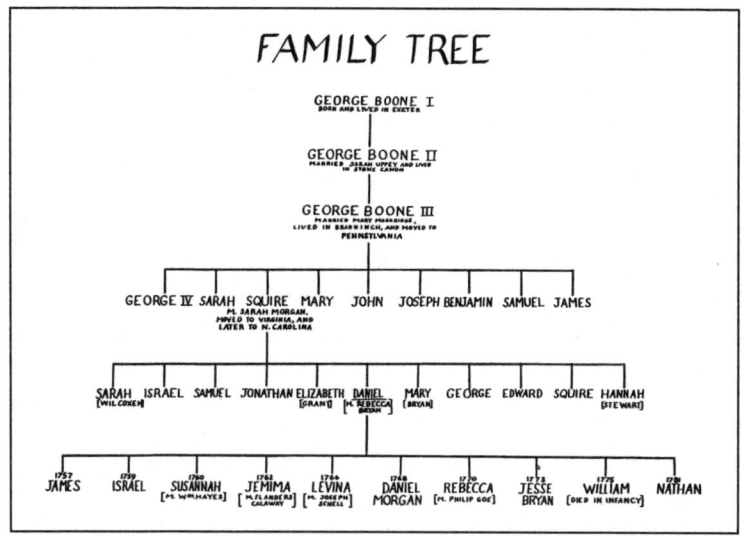

FAMILY TREE

GEORGE BOONE I
BORN AND LIVED IN EXETER

GEORGE BOONE II
MARRIED SARAH UPPEY AND LIVED
IN STONE CABON

GEORGE BOONE III
MARRIED MARY MAKABRGE,
LIVED IN BRADNINCH, AND MOVED TO
PENNSYLVANIA

GEORGE IV   SARAH   SQUIRE   MARY   JOHN   JOSEPH   BENJAMIN   SAMUEL   JAMES
M. SARAH MORGAN,
MOVED TO VIRGINIA, AND
LATER TO N. CAROLINA

SARAH   ISRAEL   SAMUEL   JONATHAN   ELIZABETH   DANIEL   MARY   GEORGE   EDWARD   SQUIRE   HANNAH
[WIL.COXEN]   [GRANT]   [M. REBECCA   [BRYAN]   [STEWART]
                                              BRYAN]

1757   1759   1760   1762   1764   1748   1720   1773   1775   1781
JAMES   ISRAEL   SUSANNAH   JEMIMA   LEVINA   DANIEL   REBECCA   JESSE   WILLIAM   NATHAN
                  [M. WM.HAYER] [M.FLANDERS] [M. JOSEPH   MORGAN [M. PHILIP GOE] BRYAN   [DIED IN INFANCY]
                                CALAWAY]   SCHELL]

Der Boone-Clan

ters auf ein neues, hundert Hektar großes Stück Land, das
ungefähr zehn Kilometer östlich der Ortschaft Reading im
Berks County lag. Hier wurde am 22. November 1734 Daniel Boone geboren. Die Farm, die Jagd und die Weberei
mußten nun sechs Kinder versorgen.

An der Entwicklung des County hatte der Boone-Clan einen
beträchtlichen Anteil. Daniels Großvater George und dessen gleichnamiger Sohn betrieben gemeinsam eine Getrei-
demühle. Außerdem war der alte Boone an einer Eisengie-
ßerei beteiligt. Auch eines der ersten Steinhäuser wurde
von George Boone gebaut. Daniel mußte das Bild dieses
Hauses in seine Seele aufgenommen haben; denn viele Jahrzehnte später wurde es Vorbild seines Hauses – des ersten
Steinhauses westlich des Mississippi. Daniels Vater Squire
scheint nicht so erfolgreich gewesen zu sein. Seine Kinder
wuchsen in Blockhütten auf. Squire begann zwar auch ein
stattliches Haus, wurde aber nie damit fertig.

23

Er hatte vielleicht auch keine Zeit dazu; denn am 1. Mai 1750 sah er sich gezwungen, Berks County zu verlassen. Die Quäkersekte zeigte sich unduldsam gegenüber der Tatsache, daß zwei von Squires Kindern ohne den Segen ihrer Gemeinde geheiratet hatten, Daniels älterer Bruder Israel sogar eine Nichtquäkerin. Daniel war jetzt 16 Jahre alt. An der wilden Grenze war das ein Alter, in dem man seine Lektionen fürs Überleben gelernt haben mußte, und Daniel hatte einige Lektionen besser gelernt als die meisten. Anders auch als seine Geschwister, die sich in die Pflichten des Pflanzers stärker einbinden ließen, liebte er die langen Streif- und Jagdzüge in die Wälder. Diese Neigungen machten ihn nur zu einem leidlichen Farmer, dagegen zu einem sehr guten Jäger und Waldläufer. Er war auch als Handwerker begabt im Tischlern, Zimmern und Schmieden.

Daniels Eltern müssen ein mildes Regiment geführt haben, das die Schwächen dieses Sohnes nicht verurteilte und die Stärken förderte. Sie nahmen ihm anscheinend nicht übel, daß er die Viehherde, die er zusammen mit seiner Mutter betreuen mußte, immer wieder im Stich ließ, um tagelang mit einer selbstgebastelten Waffe, halb Speer, halb Keule, in der Wildnis zu verschwinden. Das war nicht ungefährlich, denn die Weide lag gut zwei Stunden von der Farm entfernt, so daß die Mutter oft genug allein in der winzigen Blockhütte blieb. Da hätte ein Delaware- oder Mingo-Trupp leichtes Spiel haben können. Versöhnt wurde die Familie vielleicht durch das Wild, mit dem der Ausreißer den Speisezettel bereicherte. Sein Beitrag zu Küche und Räucherofen steigerte sich noch, als Squire dem Zwölfjährigen eine Flinte schenkte. Der Junge dehnte jetzt seine Jagdzüge bis weit in die Neversink Mountains aus. Da lernte er, die Zeichen zu buchstabieren, die ihn besonders interessierten: die Fährten und Laute, die ihn zu den Tieren der Wildnis führten.

Was die anderen Zeichen betraf, mit deren Hilfe man unter den Menschen kommunizierte, war der liebe Junge keine Freude seiner Lehrer, nicht für seine Tante Sarah, nicht für seinen Onkel John und auch nicht für den Iren, der an der Einkläßler-Schule die Farmerkinder unterrichtete: »Laßt die Mädchen buchstabieren und Dan das Schießen besorgen«, soll der Vater den über Boones schlechte Rechtschreibung verärgerten John beschwichtigt haben.

Für Squire war der Auszug aus der Quäkergemeinde in ein neues, unbekanntes Gebiet ein schwerer Entschluß. Sein Mut zum Neubeginn war aber typisch für alle Generationen der Boones. Er beweist, daß diese Familie ihre geistige Freiheit höher stellte als materielle Sicherheit. Im übrigen hätte die alte Farm auf Dauer nicht alle Angehörigen ernähren können. Fruchtbares Land aber mußte man außerhalb Pennsylvanias suchen, das zu teuer geworden war. So wandte sich Squire erst nach Virginia, ohne dort recht Fuß fassen zu können. Im Herbst 1751 verließ er das Gebiet bei Harrisonburg.

Neue Herausforderungen, die Daniel später zum richtigen Mann in der Zeit und am Platz machen sollten, kamen, als die Eltern nach North Carolina zogen und sich im Oberland ansiedelten. In den Wäldern südlich des Yadkin River, wo die neue Farm lag, schweiften die Cherokee, die Catawba und die Tuscarora. Zwar hatte der alte Cherokee-Sachem Attakoula nach einem grausamen Grenzkrieg sich am Ende dem britischen Oberstleutnant Grant unterworfen und 1718 Frieden geschworen, »so lange das Licht des Morgens über unseren Dörfern aufgeht«, doch umschlichen noch immer Krieger verschiedener Stämme die einsamen Gehöfte, raubten Vieh, steckten Felder in Brand und skalpierten auch manchen Weißen.

Von den Indianern, die in der Umgebung der Boone-Farm an der Bisonlecke lebten, unterhielten aber manche durchaus freundliche Kontakte zu den Siedlern. Sie tauschten Pelze gegen Pulver, Blei, Vieh, Mehl, Zucker und andere Waren. Und man lernte auch voneinander. Was der junge Daniel sich von den roten Jägern abschaute und mit wem von ihnen er in den Wäldern jagte, ist uns leider nicht überliefert worden. Da war jedenfalls keiner, mit dem diesen Waldläufer eine Jagd- oder gar lebenslange Freundschaft verbunden hätte – wie Coopers Natty Bumppo mit den Mohikanern Chingachgook und Unkas. Freundschaft und vielleicht sogar Respekt sollte Daniel Boone möglicherweise einmal für die Shawnee-Anführer Schwarzfisch und Blaujacke empfinden, bei denen er eine Zeitlang lebte. Seinem Ruf als Genie des Überlebens in der Wildnis, als unübertrefflicher Schütze und Jäger sowie als großer Kämpfer tut es sicher keinen Abbruch, wenn wir auch Indianer unter seinen Lehrmeistern vermuten. Begabung führt schließlich nur zur Meisterschaft, wenn sie durch die Besten gefördert wird. Aber so freundlich die Beziehungen zu irgendeinem unbekannten Unkas auch gewesen sein mögen, Daniel Boone sah im Indianer selten den Bruder im Geiste, sondern meistens den Feind. Und wie schrecklich dieser Feind war, erlebte er in dem Jahre, in dem er 21 Jahre alt werden sollte.

»Im Indianerkrieg ist alles furchtbar, das Land, das Klima, der Gegner. Hier findet der Gesunde keine Erfrischung, der Kranke keine Hilfe. Eine große, menschenleere, irreführende, unsichere und verräterische Ödnis umringt uns, eine Wüstenei, wo Siege nicht entscheidend, Niederlagen aber gleich vernichtend sind, wo der Tod noch als das geringste aller möglichen Übel erscheint.« Hätte der britische Oberst Bouquet, der von 1763 bis 1765 gegen den großen Pontiac antrat und schließlich siegte, Weisheiten dieser Art unter den Soldaten des Edward Braddock verkündet, er hätte in dessen Milizoffizier George Washington oder dem Wagenführer Daniel Boone wohl aufmerksame Zuhörer gefunden. Der britische General aber, der im April 1755 mit zwei Regimentern in blutroter Uniform von Virginia aus zum Ohio zog, hätte ihn nur abweisend gemustert. Er war der wichtigste und zugleich am wenigsten geeignete Mann, mit dem Großbritannien der anderen Kolonialmacht, nämlich Frankreich, den Anspruch auf das Ohio-Tal streitig machen wollte.

Frankreich hatte durch seine jesuitischen Missionare

und die berühmten Voyageurs – allen voran La Salle – weite Teile Nordamerikas für den Pelzhandel erschlossen, wenige davon besiedelt. Die Briten dagegen bauten mit jeder neuen Kolonie an ihrem Empire, indem sie diese systematisch besiedelten. Sie hatten lange an der Küste festgehangen. Als sie aber über die Appalachia Mountains allmählich in den neuen Westen einsickerten, fürchteten die Franzosen um den Wald, die Wildbestände und den Pelzhandel mit den Indianern. Das Tal des Ohio nun, in dem französische und britische Entdecker gereist waren, besaß als Wasserstraße, die ins Innere Nordamerikas führte, strategische Bedeutung. Schon 1753 und 1754 war es deswegen zu Gefechten zwischen Franzosen und Engländern gekommen. Jetzt im Jahre 1755 machte Großbritannien Ernst. Braddock marschierte mit 2000 Mann und einer Miliztruppe, die er zum Troß verbannt hatte, auf Fort Duquesne am Oberlauf des Flusses. Daniel Boone hatte in der kleinen Armee einen Job als Wagenführer bekommen. Dabei waren angesichts der achsen- und räderbrechenden Route seine handwerklichen Fähigkeiten ausschlaggebend gewesen. In der langen Kolonne gehörte auch er zum Troß.

Unterwegs hatte der junge Mann viel Zeit, von der kleinen Rebecca Bryan zu träumen, die er daheim, in North Carolina, bei der Hochzeit seiner Schwester Mary mit einem Bryan kennengelernt hatte, denn Braddock brauchte mehr als drei Monate für den Marsch. Er nutzte jede Gelegenheit, Wege bauen und Stege anlegen zu lassen. Während der endlosen Stunden, in denen man nicht vorankam, gewann Boone Anschluß an einen Gefährten, der voller Geschichten über unbekanntes Land hinter den Cumberland-Bergen war – über dessen Reichtum an Wild, dessen fette Erde. Niemandsland war das nach Finleys Meinung. Keiner der bekannten Indianerstämme siedelte dort ständig – mit Ausnahme einiger Shawnee, in deren Ort Eskippakithika Finley als Händler schon einmal willkommen gewesen war.

Mit solchen Reden traf Finley bei Daniel den richtigen Nerv; denn an zwei Dingen war ein Boone immer leiden-

schaftlich interessiert, an der Jagd und an großem Landbesitz. Die beiden hatten Gesprächsstoff, sie schmiedeten
Pläne und besaßen ein Ziel für den Fall, daß dieser qualvoll
langsame Feldzug jemals zu Ende gehen sollte.

Als General Braddock am Morgen des 9. Juli zum Abmarsch blasen ließ, hatten sie den Monongahela-Fluß erreicht und brauchten seinem Lauf nur noch zu folgen. Das
Fort Duquesne lag ein paar Stunden entfernt vor ihnen.
Gegen Mittag ließ der General die Trommeln auspacken,
befahl dem Spielmannszug den »Grenadiermarsch« – und
führte seine Männer geradewegs in den Tod. Die Franzosen
unter dem beherzten De Beaujeu, die die Hangwälder zu
beiden Seiten eines kleinen Baches mit ein paar regulären
Soldaten, vor allem aber Waldläufern und Indianern besetzt
hatten, empfingen Braddocks Voraustrupp mit einer ver-
nichtenden Salve. Als Braddocks Hauptmacht ins Tal ein-
rückte und der alte General nun nach allen Regeln europäi-
scher Kriegskunst taktierte, bot er seine Rotröcke dem gut
gedeckten Feind auf dem Präsentierteller dar. Auf kurze
Distanz waren nun auch Pfeil und Bogen der Rothäute
schneller und sicherer als die schwerfälligen Büchsen. Die
Schlacht dauerte drei Stunden. Braddock, heißt es, sei von
einer Kugel aus den eigenen Reihen niedergestreckt worden, weil er einen Mann erstochen habe, der entgegen seinem Befehl Deckung suchte. Als schließlich das Signal zum
Rückzug gegeben wurde, waren zwei Drittel der regulären
Truppen vernichtet. Nur die Miliz unter Washington konnte sich ohne größere Verluste vom Feind lösen. Boone und
Finley entkamen, indem sie die Pferde von den Wagen-
deichseln lösten und davonpreschten.

Die Schlacht war eine Lektion fürs Leben. Daniel nahm
in den nächsten Jahren noch an manchem Feldzug teil, doch
an keinem mehr, in dem die indianische Kampfesweise so
gründlich mißachtet wurde.

Im Jahre 1756 heiratete er die siebzehnjährige Rebecca und
war erst einmal vier Jahre damit beschäftigt, ein guter Lieb-

haber und Ehemann zu sein. Gefahren für seine junge Familie – die ersten beiden Söhne wurden 1757 und 1759 geboren – mied er, so gut er konnte. Als ein Cherokee-Aufstand drohte, brachte er sie nach Virginia, während seine Eltern nach Maryland zogen. Er selbst ging zurück ins Indianerland und beteiligte sich im Jahr 1760 an Colonel Waddells Kämpfen mit den Cherokee-Kriegern. Erst nach dem Friedensschluß brachte er seine Familie an den Yadkin zurück, wo er von seinem Vater 260 Hektar Land erworben hatte. Ein Farmer aber wurde er deswegen nicht. Die Krankheit, die man das Fußjucken nannte, hatte von ihm Besitz ergriffen. Im Jahre 1765 führten ihn seine Streifzüge bis hinab nach Florida, nach Pensacola.

Wir wollen diesen Abenteuern nicht folgen. Sie waren nur so bedeutend wie die Wanderungen vieler seiner unsteten Zeitgenossen. Betrachten wir sie als Training für jenes Unternehmen, das ihn eines Tages aus der Masse der Pioniere herausheben sollte.

2. Kapitel

Ende des Jahres 1768 fand ein Mann, den Boone fast vergessen hatte, seinen Weg zur Farm am Yadkin – Kamerad Finley aus den Tagen des Braddock-Feldzuges. Normalerweise stinken Besucher und Fisch nach drei Tagen. Dieser Finley aber konnte den ganzen Winter bleiben. In den langen Nächten am Kamin erzählte er von seiner neuerlichen Begegnung mit dem Land, das die Shawnee und die Cherokee Kaintucke nannten, von den Bergen aus Pelzen, die er nach einem guten Handel mit den Indianern von dort den Ohio hinaufgepaddelt hatte, und von der noch bestehenden Chance, jungfräuliches Land in Besitz zu nehmen. Vor Boones Augen stiegen paradiesische Bilder auf. Er sah die Flußebenen dunkel von ziehenden Büffelherden, sah ein wogendes Meer aus massigen Höckern, sah in der Gesellschaft der Bisons die mächtigen Wapitis ziehen und an den Flanken der Herden die Wölfe trotten; er sah die Bachläufe von Ottern und Bibern wimmeln, die Seen von Enten und Gänsen bedeckt und die Wälder belebt von Elchen, Schwarzbären und Luchsen. Das war es, was ihn lockte. Er war ein Jäger.

Von den Chancen in Kentucky erfuhr auch ein junger Rechtsanwalt mit Namen Richard Henderson, der Boone in einer kleinen Schuldensache vor Gericht vertrat. Im März 1769, nach dem Termin, setzte man sich zusammen. Der Rechtsanwalt war bereit, Geld für die Ausstattung einer Erkundungsexpedition zuzuschießen. Er wollte mehr sein als nur ein kleiner Anwalt in der Provinz, vielleicht eines Tages Chef eines so großen Unternehmens, wie es die Ohio-Gesellschaft war. Die ersten Kosten erschienen kalkulierbar. Unkalkulierbar aber war das Risiko für Boone, der auf unbestimmte Zeit von Rebecca Abschied nahm, und für die Männer, die sich ihm und Finley anvertrauten.

Damals, im Frühjahr 1769, als Boone und seine Gefährten Finley, Stuart, Holden, Cool und Monay die Schlucht in den Cumberland-Höhen hinter sich ließen und in die Wälder Kentuckys hineinzogen, war es noch kein Jahr her, daß ein Grenzziehungskongreß in Fort Stanwix den Indianern alles Land westlich der Linie Utica–Susquehanna-Fluß, Alleghany und Ohio River bis zur Einmündung des Kanawha zugesprochen hatten. Im Süden galt die sogenannte Stuart-Linie als Grenze, und danach war Kentucky ganz klar Indianerland. Boone und seine Gefährten waren somit Rechtsverletzer, die sich über den Willen des Königs von Großbritannien und seines Gouverneurs in Virginia hinwegsetzten. Sie konnten sich auch nicht darauf berufen, daß die Irokesen, um ihre algonkinischen Nachbarn empfindlich zu treffen, das Gebiet den Weißen überlassen wollten; denn erstens wußten sie nichts davon, und zweitens akzeptierte die Regierung die »Abtretung« nicht. Das Indianerland sollte die Pufferzone zwischen den britischen Kolonien und den Franzosen am Mississippi sein. Boone und seine Gefährten waren an solchen politischen Überlegungen überhaupt nicht interessiert.

Die Männer verabschiedeten sich von den letzten Ansiedlungen am Clinch River. Der Clinch war ein Quellfluß des Tennessee, und sein weites Tal bot einem halben Tausend Menschen fruchtbaren Grund für Heimstätten und Felder. Wer von hier aus nach Nordwesten, über die Eisen- und die Powell-Berge und Walden's Ridge gewandert war und das Tal des Powell River noch durchquert hatte, der befand sich bald in einem beinahe menschenleeren Land. Am Fuße des Cumberland-Gebirges hatten die Männer das Glück, die Spur eines indianischen Jägers aufnehmen zu können. Sie führte zu dem legendären Kriegspfad, Warrior's Path, über den die Cherokee durch das ganze unbekannte Land hindurch zum Ohio zogen, um bei ihren roten Brüdern dort Besuch zu machen. Immer wieder mußten die Teilnehmer der kleinen Expedition mit den Augen den Höhenzug absuchen, um jene Scharte zu finden, die ihnen den Durchstieg zum jenseitigen Hang ermöglichen sollte. Und dann entdeckten sie die Narbe, das Cumberland Gap. Es folgte nicht den Hauptzügen des Gebirges, sondern verlief quer dazu. Entmutigend fern lag es, war aber doch auch eine Verheißung.

Ich kann mir die Mühsal des Auf- und Abstiegs sowie der Flußdurchquerung gut vorstellen; denn auf der Tennessee-Seite sind noch Teile des Kriegerpfades erhalten, über die auch wir unser Kameragepäck schleppen mußten. Die wenigen Packpferde damals trugen nur die schwerste Bürde aus Pulver, Blei, Vorräten und Decken. Die Männer mußten sich auf ihre eigenen Beine verlassen. Als sie das Gap nach einem zermürbenden Anstieg erreichten, sahen sie sich reich entschädigt. Diesseits der Wasserscheide hatte der Gebirgshang lediglich aus kahlen, von der Sonne aufgeheizten Kalkfelsen bestanden. Sobald sie ihn in einer steil ansteigenden Schlucht überwunden hatten, schlug ihnen ein erfrischender Luftschwall entgegen. Ein Bergbach rauschte zwischen steilen Ufern dahin, ein Dickicht aus Wildkirschen, Ahorn und Sumach, durchflochten vom Gerank der Waldrebe, bewahrte die Kühle. Hier war das Tor zum gelobten Land. Sie machten noch einmal Rast. Boone war umsichtig. Schon jetzt, an dem Pfad, der die Lehne hinaufführte, legte er Wegmarken an, die bei einem eiligen Rückzug zur Orientierung dienen konnten. Er untersuchte Nebenwege und Ausweichmöglichkeiten für den Fall einer Verfolgung durch feindliche Indianer.

Die Männer kamen zum Cumberland River, der glasklar und einladend in seinem breiten, flachen Bett aus geglättetem Gestein dahinfloß – bis zu der Stelle, wo er über eine mächtige Schwelle in die Tiefe stürzte, um dann dem Ohio zuzuströmen. Sie folgten ihm nur bis zur Höhe der heutigen Ortschaft Pineville auf einem Weg, den unzählige Büffelhufe ausgetreten hatten. Er führte sie zu einer Furt. Weiter zogen sie durch dicht bewaldetes, bergiges Gelände.

Der Mann, der Coopers »Lederstrumpf« war, der Waldläufer Daniel Boone.
(Cumberland Gap National Historical Park, Kentucky)

Mit der Filmkamera auf den Spuren von Natty Bumppo und Daniel Boone. (*Gisela von Wissel*) *Links und rechts unten*: Am Glimmerglas-See in New York und in Kentucky.

Die Shawnee, die Cherokee und die Mingo beanspruchten die Wälder und die Büffelweiden Kentuckys als geheiligte Jagdgründe.

An den Fällen des Cumberland River.

Dann änderte sich das Bild. Das Gelände, das sie nun im strömenden Regen durchquerten, war auf einer Strecke von über 35 Kilometern von totem Buschwerk bedeckt. Da half ihnen selbst der Kriegerpfad nicht recht weiter. Sie mußten sich Meter für Meter freihacken. Dann erreichten sie endlich einen Fluß, den Boone wegen der bizarren Felsformationen an den Ufern Rockcastle River nannte – Felsenburgfluß. Sie mußten einen weiteren Höhenrücken überwinden, bis sie in das liebliche Tal des Roundstone Creek kamen. Hier errichteten sie ihr erstes festeres Camp.

Boone war voller Ungeduld. Er wollte die Landschaft sehen, die Finley in so glühenden Farben geschildert hatte. Allein verließ er das Lager und erklomm die höchste Erhebung über dem Tal.

Der Berg trennte den Rockcastle vom Kentucky River

Im „Land des grünen Rohrs" wird der Wildreichtum durch die salzhaltigen Quellen noch gesteigert.

und erschloß Daniel erstmals die Weite der zu seinen Füßen liegenden Landschaft. Sein Herz schlug bis zum Halse, so sehr packte ihn die freudige Erregung. Finley hatte nicht übertrieben. Dies war ein Garten Eden! So weit er schauen konnte, waren die sanften Hügel von einem Parkwald aus Hickory, Eichen, Ulmen, Sykomoren und Ahorn überzogen. In den Niederungen dehnte sich das satte Grün des hohen Rohres, das Kentucky später seinen Beinamen gab – Land des grünen Rohrs.

Finley verabschiedete sich und folgte allein dem alten Kriegerpfad, um das Indianerdorf zu suchen, mit dem er wie früher Handel treiben wollte. Zehn Tage später war er mit erfreulichen Nachrichten zurück. Er hatte die Indianer am Red River gefunden und darüber hinaus einen Wildreichtum erlebt, der alle Vorstellungen sprengte. Der Händler führte sie durch das Roundstone-Tal weiter nach Norden bis zu einer Stelle, die ihnen geeignet für ein Basislager erschien. Sie waren am Ziel. Ihre Wanderschaft hatte 38

Daniel Boone liebte den Wald und das Wild mehr als die „Städte mit ihren Prachtbauten". Und doch war er ihr Wegbereiter.

Tage gedauert. Es war der 7. Juni 1769. Den Bach, an dem sie lagerten, nannten sie Station Camp Creek.

Vom Basislager aus erkundeten die Männer zunächst die weitere Umgebung, die Hainwälder auf der fruchtbaren Hochebene des Tafellandes und die Uferzonen auf dem Grund der Kalksteinschluchten. Auf ihrer Exkursion stiegen sie immer weiter in unerforschtes Gebiet vor. Eines Tages kam Boone zu einer Stelle, wo ein klarer Bach, der Otternbach, in den Kentucky River floß. Der Anblick dieser Landschaft grub sich tief in seine Seele ein. Hierher wollte er später einmal zurückkehren.

Als er sein neues Paradies erkundete, halfen ihm die Pfade, die die großen Herden in die Rohrwildnis gebahnt hatten. Überall auf seinem Weg stoben Enten hoch. Wachteln eilten vor seinen Füßen her, und aus dem Rohr drang eine Vielfalt von Vogelstimmen. Da war aber auch ein ewiges Knacken und Brechen, das beängstigend wirkte. Größer als alle Furcht aber waren in Boone die Entdeckerfreuden und das Jagdfieber: »Die Büffel waren zahlreicher als die Rinder in unseren Siedlungen«, erzählte er später dem Schriftsteller John Filson.

Das Pfadfinder-Kapitel sollte nun in das Kapitel vom Wildtöter übergehen! Alle wollten sie Felle erbeuten, nur deshalb schleppte jeder in dem kleinen Trupp unter anderem vier Pfund Schießpulver und 20 Pfund Blei mit. Sie jagten in zwei Gruppen. Boone tat sich mit seinem Schwager John Stuart zusammen, Finley mit Holden, Cool und Monay. Einer der Männer blieb meist im Lager. Bald war es notwendig, eine Hütte für die vielen Felle zu zimmern, die man erbeutete, und aus Stämmen Tröge anzufertigen, in denen sie gereinigt und gegerbt werden konnten. Sie hätten bis zum Jahresende wohl mehr erbeutet, als die Pferde tragen konnten, wären da nicht Ereignisse eingetreten, die das ganze Unternehmen in Frage stellten.

Sie hatten zwar die ganze Zeit an die Indianergefahr gedacht, aber in all den Monaten nicht eine einzige Adlerfeder gesehen. Allzu sorglos richteten sie sich daher nahe dem Kriegerpfad für den Winter ein. Sie sammelten Nüsse, Eicheln und Beeren. Feuerholz stapelten sie, handgerecht gespalten, vor dem Blockhaus. Die Wildnis-Wirtschaft wurde durch Ahlen aus Hirschhorn und Garn aus gewachster Tiersehne vervollständigt, denn sie mußten dringend ihre Leggins und Jagdhemden erneuern. Die Jäger besaßen bald auch genügend Salz, das sie aus einer der salzhaltigen Laken herauskochten, von denen es hier viele gab. Das Salz war ein Schlüssel zum Geheimnis dieses selbst für ein unbesiedeltes Land ungewöhnlichen Wildreichtums.

Boone und Stuart jagten in den nächsten Wochen meistens in der Deckung der Schluchten und schliefen auch dort, nachdem sie eines Tages Mokassinspuren entdeckt hatten. Aber kurz vor Heiligabend gingen sie den indianischen Kriegern doch in die Falle. Daniel erinnerte sich später im Gespräch mit Filson: »Am 22. Dezember unternahmen John Stuart und ich einen angenehmen Streifzug. Wir hatten einen großen Wald mit Myriaden von Bäumen durchquert, einige bunt von Blüten, andere reich an Früchten. Die Natur bot hier eine Reihe von Wundern und war eine Quelle des Entzückens. Hier entfaltete sie ihren Erfindungsreichtum und ihren Fleiß in einer Vielzahl von Blumen und Früchten in wunderschönen Farben, eleganten Formen und schmeichelnden Düften; und wir hatten unseren Zeitvertreib durch zahllose Tiere, die sich unausgesetzt unseren Blicken präsentierten.«[4]

Da hatten sie sich ablenken lassen und nicht aufgepaßt. In seiner Erzählung kam Boone wohl auch mit den Jahreszeiten durcheinander. Aber was soll man da machen? Nach seinem Bericht war es schon Abend, als sie am Fuße eines Hügels entlangzogen, der sich einem Rohrdickicht benachbart erhob. Der Schlafplatz am Kentucky River war nahe. Auf einmal nahm Boone ein leises Geräusch, eine winzige Bewegung wahr. Stuart an seiner Seite schaute verstohlen in die Richtung, in die Boone mit den Augen deutete. Boones Blick aber warnte ihn davor zu schießen. Im nächsten Augenblick waren sie von acht Shawnee-Kriegern umringt, die die beiden bei der geringsten Gegenwehr in Stücke gehauen hätten. Sie ließen ihre Büchsen fallen.

Die Shawnee, deren Anführer der im Umgang mit Weißen gewitzte »Captain« Will war, gehörten offenbar zu einer größeren Jagdgruppe und waren alle beritten. Sie mußten die Weißen längere Zeit beobachtet haben, denn Will fragte sie ohne Umschweife, wo sie ihr Vorratslager hätten. Boone hielt ihn damit hin, daß er ihm zunächst das kleine Lager zeigte, das er zusammen mit Stuart angelegt hatte. Gerade noch rechtzeitig konnte sich dort einer ihrer Gefährten verbergen, und Boone hoffte, er werde die Zeit nutzen, die anderen zu warnen und das Basislager zu räumen. Als er die Shawnee dann doch zur Blockhütte führen mußte, waren die Kameraden zwar verschwunden, aber das gesamte Jagdergebnis eines halben Jahres lag vor den Indianern. Sie nahmen alles, auch die Pferde, ließen den ungläubig dreinblickenden Jägern dann aber doch zwei Gewehre sowie etwas Pulver und Blei. Will empfahl den »weißen Brüdern« die Heimreise. Er machte ihnen klar, daß in diesen Jagdgründen alle Jagdbeute den Indianern gehöre und verabschiedete sich nach der Belehrung freundlich.

Nach dem Abzug der Indianer krochen die vier anderen aus den Büschen. Sie waren entmutigt und wollten sofort nach Hause. Boone dachte nicht daran. Er verlangte von den Gefährten, daß sie warten sollten, und machte sich mit Stuart zu Fuß an die Verfolgung der Shawnee. Wenigstens ein paar Pferde wollte er zurückholen. Zwei Tage blieben sie in der Spur von Wills Gruppe, dann stieg ihnen der Bratenduft vom Lagerfeuer der Indianer in die Nasen. Sie warteten, bis es dunkel war, schlichen zu den Pferden, machten unbemerkt mehrere los und führten sie leise weg. In einiger Entfernung kletterten sie auf den blanken Rücken der Tiere und galoppierten davon. Die Shawnee aber holten sie doch ein und nahmen ihnen die Pferde wieder ab. Will hatte Humor. Er ließ die beiden Weißen nicht töten, sondern Boone eine Glocke um den Hals binden. Dann schubsten die Krieger ihn derb in ihrem Kreis herum, und »Captain« Will nannte ihn lachend einen Pferdedieb.

Diesmal aber ließen sie die beiden Weißen nicht ziehen; sie fesselten sie an den Händen und nahmen sie mit. Schon bald sahen sich Boone und Stuart mit einer viel größeren indianischen Jagdgesellschaft konfrontiert. Die Shawnee hatten sich offenbar in kleinere Trupps aufgelöst, um sich später wieder zu vereinigen und mit der Ausbeute an Wild über den Ohio in ihre fernen Dörfer zurückzukehren.

Sechs Tage lang dauert der Ritt nach Norden. Die beiden Weißen müssen für die Indianer schuften, das Lagerfeuer anzünden und versorgen, müssen helfen, erlegtes Wild aus der Decke zu schälen und das Fleisch zu zerteilen. Dafür ernten sie Tritte und die Reste der Mahlzeiten. Bald aber werden die Bewacher nachlässiger. Sie versäumen, die Gefangenen nachts an einen der Krieger zu fesseln. In der siebenten Nacht wagt Boone die Befreiung. Er dehnt unter Anspannung der Muskeln und unermüdlichem Druck allmählich die ledernen Fesseln und bekommt schließlich die Hände frei. Mit ganz sparsamen Bewegungen streift er die Riemen weiter ab und rollt sich zu seinem Gefährten. Als er Stuart ebenfalls befreit hat, stehlen sie sich mit angehaltenem Atem aus dem Kreis der Schläfer fort. Dabei läßt Boone noch die eigenen Flinten nebst Munition mitgehen.

In einem Rohrdickicht warten sie am nächsten Morgen ab, bis die Indianer die Suche nach ihnen aufgeben. Nach einem wahren Marathon erreichen sie 24 Stunden später das Lager. Die Blockhütte ist leer. Das Feuer aber glüht noch. Offenbar haben Finley, Cool, Monay und Holden das Lager in dem Glauben verlassen, Boone und Stuart seien tot. Boone haßt den Gedanken, ohne Felle in die Ansiedlungen zurückkehren zu müssen. Aber ohne einen größeren Vorrat an Pulver und Blei und ohne Pferde können auch er und Stuart nicht hierbleiben. Ohne Hoffnung, die anderen wiederzusehen, machen sie sich auf den Rückweg. Als sie am Rockcastle River dann doch das Lager der Gefährten entdecken, vergessen sie alle Vorsicht, schreien und springen auf dem Hügel darüber umher und feuern ihre Büchsen ab. Im Lager findet Boone dann noch mehr Grund zur Freude. Außer den alten Weggefährten trifft er an diesem Vorfrühlingsabend auch noch seinen Bruder Squire und den guten alten Nachbarn Alexander Neely an. Seine Wegzeichen sind es gewesen, die den beiden die Richtung zum Cumberland Gap und darüber hinaus bis zum Rockcastle River gewiesen haben. Wenigstens sie haben sich bezahlt gemacht.

3. Kapitel

Für Daniel war die Sache jetzt entschieden. Er wollte seine Schulden bei Henderson bezahlen und möglichst auch mit einem kräftigen Überschuß aus diesem gefährlichen Abenteuer profitieren. Diese Idee war stärker als die Sehnsucht nach Rebecca und den Kindern. Die längste Zeit in der jungen Ehe hatte er ohnehin schon in der Wildnis fern der Familie zugebracht. Auf ein paar Monate mehr kam es nun nicht mehr an.

Boone kehrte in seine winterliche Wildnis zurück – zurück zu den Bibern und Ottern, die sich einen dichten Pelz zugelegt hatten. Mit Squire und John hatte er nun zwei verläßliche Jagdkameraden an seiner Seite, und Alexander Neely, hoffte er, würde sich gut machen.

Aber das neue Unternehmen stand unter keinem glücklichen Stern. Die Männer hatten das neue Lager nun nahe der Einmündung des Red River und hoch auf dem Nordufer des Kentucky errichtet, diesmal auch fern dem gefährlichen Kriegerpfad, wo erneut mit Verdruß zu rechnen war. Sie hatten beschlossen, daß Stuart, der die Gegend genau kannte, seine Fallen in den Bächen auf der anderen Seite des Flusses aufstellen sollte, um die Ausbeute zu verbessern. Im Rhythmus von etwa zwei Wochen wollten sie sich unten am Fluß treffen. Dann hatten sie John Stuart verabschiedet und ihm nachgeschaut, bis er sein Kanu am jenseitigen Ufer versteckt hatte und mit seinen Fallen hinter dem Vorhang der Weiden verschwunden war. Als er dann nach mehreren Wochen immer noch nicht an der verabredeten Stelle erschienen war, hatte Boone nach ihm gesucht und Stuarts Lager leer gefunden. Daß es das Lager seines Schwagers war, konnte er aus den Initialen »U. S.« in der Rinde eines nahen Baumes schließen. Wo war Stuart geblieben? Sie sollten ihn nie mehr lebend wiedersehen.

Alexander Neely konnte sich über das Verschwinden des

Gefährten nicht beruhigen. Die Angst hatte ihn so gepackt, daß er gegen den Rat und alle Vorhaltungen Daniels seine Sachen schnürte und die Brüder verließ.

Die beiden setzten bis ins späte Frühjahr ihr Jägerleben fort: »Wir waren nun«, heißt es in der »Autobiography«, »in einer hilflosen Lage, jeden Tag Todesgefahren ausgesetzt, unter Wilden und Bestien die einzigen Weißen im Land. So viele hundert Meilen von unseren Familien in der heulenden Wildnis entfernt, verharrten wir nicht im Zustand der Untätigkeit, sondern jagten jeden Tag und bauten eine kleine Hütte zum Schutz gegen den Winter.«[5]

Als es Zeit für den Heimtransport der schweren Fellasten zum fast 400 Kilometer entfernten Yadkin war, mußte Squire Abschied nehmen. Am 5. Mai 1770 machte er sich auf den Weg. 82 Tage lang blieb Daniel nun ganz allein, und es gab Tage, die den starken Mann weich machten. Als Squire am 27. Juli wieder an der verabredeten Stelle erschien, war Boone erleichtert wie nie in seinem Leben zuvor. Er hatte neue Gefahren bestanden, hatte – und das verschwieg er dem Schriftsteller Filson – aus Rache für Stuart einen Indianer hinterrücks erschossen und war auf der Flucht vor den Shawnee einmal 20 Meter einen Abhang hinab in die Krone eines Baumes gesprungen. Sein größter Feind aber, bekannte er, sei die Einsamkeit gewesen. Begründen konnte er gegenüber dem Bruder und auch später gegenüber Filson seine Krise nicht so recht. War ihm bewußt geworden, wie viele Opfer er und andere für das Unternehmen Kentucky schon gebracht hatten? Oder waren es vielleicht doch die ungeheure Schweigsamkeit der Höhlenwände in seinem letzten Camp am Dix River, der Mangel an Wärme und Nähe befreundeter Menschen, die fehlende Resonanz auf Gedanken, Ideen, Hoffnungen, die ihn so niedergedrückt hatten?

Die Quälgeister aller Weltflüchtigen und Einsiedler hatten ihn jedenfalls erreicht. Der Starke ist nicht am mächtigsten allein.

Boone hatte aber auch neue Nachrichten für seinen Bruder. Er hatte auf seinen einsamen Wanderungen erstmals den großen Strom gesehen, den Ohio. Und in der Schilderung der neuen, einladenden Landschaften gewann er seine alte Begeisterung für Kentucky wieder zurück. Vor allem war es der ungeheure Wildreichtum, der ihn an den neuen Gebieten faszinierte. Er hatte nicht geglaubt, daß er jemals mehr Wild finden würde als in der weiteren Umgebung des alten Lagers am Kentucky, bis er eines Tages den Licking River erreichte.

Er war dem Kriegerpfad weiter in nordöstlicher Richtung gefolgt, der den Fluß überquerte und dann in eine unendliche baum- und strauchlose Fläche einmündete. Schon am Fluß hatte er zahllose Trittsiegel gesehen. Als er dann die Salzebene erreichte, traute er seinen Augen kaum. Unüberschaubare Bisonherden, ja, ganze Wildvölkerschaften, bedeckten die Ebene. Auf Büffelhöckern balancierten Schwärme kleiner Vögel, und im Blau des Himmels kreisten geduldig die Greife. Über der Szene lasteten der schwere Geruch des Salzes, des Harnes und die beizenden Ausdünstungen der vielen Tausende Tierleiber. Boone war überwältigt.

Er suchte sich einen Felsen, den die Erosion aus der Salzschlammwüste herausgeschält hatte, zur Rast aus. Von dort oben konnte er das Jagdgebiet übersehen und war vor den Hufen der Kolosse sicher. In der mondhellen, milden Nacht hing er seinen Gedanken nach. An Schlaf war bei dem ständigen Grollen und Grunzen der Bisons nicht zu denken. Boone träumte wohl schon hier den Traum, in dem sich das Land des Grünen Rohrs nach Jahrtausenden des paradiesischen Urzustandes bald gründlich verändern sollte. Vor seinem inneren Auge sah er die ersten Bäume für die Palisaden seines befestigten Dorfes fallen, sah weiße Menschen den fruchtbaren Boden bepflanzen und hier, am Licking, das kostbare Salz sieden. Sich selbst sah er natürlich durch das Rohr und die Wälder streifen und von dieser reichen Tiergesellschaft seinen Zehnten an Fleisch und Fellen einfordern. An die Rechte der Indianer dachte er in diesem Traum nicht.

Daniel hatte den Ohio bis zu seinen Fällen beim heutigen Louisville erkundet. Er erreichte die Mündung des Kentukky in den Ohio und folgte ihm hinauf bis in die Nähe des heutigen Harrodsburg, wo er eine Höhle für eine längere Zeit als Bleibe bezog.

Während der langen Wochen mit Squire warb er bei diesem für eine baldige Rückkehr mit Siedlern, wenn sie in diesem Land die erste Wahl haben wollten; denn auf einem seiner Streifzüge zum Licking River hatte Boone auf einer fernen Hochebene dünnen, blauen Rauch über den Wäldern stehen sehen. Andere Pfadfinder, andere Jäger rückten seinem Land, rückten seinen Herden schon von Virginia aus zuleibe.

Aber noch war es nicht so weit. Bis zum Herbst nahmen die beiden Männer das Land ganz für sich allein in Anspruch. Sie jagten in den wildreichsten Gründen am Kentucky weiter flußab an der Einmündung des Hickman Creek. Dort fanden sie eine Höhle, die ihnen mit ihrem versteckten Eingang auch einigermaßen Sicherheit gegen umherstreifende Krieger bot.

Es war ein Leben nach dem Herzen Daniels: »Ich glaube..., daß wenigen Menschen nur das Glück zuteil geworden ist, wie wir es damals, vielhundert Meilen fern unserer Familien, in einsamer Wildnis begraben, in vollen Zügen genossen. ›Jetzt siehst du‹, sagte ich oft zu meinem Bruder, ›jetzt endlich siehst du selbst, wie wenig man eigentlich von Natur aus zur Zufriedenheit bedarf. Das Glück, der Gefährte des Vergnügens, findet sich in unserem Herzen selbst, nicht im Genuß äußerer Dinge. Gleichmut allein reicht hin, einen Menschen in solchem Zustand immer glücklich und ruhig zu machen, und dieser Gleichmut ist nichts anderes als gänzliche Ergebung in den Willen der Vorsehung. Ein Mann mit dieser Gesinnung findet seinen Frieden auch auf dem Boden voll Gestrüpp und Dornen.‹«[6]

Da ahnt man wieder Filsons Schnörkel. Boone dürfte einfacher gesprochen haben. Sein Naturverständnis erscheint uns dennoch heute fremd. Er bricht mit seinem

Bruder in diese wunderbare Wildnis ein und verwandelt sie mit dem andauernden Knallen seiner gnadenlosen Büchse für die Tiere in eine Hölle. Er preist die Stille und die Einsamkeit und denkt doch schon daran, Siedler ins Land zu bringen, unter deren Axtschlägen sich die Natur gewaltsam und schnell verändern wird: »Die volkreichsten Städte mit ihrem Handel und Wandel, ihren Prachtbauten und sonstigen Sehenswürdigkeiten könnten meinem Herzen niemals solches Vergnügen gewähren wie die reine Schönheit der Wildnis«, soll er zu Filson gesagt haben, wenn dieser richtig zitiert hat. Ist er nicht in seiner Seele gespalten, dieser Daniel Boone?

An die tausend Felle mochten es sein, die Squire im Herbst auf die Packpferde lud und sicher zum Yadkin in North Carolina brachte. Daniel blieb noch eine Weile in den alten Jagdgründen, dann brach auch er auf, um seinem Bruder auf halbem Wege entgegenzuziehen. Einen weiteren Winter wollte er nicht allein in der Wildnis verbringen.

Er erwähnt in seiner »Autobiography« gegenüber Filson nicht, daß er unterwegs auf einen uralten, ausgezehrten Indianer traf, der am Weg saß und mit dünner Stimme sein Todeslied sang. Seine Familiengruppe hatte ihn bei der Wanderung zurückgelassen, um ihn allein sterben zu lassen. Das war bei manchen Völkern ein ungeschriebenes Gesetz. Boone war darüber empört. Er richtete dem Greis etwas zu essen und hinterließ ihm den Rest eines Hirsches, den er kurz zuvor erlegt hatte. Auf dem weiteren Weg, inzwischen war es Anfang Dezember und ziemlich kalt, stieg ihm Brandgeruch in die Nase, und als er diesem nachging, sah er plötzlich einen Mann, der eine ganze Baumleiche angezündet hatte, um sich die Vorderfront zu wärmen. Der bodenlose Leichtsinn mußte bestraft werden. Er schlich sich zu der Stelle hin und trat dann lautlos aus der Dunkelheit in den Feuerschein. Der Mann hatte keine Zeit mehr, die Büchse zu spannen. Er brauchte es auch nicht. Es war Daniels Bruder Squire.

Ein paar Wochen noch stellten die beiden in den Biber-
gründen am Kentucky ihre Fallen auf, dann besannen sie
sich auf das Vorhaben, für Richter Henderson auch das
unbekannte Gebiet im Südwesten Kentuckys zu erkunden.
Sie streiften bis tief hinab in ein ödes Land am unteren
Cumberland, wo nackte Kalkrücken zutage traten, Wasserläufe plötzlich versiegten und unterirdisch weiterflossen
und krüppelige Vegetation weite Flächen beherrschte. Im
Cumberland-Tal stießen sie auf eine Gruppe von Weißen,
die dort seit Monaten jagte. Es waren sogenannte Longhun-
ter. Bis zum Beginn des Frühjahres blieben sie mit den
Jägern zusammen, dann hatten sie genügend Felle erbeutet.
Es war Zeit zur Heimkehr. Die Pfadfinder suchten ihren
Weg zum Gap, indem sie dem Cumberland stromauf folgten
und dann einen der schnellen Gebirgsbäche überquerten.
Sicher erreichten sie die Talschlucht; denn die letzte Strek-
ke dorthin hatten die umsichtigen Männer ja markiert.

In Powells Tal führte ihnen der Zufall einen Mann über den
Weg, in dem sie zu ihrem größten Erstaunen ihren alten
Freund Alexander Neely wiedererkannten. War es Zufall,
wenn man unter Millionen von Möglichkeiten in diesem
ungeheuren Raum ausgerechnet auf einen Freund traf, der
in allerhöchster Not war? Squire schrieb das Zusammen-
treffen dem Walten Gottes zu. Neely hatte seine Kameraden verloren, mit denen er gemeinsam gejagt hatte, und war
dann allein in der Wildnis umhergeirrt. Sein Gewehr konnte er nur noch als Keule benutzen, denn er hatte sein ganzes
Pulver verschossen, um die Jäger auf sich aufmerksam zu
machen. In den letzten Tagen hatte er sich vom Fleisch
eines herumstreunenden Hundes ernährt, der Neely, selbst
auf der Suche nach Nahrung, zu nahe gekommen und von
ihm erschlagen worden war. Neely besaß einfach nicht die
Gabe und die Erfahrung, die Männern wie den Boones das
Überleben in der Wildnis sicherte. Die Brüder bewahrten
den Mann vor dem sicheren Tod. Als er wieder bei Kräften
war, setzen sie die Heimreise fort.

Die Gefahren lauerten diesmal dort, wo sie nicht mehr damit rechneten. Eines Abends lud sich eine Gruppe von Indianern bei ihnen zum Essen ein, und als die Krieger gesättigt waren, nahmen sie den beiden Boones ihre Felle, ihre Waffen, ihre Ausrüstung sowie ihre Pferde ab und ließen ihnen ein paar schlechte Gewehre. Zwei Tage später trafen die Beraubten auf zwei andere Indianer. Sie erschossen diese aus dem Hinterhalt und brachten alles an sich, was an den Toten von Wert war. Sie konnten ganz schön unchristlich werden, diese Pionierhelden.

Das Gelände wurde den Boones allmählich mehr und mehr vertraut. Sie machten Rast bei den ersten Ansiedlern, deren Blockhäuser am Holston und am Clinch River standen. Überall hier, dann auch am French Broad und am Watauga River, beantworteten sie Fragen nach dem Land hinter den Bergen. Daniel Boone schilderte das fruchtbare, wildreiche Kentucky nicht eben farbig. Er verwies auf die Opfer, die die Wildnis schon verlangt hatte. Beredter als er aber waren für manch einen wohl die Fellberge gewesen, die Squire in der Vergangenheit heimgebracht hatte.

Wie mag der Empfang daheim gewesen sein? Stürmisch oder eher zurückhaltend? Rebecca Boone kann kaum immer recht glücklich mit ihrem Mann gelebt haben, der ihr den harten Alltag allein aufbürdete und sie versauern ließ, indem er auf Monate oder gar Jahre in der Wildnis verschwand. Es heißt auch, daß er nach solchen Abenteuern stets gefürchtet habe, ihr unter die Augen zu treten. Wenn man andererseits Liebe an der Zahl der Kinder mißt, die in den Jahren zwischen 1757 und 1769 zur Welt kamen, so sprechen stolze sieben für mehr als nur für Pflichterfüllung. »Fiedelfuß«, wie Rebecca ihn nannte, war fruchtbarer als sein Abbild in Coopers »Lederstrumpf«, dem wir gern wenigstens eine richtige Liebesaffäre gegönnt hätten. Irgendwie wirkt er ziemlich geschlechtslos zwischen all den Hettys, Judiths, Coras, Alices und Mabels, die er vor Unbill bewahrt.

II. Teil
Logan, ein Mann
wie der letzte Mohikaner

Noch gestern waren die Kinder der
Lenape Herren der Welt. Die Fische
der Salzseen, die Vögel, die Tiere und
die Mingos in den Wäldern erkannten
sie als ihre Herrscher an. Ich weiß,
daß die Bleichgesichter ein stolzes
und gieriges Geschlecht sind. Nicht
nur die Herren der Erde wollen sie
sein; selbst der geringste unter ihnen
dünkt sich besser als die Weisen unter
den roten Männern. Von Sonnenaufgang her kamen sie in das Land, und
leicht könnten sie gezwungen sein, es
bei Sonnenuntergang wieder zu verlassen. Oft sah ich, wie die Heu-
schrecken die Bäume von ihren Blättern entblößten, aber die Zeit der Blüten kehrte stets wieder.
Der greise Delaware Tamenund in
»Der letzte Mohikaner«

4. Kapitel

In den nächsten Tagen besuchte Daniel Richter Henderson und versetzte ihn mit seinem Bericht über Kentucky in helle Aufregung. Der Mann hatte die Fähigkeit zu Visionen. Vor seinem geistigen Auge verwandelte sich die Wildnis in ein blühendes Gemeinwesen mit schmucken Dörfern, sauberen Wegen, Brücken, wogenden Kornfeldern und satten Weiden. Und er, Henderson, stand diesem Gemeinwesen vor – als ein gerechter, gütiger Herr, der an dem Land, das er seinen Bürgern verkaufte, gut verdiente, der auch einen gewissen Handel monopolisierte, aber doch auch jeden leben ließ. Er hatte auch schon einen Namen für die neue Kolonie: Transylvania. Wie er darauf kam, bleibt sein Geheimnis. Er konnte ja wohl nicht ahnen, daß um den Besitz Transylvanias Ströme von Blut fließen würden – wie in jenem imaginären Reich der Vampire des Grafen Dracula in den Bergen Rumäniens.

Doch obwohl Henderson seinen Bericht so günstig aufnahm, konnte Daniel ihn doch nicht zu baldigem Handeln bewegen. Hendersons Amtszeit im Bezirk lief erst in zwei Jahren aus, und außerdem wollte er zu einem Abkommen mit den Indianern gelangen, denen der König das Land schließlich garantiert hatte. Judge Henderson war ein Mann von Grundsätzen.

Boone war enttäuscht, und er wurde zusätzlich unruhig, als er auf einer erneuten Erkundung in Kentucky die Brüder McAfee traf, die ihm erzählten, daß sie ein gutes Stück Land für sich abgesteckt hätten und der Pionier James Harrod ein Gleiches getan hätte. Boone fürchtete, das Beste könnte ihm verlorengehen und beschloß einen Versuch auf eigene Faust.

Mit dem nicht gerade lodernden, aber doch stetigen Fluß seiner Rede gewann er allmählich seine Familie, eine Reihe von Rebeccas Verwandten und Freunde für den Aufbruch ins gelobte Land. Am 25. September 1773 nahm man Abschied vom vertrauten Bild der alten Farm und des von Pappeln gesäumten Yadkin. Ein Teil des kleinen Trecks ging von Boones Platz aus auf den Marsch ins Ungewisse; die weiter entfernt lebenden Familien sollten in Powells Tal zu ihnen stoßen. Von dort an, wo der gefährliche Kriegerpfad begann, hatte man etwa 40 bewaffnete Männer zum Schutz der Frauen und Kinder im Treck. Trotzdem fühlte Boone sich unbehaglich. Er mußte sich dem langsamen Trott der überladenen Packpferde anpassen, und da war zuviel Trödel, den die Leute von Anfang an dabei haben wollten. Das Geklapper von Hausrat, der gesammelte Protest der unbequem reisenden Hühner und Gänse – mußte das nicht feindliche Indianer in die Spur des Trecks locken? Boone hatte bei einem Angriff auch die Unerfahrenheit der Ansiedler zu fürchten.

Es vergingen fast zwei Wochen, die auf den Pionier unendlich wirkten, bis der Troß Powells Tal erreichte. Auf den Vorhöhen des Cumberland-Gebirges biß in den Nächten schon die Kälte nach den Reisenden, denn es war Oktober. Der Pfadfinder hatte auf seinen Expeditionen oft auf Feuer verzichtet. Hier aber, wo Frauen und Kinder dabei waren, loderten nachts die Flammen, und ohne, daß selbst die Erfahrenen etwas davon bemerkt hätten, erlaubten sich indianische Späher bereits Einblicke in die Zahl der Männer und deren Bewaffnung. Und als sich ein kleiner Trupp von der Kolonne entfernt hatte, griffen sie an: »Am 10. Oktober wurde das Ende unserer Gesellschaft von einer Anzahl Indianer angegriffen, die sechs Mann töteten und einen verwundeten. Unter diesen war mein ältester Sohn, der bei der Aktion fiel.«

Die dürren Worte Boones gegenüber Filson lassen die wahre Tragödie kaum ahnen. In Wahrheit hatte sich folgendes zugetragen: Als sie nahe Powells Tal waren, bot sich die Gelegenheit, von der nicht allzu weit entfernten Farm Captain Russells ein paar Sack Mehl zu holen. Rebecca und die

53

anderen Frauen hatten dem ungehaltenen Daniel ständig in den Ohren gelegen, sie müßten für die Kinder Brot backen, bis er schließlich nachgab. Boone schickte seinen sechzehnjährigen Sohn Jamy und zwei Mann zur Farm. William Russell, der sich dem Treck später anschließen wollte, erwartete sie. Er hielt einige Sack Mehl bereit, hatte ein paar Farmgeräte verpackt und etwas Vieh für den neuen Anfang zusammengetrieben. Der junge Boone war schnell wieder auf dem Marsch. Sein Trupp bestand jetzt aus den beiden Männern Richard und John Mendisnall sowie fünf Leuten, die der Farmer mit auf den Weg schickte: seinen Sohn Henry, siebzehn Jahre alt, zwei weitere junge Männer und die beiden schwarzen Sklaven Charles und Adam. William Russell versprach, daß er und ein Captain David Gass nachfolgen würden. Sie waren nicht schnell genug. Als er und Gass das Camp erreichten, wo der kleine Trupp übernachtet hatte, gefror ihnen das Blut in den Adern.

Die beiden Jungen, Jamy und Henry, lagen mit durchschossener Hüfte bei den verlöschenden Feuern. Ihre Körper waren verkrustet von Dreck und geronnenem Blut, das aus zahlreichen Schnittwunden und der von fürchterlichen Schlägen aufgeplatzten Haut geflossen war. Die Gesichter der Kinder waren bis zur Unkenntlichkeit verquollen, Hände und Füße ohne Nägel.

Gass und Russell waren so blind und taub in ihrem Schmerz, daß sie ein Geräusch am nahen Bach überhörten. Sie blickten erst hoch, als aus dem krachenden Unterholz eine schwarze Gestalt auf sie zuwankte. Es war der Sklave Adam, der bei den ersten Schüssen ins Dickicht hatte fliehen können. Adam war noch völlig verwirrt. Ihm gellten noch die Wahnsinnsschreie der gepeinigten Kinder in den Ohren, das Flehen von Jamy Boone, ihn doch endlich, endlich zu töten.

William Russell gab Adam einen Schluck Whiskey und wartete, bis dieser sich einigermaßen gefaßt hatte. Dann fragte er zuerst nach weiteren Überlebenden. Er erfuhr, daß zwei Männer gleich beim ersten Angriff erschossen worden sowie zwei weitere verwundet in den Wald geflohen waren; Charles hätten die Indianer gefangen und fortgeführt. »Was für Indianer? Von welchem Stamm?« wollte Russell wissen. Adam sagte, der junge Boone habe immer wieder »Jim, Jim!« geschrien. Russell kannte Jim. Big Jim war ein Shawnee und eine bekannte Erscheinung auf den Farmen an der Pioniergrenze. Er hatte auch bei ihm schon Kaffee und Whiskey erbettelt und manchmal auch ein paar Felle zum Tausch gebracht. Die Bande von Marodeuren konnten also Shawnee gewesen sein oder Cherokee, denen sich die Shawnee angeschlossen hatten.

Noch ein Weißer hatte das Massaker entdeckt. Es war ein Dieb, den die Siedler fortgejagt hatten. Angesichts des schrecklichen Geschehens vergaß er seine Wut und eilte mit der Todesnachricht zu Daniel Boones Camp zurück, das nur eine Stunde Fußmarsch von Walden's Creek entfernt lag. Die Boones und die Russells waren besonders hart betroffen, denn sie hatten ihre Kinder verloren. Während Rebecca sich ihrem Schmerz hingab, versuchte Daniel durch die Betriebsamkeit, mit der er das Lager auf einen etwaigen Angriff vorbereitete, seine Fassung zu bewahren. Er schickte Squire und ein paar gute Schützen auf dem Pfad zurück. Sein Bruder sollte die Lage erkunden und die Toten begraben. Fürchtete Daniel die Begegnung mit seinem toten Sohn? Wir wissen es nicht. Wir wissen nur, daß man Jamy und Henry gemeinsam in ein großes Leinentuch schlug, das Rebecca zusammengenäht hatte, und sie an Walden's Creek begrub.

Nur Daniel Boone und einige wenige Männer wollten jetzt weiter nach Kentucky ziehen. Die Mehrheit entschied sich für Umkehr: »...Diese unglückliche Affäre zerstreute unser Vieh, brachte uns in außerordentliche Schwierigkeiten und entmutigte die ganze Gesellschaft so sehr, daß wir uns 40 Meilen bis zum Clinch River zurückzogen...«, berichtete Daniel später Filson.[1] Da er seine Farm am Yadkin verkauft hatte, akzeptierte er ein Angebot, für einige Zeit ein Blockhaus auf Russells Farm zu beziehen. Jetzt war die

Zeit für Vorwürfe und Selbstvorwürfe gekommen. Aber auch für Trauer und Trost. Mehr als eineinhalb Jahre sollten vergehen, ehe Boone wieder Siedler nach Kentucky führen würde.

In der Zwischenzeit ließen sich andere Abenteurer aus Pennsylvania und West-Virginia in ihren Booten den Ohio hinabtragen. Sie stiegen vor den Stromschnellen beim heutigen Louisville an Land und stießen nach Kentucky vor. Im Sommer 1773 waren das zuerst die Brüder McAfee. Sie durchstreiften das Land von Norden nach Süden bis hinab zum Cumberland River. Sie entdeckten auch einen Platz, der später in der Wissenschaft berühmt werden sollte – Big Bone Lick. Hier waren in Urzeiten Ur-Elefanten, Mastodonten, und andere gewaltige Tiere im Moor versunken. Der schwefelsaure Schlamm hatte ihre Skelette über die Jahrtausende erhalten und eine Fundgrube für Fossilienforscher geschaffen. Die McAfees hatten dafür freilich keinen Sinn. Sie vermaßen besonders ansehnliche Stücke Land für die baldige Besitznahme und legten kleine Vorratslager für ihre Rückkehr an, ehe sie sich auf den entbehrungsreichen Heimweg über die Cumberland-Berge machten.

Ein anderer Trupp unter dem Kommando von Captain Thomas Bullitt begann vom heutigen Louisville aus Vermessungsarbeiten aufzunehmen. Auch sein Auftreten zeigte den Rothäuten, daß die Weißen Abschied vom Vertrag von Fort Stanwix genommen hatten. Dennoch reagierten sie nicht immer feindlich. Bullitt und seine Leute sahen sich eines Tages von einem Shawnee-Jagdtrupp unter der Führung des Vaters des später berühmten Tecumseh umringt. Bullitt ließ den Häuptling wissen, daß er am Ohio siedeln wolle, die Shawnee aber immer im Siedlungsgebiet jagen könnten. Die Indianer zogen friedlich ab.

Im Frühjahr 1774 kam der vierschrötige Pionier James Harrod mit 41 Mann aus Virginia nach Kentucky. Auch er entdeckte zufällig jene Höhle am Dix River, die Boone zeitweilig als Zuflucht gedient hatte. Nicht weit davon entfernt ließ er die ersten Blockhäuser seiner Siedlung zimmern, die Harrodstown (auch teilweise als Harrodsburg bezeichnet) heißen sollte und die älteste Siedlung Kentuckys sein würde. Zu den weiteren Pionieren, die keinen Pfifferling auf die Verträge mit den Indianern gaben, gehörten Simon Kenton, Hancock Taylor und James Smith. Ein Vermessungstrupp, der von einem gewissen John Floyd geführt wurde, vermaß unter anderem auch Land für einen gewissen Colonel George Washington.

Aber das wurde zunehmend gefährlicher. Die ersten Schüsse fielen aus dem Hinterhalt. Die Weißen machten im Gegenzug kurzen Prozeß, wenn sie auf vereinzelte Indianer stießen. Im Frühjahr 1774 war die Lage so brenzlig geworden, daß Lord Dunmore, der Gouverneur von Virginia, die Order gab, alle Weißen im Indianergebiet zu warnen. Er hatte zwar nicht verhindern können, daß die Grenzer vollendete Tatsachen schufen, aber vor den Folgen dieses Tuns wollte er sie doch bewahren. Er suchte nach Leuten, die den gefährlichen Ritt nach Kentucky wagen wollten.

Als Daniel Boone im Mai vom Grab seines Sohnes in sein Notquartier auf Russells Farm zurückkehrte, eröffnete ihm Captain Russell, er habe ihn und den Deutschen Michael Stoner vorgeschlagen, als er vom Gouverneur um geeignete Männer für die Aufgabe gebeten wurde, die Weißen aus dem Indianerland zu holen. Über die vertrauten Wege erreichten die beiden die erste Gruppe – die 34 Mann, die noch immer mit der Gründung von Harrodstown beschäftigt waren. Es blieb Boone nicht viel Zeit, über den Wandel in seinen Jagdgründen zu klagen. Er fand sich drein, indem er sich selbst als Siedler registrieren ließ und zusammen mit einem anderen Siedler, Evan Hinton, ein Blockhaus errichtete. Dann eilte er mit Stoner weiter, um am Zusammenfluß von Kentucky und Ohio John Floyds Gruppe zu warnen und bei den Ohio-Fällen noch andere Weiße, von deren Anwesenheit er erfahren hatte.

5. Kapitel

Mehr Leute, die auf eigene oder fremde Rechnung in Kentucky eingedrungen waren, erreichten die beiden nicht. Einige wurden von den Indianern getötet. Andere begaben sich auf lange Irrfahrten, die sie vom Ohio in den Mississippi führten und hinab nach New Orleans, ehe sie nach Jahr und Tag wieder den Ausgangspunkt ihrer Reise in einer der Kolonien erreichten. Boone selbst war am 26. August wieder bei seiner Familie am Clinch River: »Das war eine Tour von 800 Meilen und kostete uns nahezu 62 Tage«, erklärte er später lapidar.

In der Wildnis aber, die sie durchstreift hatten, vernarbten noch einmal die Wunden von den ersten Axtschlägen der Weißen. Die Gnadenfrist für das Wild und die Wälder hatte ihre Ursache nicht nur in den befürchteten Indianerunruhen, sondern auch in den politischen Konflikten zwischen den Kolonien.

Die Virginier, die immer wenig Hemmungen zeigten, wenn es darum ging, Indianerland zu stehlen, bekamen auch am meisten ab, sobald die Indianer sich wehrten. Der frömmelnden Nachbarkolonie Pennsylvania warfen sie gern allzu gutes Einvernehmen mit den Indianern vor. Pennsylvania wiederum konterte, die andauernden Herausforderungen der Indianer störten den Handel mit ihnen. Es sei ohnehin ein Handel mit Gütern, die seinen Siedlern gestohlen worden wären, meinten die Virginier darauf ironisch. Gouverneur Dunmore sah sich gezwungen, Miliztruppen in das unruhige Gebiet zu schicken. Sie sollten sowohl die Indianer als auch die weißen Streithähne am Ohio in Schach halten. Hätten die Indianer sich in diesen Tagen klug zurückgehalten, wären sie vielleicht Nutznießer eines bewaffneten Konflikts zwischen den Weißen geworden. So aber schossen sie weiterhin auf die Siedler und trieben ihnen das Vieh weg. Ihre Nadelstiche führten schließlich zu einer Reaktion von Dunmores Indianerbeauftragtem Conolly. Er ließ die Order verbreiten, wo man Indianer bei Raub und Mord erwische, sei keine Gnade zu gewähren.

Nun sah man die Rothäute unter den Virginiern ohnehin als Bestien an, besonders, seit die Morde an den Söhnen Boones und Russells in den Ansiedlungen bekannt geworden waren. Unterschiede zwischen den verschiedenen Stämmen machte man nicht. Man machte überhaupt keine Unterschiede mehr. Freundliche Shawnee oder Delaware, die in den Siedlungen und Forts verkehrten, galten plötzlich als verdächtig oder wurden zu Opfern eines hemmungslosen Pöbels. In diesem Zusammenhang ist von Häuptling John Logan zu berichten.

John Logan oder Ta-gah-ju-tah war ein Cayuga-Häuptling, der in den Ansiedlungen am oberen Ohio aus- und einging. Wie Coopers Delawarenhäuptling John Mohegan lebte auch er nur selten im Gebiet seines irokesischen Volkes, sondern betrachtete das ganze weite Pennsylvania und Virginia als seine Heimat. Der Mann, der einen Christennamen trug, war dennoch bei den eigenen Leuten sowie den Delaware, den Shawnee, Wyandot und Miami hochgeachtet. Logan beschenkte die Kinder der Weißen mit Miniatur-Mokassins und Spielzeug aus Birkenrinde. Wann immer Reisende in Gefahr waren oder hungrig in sein Anwesen am Yellow Creek bei Wheeling kamen, war John Logan für sie da. Er war ein Mann nach dem Herzen der Missionare. Als James Fenimore Cooper in »Die Ansiedler« seinen alternden Chingachgook beschrieb, der als getaufter Christ John Mohegan hieß, könnte er auch den historischen John Logan vor Augen gehabt haben.

John Logan wäre wohl wie der rote Held im Roman weiterhin in den Grenzdörfern geblieben und hätte Weiße bewirtet. Seine Angehörigen hätten auch in den Kneipen hin und wieder ihren Schnaps bekommen, und eines Tages wäre Logan unter großer Anteilnahme der Siedler und der Indianer begraben worden. Aber da war nun die gnadenlose Anweisung Conollys, die an der Grenze kursierte und auf willige Ohren traf.

Die ersten Kugeln trafen die roten Grenzgänger zwischen Wildnis und Zivilisation. Zwei Indianer gerieten vor dem Nest Wheeling unter die verrohte Miliz des Hauptmanns Cresap und wurden kurzerhand skalpiert. Ihnen folgten einige andere als Opfer nach, die in Fort Pitt ihre Felle verkauft hatten und auf dem Heimweg waren. Und schließlich gab es noch John Logan. Konnte einer gleichzeitig Freund von Weißen und Roten sein? wiegelte Cresap seine Leute auf. Doch dem Cayuga-Indianer eine verräterische Gesinnung anzuhängen, gelang nicht einmal Cresap unter diesen sonst so willigen Zuhörern. Sie machten sich zwar auf den Ritt zum Yellow Creek, kamen aber unterwegs zur Besinnung und kehrten wieder um.

Um so schlimmer erging es bald darauf Logans Angehörigen, die gern um die Kneipe eines gewissen Daniel Greathouse am Yellow Creek herumhingen. Der Alkohol dort übte auf sie einen magischen Zwang aus. Zählte man den Indianern sonst die Tropfen einzeln in den Schlund, so ließ man an diesem 1. Mai 1774 das Feuerwasser solange fließen, bis die ganze Sippschaft blau war. Dann half man den Zechern aus dem Halbdämmer hinaus in den Tag, führte sie zum Ufer hinab zu den Kanus, und als sie sich ein paar Paddelschläge entfernt hatten, schickte man ihnen einen Hagel aus Blei nach. Die Kugeln trafen wahllos Frauen und Kinder. Auf der anderen Seite des Baches stürzten sich ein paar Krieger ins Wasser, um den Verletzten zu helfen. Auch sie wurden gnadenlos unter Feuer genommen. Unter den Toten waren Logans schwangere Schwester und sein Bruder. Nicht genug damit. Die Grenzer schnitten der toten Indianerin das Baby aus dem Leib und steckten es auf einen Pfahl.

Die Grenzer hätten bei ihren Bluttaten konsequenter

sein sollen. Sie hätten auch Logan selbst finden und töten müssen. Der sanfte, der kinderliebe Logan, an dessen Freundschaft zu den Weißen nie jemand gezweifelt hatte, dieser Logan wurde bald, nachdem Trauer und Erstarrung von ihm gewichen waren, wirklich zur Bestie.

Die Nachricht vom Mord am Yellow Creek und Logans Racheschwur hatten sich schnell herumgesprochen. In den Weilern auf den Waldlichtungen wurde Logan zum Alptraum. Überall litten die Anpflanzungen, weil sich kaum jemand vor die Palisaden traute. Nur die Mutigsten wagten sich in die Wälder, um zu jagen und Holz einzuschlagen. Konnte nicht jeder Schatten in der blauen Frühdämmerung die erstarrte Silhouette einer lauernden Rothaut sein? Des Nachts, wenn die Siedler in ihren Hütten saßen, waren die Nerven zum Zerreißen gespannt. Jeder Vogelruf, jeder klagende Schrei eines Tieres, konnte aus einer Kehle stammen, von befiederten Teufeln, die um die Palisaden schlichen! Man duckte sich in Erwartung von Logans erstem Schlag. Selbst Lord Dunmore fürchtete die Folgen. Das war der Zeitpunkt, als er mit Boones Hilfe die Landvermesser aus dem Indianergebiet zurückrief.

Kriegstrommeln dröhnten am Ohio. Am Pfahl bei einem dieser Ratsfeuer, wo mächtige Krieger flammende Reden hielten, bangte im Juli 1774 ein gefangener Weißer um sein Leben. Und er hätte es wohl auch unter Qualen verloren, wäre Häuptling John Logan nicht in einer zu dieser Zeit ganz unverständlichen Anwandlung von Mitgefühl an den Gefesselten herangetreten, um ihn loszubinden und rasch mit ihm in die Dunkelheit einzutauchen. Logan diktierte dem Weißen eine Botschaft, die dieser mit Schwarzpulver auf ein Stück Papier schmierte.

Bald darauf fand man den Brief in einem zerstörten Anwesen zwischen skalpierten Männern, Frauen und Kindern:

»Hauptmann Cresap! [Logan machte Cresap für das Massaker an seinen Verwandten verantwortlich, *Verf.*] Warum hast Du meine Angehörigen am Yellow Creek getötet? Einst erschlugt Ihr Verwandte von mir bei Conestoga; und ich verzieh und vergaß. Aber jetzt habt Ihr alle meine Leute umgebracht; da wurde mir klar, daß nun die Reihe an mir sei, und seither bin ich dreimal gegen Euch ausgezogen. Aber nicht die Indianer zürnen; nur ich.

21. Juli 1774   Hauptmann John Logan

Andere Indianer zürnten auch. Am Scioto tanzten schon achthundert Mann den Kriegstanz, nahmen in aggressiven Tanzfiguren und Gebärden vorweg, wie sie den Feind beschleichen, angreifen, dank ihrer Hilfsgeister besiegen und skalpieren würden. Cornstalk, der Shawnee-Sachem, nutzte die Gelegenheit, den Konflikt von Logan zum Konflikt aller Indianer zu machen.

Die Shawnee waren ein unruhiger Stamm und ein unglücklicher zugleich; auch schon in den Zeiten vor den großen Kämpfen um den Ohio, um Kentucky und den Nordwesten waren sie das gewesen. Die Tatsache, daß zu Beginn des 18. Jahrhunderts nur noch vier von einstmals zwölf Shawnee-Sippen übrig waren, wirft ein Licht auf ihr Schicksal. Sie wohnten ursprünglich im Gebiet der heutigen Staaten Georgia, North und South Carolina, kämpften aber auch in Ohio an der Seite der verwandten Miami gegen den Irokesenbund. Andere Abteilungen lebten in Pennsylvania, wo sie von den Delaware im sogenannten Grashüpfer-Krieg vertrieben wurden. So waren die Sippen versprengt und ständig auf Wanderung. Zum Beispiel wohnte die Sippe der Kispokopee, zu der der Vater des berühmten Tecumseh gehörte, zuerst in Florida. Später war diese Sippe am Tallapoosa-Fluß in Alabama zu Hause, von wo aus sie sich dann der zwei Jahre dauernden Nordwanderung der Hauptgruppe an den Scioto-Fluß in Ohio anschloß. Von dort breiteten sich die Kispokopee auf Einladung der großzügigen Wyandot zum Great Miami hin aus. Alt-Piqua bauten sie auf das Westufer des Flusses. Zwölf Meilen südlich davon stand am Little Miami das berühmte Chillicothe. Beide Shawnee-

Dörfer zusammen hatten vermutlich 4 000 Einwohner. Es war eine gute Wahl. Besonders der Mad River, ein Nebenfluß des Miami, war reich an Fischen, der Schwemmlandboden war weich genug für die Hacken aus Schildkrötenpanzern und die Spaten aus den Schulterblättern der Bisons. Bald wogten entlang dem Flußtal die Maisfelder. Von Alt-Piqua aus konnte man auch gut Verbindung zu anderen Shawnee-Dörfern aufnehmen, die am Ohio standen. Beim Dorf lag ein Hügel, von dem aus man Rauchzeichen aufsteigen ließ, die noch 150 Kilometer weit entfernt, am Ohio, gesehen werden konnten.

Der Rauch von Piqua rief immer neue Krieger zu Cornstalk, auch Delaware- und Mingokrieger. Die Kriegspartei wurde durch Häuptlinge wie Red Hawk, Red Eagle, Puckeshinwa und vor allem Logan mit seinen Scharen immer mächtiger.

Lord Dunmore, ein Abkömmling der Stuarts, begann mit seinen Operationen im Juli. Sein Plan, wie er ihn am 24. Juli General Andrew Lewis, seinem wichtigsten Truppenkommandeur bekanntgab, sah zwei Bewegungen vor. Lewis sollte mit Männern aus den Grafschaften Augusta, Botetour und Fincastle eine Miliz mit etwa 1 000 Mann zusammenstellen und am Kanawha entlang nach Westen bis zum Ohio marschieren. Er selbst wollte zuerst nach Fort Pitt in Pennsylvania marschieren, die Verteidigung am oberen Ohiolauf organisieren und dann mit 1 000 Mann den Ohio hinab gehen, am Zusammenfluß mit dem Kanawha Lewis treffen und mit der vereinigten Armee im Indianergebiet einen Schlag gegen Cornstalk führen. Zu den Kundschaftern von Dunmore gehörten auch Simon Girty, Simon Kenton, der sich damals Simon Butler nannte, James Harrod und andere. Daniel Boone, der erst am 26. August zum Clinch zurückgekehrt war, hörte von dem furchtbaren Mord an Logans Leuten und sah, daß der Konflikt in vollem Gange war. Für ihn lag der Marschbefehl bereits auf dem Tisch. Er sollte sich nunmehr als Leutnant betrachten, ein Kommando zusammenstellen und ebenfalls zum Kanawha marschieren. Er war mit seinen Männern schon auf dem Weg, als die Mingo unter Logan ihren Rachezug bis in das Gebiet am Clinch ausdehnten. Boone wurde zurückbeordert. Er erhielt – nunmehr als Captain – den Befehl über drei kleine Garnisonen. Aber so rastlos, so tüchtig er auch agierte, Logan war ihm überlegen. Seine Krieger tauchten plötzlich auf, schlugen zu und verschwanden. Boones Truppe kam immer zu spät. Einmal wurden, fast unter seinen Augen, dreihundert Schritte von Fort Moore entfernt, drei seiner Männer getötet, als sie nach ihren Wildtaubenfallen sehen wollten.

Auch der Erfolg der großen Strategie stand noch in den Sternen. Die Versammlung so vieler in der Wildnis geschärfter Sinne unter Dunmores Flagge konnte nämlich trotzdem nicht verhindern, daß Cornstalk den schönen Kriegsplan des Gouverneurs unterlief. Mit 800 Kriegern umging er unbemerkt Dunmores schließlich auf der Pickaway-Ebene angelangtes Heer und zog den Truppen von Andrew Lewis entgegen. Seine Taktik war, die Vereinigung der beiden Armeen zu verhindern, der er mit seinen Kriegern an Zahl unterlegen gewesen wäre. Lewis Truppen waren, immer wieder durch Schüsse oder Pferderaub belästigt, vom Greenbrier River, wo heute Lewisburg liegt, zum Kanawha marschiert. Sie hatten sich dort am 1. Oktober in die Boote begeben und sahen fünf Tage später die Wasser des Ohio. Der General wählte eine bewaldete Landzunge zwischen den Flüssen zum Lager – Point Pleasant. Dort erreichte ihn ein Brief seiner Lordschaft, die ihn aufforderte, nunmehr zu deren Verschanzung nach Camp Charlotte zu kommen. Dunmore wollte nun doch von dort aus mit dem vereinten Heer losschlagen. Am nächsten Tag, am 10. Oktober, wollte Lewis aufbrechen. Aber hatte der Bote, Simon Girty, nichts von den Indianern in unmittelbarer Nähe gesehen, als er durch die Wälder zog? Keinen Mokassinabdruck, keinen gebrochenen Zweig? Oder hielt er sein Wissen zurück, weil seine beiden Brüder bei den Indianern lebten? Niemand wußte so recht, für wen zu dieser Zeit Simon Girtys Herz schlug. Einige Jahre später sollten es alle wissen.

Von den 1 000 schlafenden Milizsoldaten bemerkte keiner, wie 800 Krieger in der Nacht über den Ohio setzten und sich im Dickicht einnisteten. Noch ehe sich die Morgendämmerung durch den Wald tastete und die ersten Soldaten sich klamm aus den Decken schälten, waren einige der Männer schon aus dem Lager, um einen frischen Frühstücksbraten und Proviant zu schießen. Sie sahen die dunklen Augen nicht, die über gespannten Hähnen grimmig ihr Ziel suchten, sahen die Pfeile nicht, die zur Probe über die um den Bogen gekrümmten Zeigefinger glitten. Vielleicht hätten die Indianer den Jäger Robertson und dessen Gefährten in aller Ruhe jagen und mit dem erlegten Wild ins Lager zurückkehren lassen, wären die Lederwämse nicht an eine Stelle gekommen, wo sie plötzlich einer sich schnell vorschiebenden Wand von Rothäuten gegenüberstanden. In diesem Augenblick bellte auch schon eine Büchse. Einer der Jäger fiel. Die anderen hetzten, von Todesfurcht beflügelt, zurück ins Lager. Ihr gellendes Geschrei riß alles auf die Beine. Der General traute seinen Ohren nicht. Tausend Indianer und mehr im Anmarsch? Schon auf der Halbinsel?

Lewis tat das Richtige. Er warf dem Feind, wie zahlreich immer, die 300 Scharfschützen aus Botetour entgegen und wollte so Zeit gewinnen, einen breiten, schräg über die Halbinsel verlaufenden Verteidigungsgürtel zu bilden.

Die Stärke des Feuers verriet dem General, daß da nicht nur ein Geplänkel im Gange war. Das Blei fuhr aus Hunderten von Indianerbüchsen – und traf. Der Bruder des Generals, der die Schützen befehligte, war unter den ersten, die fielen. Oberst Fleming, der das Kommando übernahm, wankte und stürzte Sekunden später. Überall brachen Männer getroffen zusammen. Der General schickte Freischärler unter Oberst Field in die Lücken. Der Oberst fiel. In den ersten Minuten forderte die Schlacht das Leben vieler Offiziere. Indianer huschten zwischen den Stämmen vor, suchten und fanden immer größere Nähe zum Feind. Noch hielt die weiße Schützenkette.

Ihre verzweifelte Gegenwehr mußte nun die Männer dekken, die in aller Eile auf der ganzen Linie Bäume für eine Brustwehr fällten. Eine Zeitlang wurde dadurch die Feuerkraft der Verteidiger geschwächt und durch das Ächzen und Krachen der niederbrechenden Stämme die Übersicht erschwert. Das war eine besonders kritische Situation. Die Indianer säten mit ihren Feuerstöcken und Pfeilen den Tod aus unmittelbarer Nähe. Und überall schnellte hier und da ein Krieger überraschend nah aus der Deckung hoch. In den verbissenen Zweikämpfen blieben die Krieger oft Sieger über ein oder zwei Mann, ehe sie eine Kugel niederwarf. Der Feind war bald so dicht aufgerückt, daß man den alten Cornstalk an der Stimme hätte ausmachen können, wenn sie unter den Weißen bekannt gewesen wäre. Ein Sieg der Indianer schien zum Greifen nahe. Doch auf einmal wurden die Indianer präzise von der Flanke her unter Feuer genommen. Ehe sie sich darauf einrichten konnten, war eine Anzahl der ungedeckten roten Krieger schon gefallen. Der alte Evan Shelby und sein Sohn Isaac hatten eine Truppe todesmutiger Männer um einen Flügel des Feindes herumgeführt. Im Nacken setzten sie ihm nun derart zu, daß immer mehr Angreifer von der Brustwehr abließen. Zum ersten und einzigen Mal an diesem Tag waren die Indianer im Nachteil. Ihr Angriff verlor den Biß, hier und da wichen sie zurück; die Verteidiger setzten nach. Lewis, der schon alles verloren geglaubt hatte, atmete zum erstenmal durch. Freilich – von einem Sieg waren seine Leute weiter entfernt als die Indianer. Drangen die Grenzer zu weit vor, fuhr ein tödlicher Feuerstrahl aus den Büschen. Cornstalks Krieger hielten die Milizsoldaten mit wirksamem Feuer auf Distanz, bis die Nacht hereinsank. Für den General und seine Grenzer war es eine bange Nacht; jetzt, da sie nach zwölfstündigem Kampf eine Atempause hatten, sahen sie auch erstmals das Ausmaß ihrer Verluste: 46 Mann tot, darunter wichtige Truppenführer, 80 Mann verwundet, viele für immer kampfunfähig. Und die verdammten Rothäute? Von denen hatte man allzu wenige erwischt. Nicht auszudenken, wenn sie ohne Robertsons Warnung das Lager angegriffen hätten. Die Soldaten fieberten einem schlimmen Morgen entgegen.

Da waren vermutlich viele, die keinen Schlaf fanden. Jedes Plätschern am Fluß, jedes Knacken registrierten die überreizten Nerven als Gefahr. Und doch verriet den sonst in der Wildnis geschulten Weißen kein unterdrückter Laut, kein Klirren, Scharren, Rascheln, daß 800 Krieger sich in der Nacht aus der Deckung erhoben – und abzogen.

Es gehört zu den Merkwürdigkeiten der Geschichte, daß der fähige alte Cornstalk die Shawnee, Delaware und Mingo von der Walstatt wegführte, anstatt die Schlacht für sich zu entscheiden. War ihm das Blei ausgegangen? Cornstalk hatte den Kopf nicht verloren. Aber der Flankenangriff der Shelbys hatte ihn den Sieg gekostet. Cornstalk war in dem Glauben, die Truppen hätten Verstärkung von Dunmores Armee erhalten. Dieser Irrtum veranlaßte den Häuptling zum Rückzug.

Er war eher wieder in Chillicothe als General Lewis mit seiner maroden Truppe beim Gouverneur in Camp Charlotte. In kurzer Zeit änderte sich die Lage an der Grenze. Cornstalk stellte die Shawnee und die Verbündeten vor die Wahl, alle Frauen und Kinder zu töten und dann bis zum letzten Mann zu kämpfen – oder Frieden zu machen. Die Ratsleute verweigerten ihm die Gefolgschaft für ein solch selbstmörderisches Unternehmen und beauftragten ihn, mit Dunmore zu verhandeln.

Der große Cornstalk kam nach Camp Charlotte und trat Lord Dunmore nun als ein fähiger Unterhändler gegenüber, als ein wahrer Fürst der Wildnis: »Wenn er sich erhob, um zu sprechen, war er weder verworren, noch zaghaft, sondern sprach bestimmt und gut hörbar. Wenn er sich Dunmore zuwandte, wirkte er wahrhaft groß und hoheitsvoll, zugleich höflich und überzeugend. Ich habe die besten Redner Virginias gehört – Patrick Henry und Richard Lee –, aber ich habe niemals einen Redner gehört, dessen Ausdruckskraft die Cornstalks übertroffen hätte«, beobachtete Oberst Benjamin Wilson, der Führer der virginischen Truppen.

Doch was immer Cornstalk dem Engländer auch alles abzuringen vermochte, sein Volk verlor nun endgültig die Herrschaft über den Ohio. Er mußte den Fluß als Grenze anerkennen und auf der Westseite bleiben. Auf einmal war all das Land verloren, in dem Boone, Harrod und Floyd sich wie viele andere vor wenigen Monaten noch illegal aufgehalten hatten. Und Dunmore ließ keinen Zweifel daran, daß man diese Grenze nie mehr zurücknehmen würde. Er besetzte Fort Pitt, das jetzt Fort Dunmore hieß, mit 75 Mann, und er ließ dort, wo die Schlacht zwischen Lewis und Cornstalk getobt hatte, eine neue Garnison bauen – Fort Blair.

Und John Logan? Schon als Cornstalk im Namen seines Stammes und seiner Verbündeten mit Lord Dunmore verhandelt hatte, stand der andere Anführer des Indianerkrieges von 1774 abseits. Er folgte keiner der diversen Aufforderungen des Gouverneurs, zum Friedensschluß zu erscheinen. Endlich erreichte den einsamen Häuptling ein wildniserfahrener, alter Mann in dessen Hütte. Und diesem Gibson gab Logan eine Erklärung für Dunmore, die auf den kühlen Engländer ihre Wirkung nicht verfehlte:
»Ich fordere jeden Weißen ins Gericht, der jemals Logans Hütte hungrig betreten und nicht gespeist worden wäre… der jemals nackt und frierend gekommen und nicht von Logan gekleidet worden wäre… Wo war Logan während eures langen, blutigen Krieges gegen die Franzosen und Pontiac? Still saß er in seinem Lager und hielt Frieden! Meine Stammesgenossen wiesen mit Fingern auf mich als einen Freund ihrer Feinde, und ging ich vorüber, hörte ich sie hinter mir sprechen: ›Das ist Logan, der Anhänger der Bleichgesichter, der Verräter.‹ Und doch hätte Logan noch weiter bis ans Ende zu euch gehalten. Aber da kam die Schandtat jenes einen Mannes. Ohne Grund und Not ließ Hauptmann Cresap im vergangenen Frühling alle Angehörigen Logans hinmorden. Nicht ein Tropfen von Logans Blut rollt noch in den Adern irgendeines lebenden Wesens.

Das Cumberland Gap, von Kentucky aus gesehen. (*Cumberland Gap National Historical Park*)

Der „Kriegerpfad" führte über die Gebirgsbarriere zum Cumberland River in ein Paradies für Trapper und Jäger.

Der Shawnee-Häuptling Captain Will entdeckte als erster die weißen Jäger im Indianerland. Eine Szene aus unserem Film.

Das forderte Rache. Logan hat die Rache gesucht. Logan hat viele getötet. Logan hat seinen Durst voll gestillt. Für sein Volk freut sich Logan über das Licht des Friedens; aber meint nur ja nicht, das sei die feige Freude der Furcht. Logan hat niemals Furcht verspürt; Logan wird seine Gesinnung nicht wieder ändern, nur um sein Leben zu retten. Für wen auch? Wer ist denn noch da, der um Logan trauern könnte? Niemand.«

Der Gouverneur 'verlas die Rede vor den Grenzern. In ihrer düsteren Größe wurde sie zum Symbol der Anklage aller Indianer gegen die weißen Eroberer.

Weiter gab es nichts zu tun. Es gab keine Rache für die Toten vom Kanawha, keinen Angriff auf die Indianerdörfer, keine Vernichtung der Wintervorräte. Dunmore schickte die murrenden Milizmänner heim. Am 20. November endete auch das unbefriedigende und erfolglose Kommando für Boone. Lord Dunmores Krieg war zu Ende.

Cornstalk sah in den folgenden Jahren streng darauf, daß seine Leute Frieden hielten. Im Herbst 1777 besuchte er das Fort an der Mündung des Kanawha. Einige der Teilnehmer an der Schlacht waren hiergeblieben, und diese Leute schmerzten auf einmal die alten Wunden, als der herrische Häuptling zusammen mit seinem Sohn und dem Shawnee-Sachem Red Hawk vor dem Palisadentor erschien. Seine Mission war alles andere als feindlich. Er wollte dem Kommandeur des Forts, Captain Arbuckle, dabei helfen, eine Karte des Ohio-Tales anzufertigen, die man höheren Orts von diesem verlangte. Außerdem wollte Cornstalk warnen. Seine Leute seien unruhig geworden. Die Engländer in Detroit würden kampfeswillige Krieger umwerben, wie sie dies schon erfolgreich bei den Irokesen getan hätten. Gefahr drohe allen Weißen im Fort und an der Ohio-Grenze.

Ob die Weißen die Rede des Alten nicht als Warnung, sondern als Drohung empfanden? Es hatte sich herumgesprochen, daß die Engländer im Revolutionskrieg alles taten, um die Indianer zu ihren Verbündeten zu machen.

Cornstalk, seinem Sohn Ellinipsico und Red Hawk bekam ihre Warnung schlecht. Sie wurden angepöbelt und angerempelt, sodaß Arbuckle sie in einem bewachten Blockhaus vor Übergriffen schützen mußte.

Am folgenden Tag fielen im Wald am jenseitigen Ufer Schüsse. Ein paar Indianer hatten weißen Jägern aufgelauert und einen von ihnen getötet und skalpiert. Der zweite konnte ins Fort entkommen. Cornstalk, der für Arbuckle den Lauf des Ohio und dessen Umgebung in den Boden skizzierte, wurde von einer Dolmetscherin davor gewarnt, daß sich Soldaten gegen ihn zusammenrotteten. Er hörte, wie sie ihn draußen schmähten und seinem Sohn vorwarfen, er habe den Hinterhalt legen lassen.

Zu diesem Zeitpunkt hätte der Häuptling noch fliehen können. Cornstalk aber entschied sich zu bleiben und ermahnte seinen Sohn, als er die Angst in dessen Augen sah: »Mein Sohn, der Große Geist hat beschlossen, daß wir gemeinsam sterben sollen und hat dich deshalb zu mir gesandt. Es ist sein Wille, laß uns gehorchen.«

Eine Gruppe Soldaten unter Hauptmann Hull drang bald darauf gegen das Blockhaus vor, ohne die Proteste Captain Arbuckles zu beachten. Cornstalk ging gefaßt zur Tür. Er wurde sofort erschossen. Dann drang der Mob in das Blockhaus ein und tötete Ellinipsico, der mit seinen zwei Gefährten stoisch auf dem Boden saß. Red Hawk starb nicht so würdig. Mit einem Satz war er im Kamin, in dem das Feuer glühte. Halb blind vom Rauch und angesengt kletterte er den Abzug hinauf. Dort traf ihn eine Kugel.

Die Morde wurden nie gesühnt. Erst im Jahre 1896 errichtete man im Rathaus von Point Pleasant ein Monument für Cornstalk. Zur allzu späten Wiedergutmachung.

III. Teil
Die Ansiedler von Kentucky

Ich bin es überdrüssig, in den Ansiedlungen zu leben, wo man den Hammer vom frühen Morgen bis zum späten Abend hört.
Natty Bumppo in
»Die Ansiedler«

6. Kapitel

Jetzt war Zeit für Kentucky. Am Anfang des neuen Kapitels stand, was die Amerikaner einen Big deal nennen. Das vornehme Bild, das sich die meisten Autoren von Daniel Boone gemacht haben, wird durch das Geschäft, das er nun einfädelte, mächtig getrübt. Unser Lederstrumpf machte sich zum Werkzeug einer gigantischen Landspekulation, indem er Richter Henderson half, mit den Cherokee den sogenannten Sykomorenvertrag auszuhandeln. Danach verkauften die Indianer vom Watauga River unter einigem Bauchgrimmen für Waren im Werte von 10 000 Pfund, heute etwa 100 000 Mark, gut 60 000 Quadratkilometer Land. Was ungefähr der zweifachen Größe Belgiens entspricht. Henderson wollte sein Kolonie Transylvania gründen. Die Dimensionen seines Vorhabens waren wahrhaft amerikanisch. Coopers Natty Bumppo freilich hätten sich die Haare gesträubt.

Richter Henderson, dessen Amtszeit inzwischen abgelaufen war, stellte sich das Geschäft so vor: Er und eine Reihe Partner, die sich mit größeren Beträgen beteiligt hatten, würden für jeden an Neusiedler weiterverkauften Hektar jährlich eine bestimmte Summe erhalten, die samt Gewinn und Verzinsung den Einsatz lohnen sollte. Während Henderson, Nathan Hart und Boone in den Cherokee-Dörfern noch über Transylvania verhandelten, nahm die Werbung der Gesellschaft unter den Pionieren des Grenzlandes den günstigen Ausgang des Unternehmens schon vorweg. Sie suchte »Siedler für Kentucky, das gerade gekauft wird«.

Mit einem Erfolg durfte gerechnet werden. In Virginia zum Beispiel waren im letzten Drittel des 18. Jahrhunderts nur etwa 25 Prozent der Farmerfamilien auch Landbesitzer. Die Mehrzahl bestellte also fremder Leute Boden. Man war Mieter oder Pächter und lieferte jedes Jahr einen Teil der Ernte beim Besitzer ab. Gleich war man auch in den Kolonien nur vor Gott.

Es ist jetzt an der Zeit, sich über die Untätigkeit des britischen Gouverneurs zu wundern. Da maßte sich einer der Untertanen seiner Majestät an, aus eigenem Recht mit der Cherokee-Nation zu verhandeln und sogar die Ansprüche der Kolonien Virginia und North Carolina zu ignorieren. Die Regierung hätte zu anderen Zeiten eine in Blei gegossene Antwort auf solche Unverfrorenheit gegeben. Aber die Unruhe in den Kolonien und das Unabhängigkeitsgerede lähmte sie. Die Engländer ließen es geschehen, daß Henderson am 17. März 1775 mit Dragging Canoe und anderen Häuptlingen einen Vertrag unterzeichnete, der der Transylvania-Gesellschaft ein Gebiet garantierte, das »von der Mündung des Kentucky oder Louisa River zu den Quellen ihres nördlichsten Nebenflusses reichte, sodann südöstlich zur Spitze der Powell-Berge und dann zuerst westlich und später nordwestlich von den Quellen des nördlichen Zweiges des Cumberland River stromabwärts, unter Einschluß aller seiner Nebenflüsse, zum Ohio und den Ohio hinauf zur Mündung des Kentucky«.[1]

Henderson war damit noch nicht zufrieden, sondern kaufte auch das Wegerecht vom Holston River in Tennessee bis zur Grenze seines Gebietes, indem er die Schulden der Cherokee bei einem Händler mit Namen John Carter bezahlte. Es war ein merkwürdiger Handel. Die Cherokee wußten, daß sie das Land schon wegen der Shawnee nicht hätten verkaufen dürfen, und die Weißen wußten das auch. Auch die Angehörigen des eigenen Stammes waren gespalten. Viele spürten, daß sie von der Wirkung der Mengen an Munition, Vieh, Alkohol, Werkzeugen und Kleidung einfach überrumpelt worden waren. Für den einzelnen blieb herzlich wenig. Henderson aber erstickte geschickt den beginnenden Protest, indem er noch während der Warenausgabe das Fest beginnen ließ. Die großen Trommeln wurden geschlagen. Gesang stieg auf. Es gab Spießbraten und Rum reichlich. Dragging Canoe blieb nüchtern: »Bruder«, warnte er Daniel Boone, »wir haben euch ein schönes Land gegeben. Aber ich glaube, ihr werdet große Not haben, es zu besiedeln.«

Daniel sollte sich sehr bald an diese Worte erinnern. Jetzt aber war seine Ungeduld so groß, daß er nicht einmal das Ende des Festes abwartete. Am 10. März schon zog er los. Am Holston warteten 30 ausgewählte Leute auf ihn, die mit ihren Äxten den alten vertrauten Pfad seiner früheren Kentucky-Erkundungen erweitern wollten, damit dieser für die Siedler und ihre Gespanne befahrbar wäre.

Mit krachenden Axtschlägen begann der Angriff auf die Wildnis beim heutigen Kingsport in Tennessee am Holston River. Bis zum Cumberland Gap folgten die Männer einer Route, die wir auch heute noch gut ausmachen können: Durch das Wadlow Gap verlief sie zum North Fork des Holstonflusses, dann weiter zum Mokassin Gap und schließlich zum Cumberland Gap. Von hier kennen wir schon den größten Teil der 290 Kilometer langen Wildnisstraße bis Boonesborough.

Als die Männer den Rockcastle-Fluß erreichten, wurde Boone auf schreckliche Weise an die früheren Jagdabenteuer erinnert. Nahe der Furt stand eine mächtige alte Sykomore, deren Stamm hohl war. Einer der Männer schaute durch Zufall hinein und entdeckte ein Skelett. Er rief andere herbei, darunter Daniel und Squire. Und als sie die Knochen und anderen Überreste untersuchten, fanden sie ein Pulverhorn, in dessen Schmuckband aus Messing die Buchstaben J. S. geschnitten waren. Es war John Stuarts Pulverhorn. Boone untersuchte das Skelett und entdeckte einen Bruch am linken Arm und auch eine Verfärbung an der Stelle. Beide Veränderungen rührten von einem Schuß her. Die Brüder waren erschüttert. Sie standen vor den sterblichen Überresten ihres verschollenen Jagdgefährten. Vermutlich

Mit 30 Axtmännern erweiterte Daniel Boone den Kriegerpfad durch Kentucky zur „Wilderness Road". (Diorama im Cumberland Gap National Park)

hatten die Indianer ihn beim Camp überfallen und verwundet. Er hatte bis hierher fliehen können, sich in dem Baum versteckt und war dann an seinem Blutverlust gestorben. Was sich die Boones nicht erklären konnten, war die große Entfernung, die John von seinem Camp nahe dem Kentucky bis hierher zurückgelegt hatte.

In gedrückter Stimmung zog man weiter: »Wir... mußten unseren Weg durch ein Gebiet von zwanzig Meilen schlagen, das vollkommen mit totem Buschwerk bedeckt war«, schrieb Felix Walker, der Chronist des Unternehmens. Dreißig weitere Meilen mußten sie dichtes Rohrdikkicht schneiden, bis sie endlich den Kentucky erreichten: »Ein neuer Himmel und fremdartige Erde schienen sich unseren Blicken zu präsentieren«, schwärmte Walker. »Der Boden war so reich, wie wir ihn nie zuvor gesehen hatten. Truthähne waren so zahlreich, daß man sagen könnte, sie erschienen als eine Schar, die sich allumfassend über die Wälder ausgebreitet hatte.«[2]

Noch waren sie nicht am Ziel, da wurde Dragging Canoes düstere Prophezeiung zum erstenmal Wirklichkeit. Es war in der Nacht vom 23. auf den 24. März. Sie hatten ihr Lager am Silver Creek aufgeschlagen und sich in der Erwartung zur Ruhe gelegt, daß sie am nächsten, spätestens übernächsten Tag den wunderbaren Platz sehen würden, den Boone für sein Fort ausgewählt hatte. Als die Morgendämmerung einsetzte, wurden sie durch markerschütterndes Kriegsgeschrei aus dem Schlaf gerissen. Dann bellten auch schon die Büchsen. Captain Twitty und Felix Walker, der Chronist, wurden schwer getroffen. Twittys Sklave fiel vornüber ins Feuer und starb. Die meisten unter Boones Gefolgsleuten, wie Squire, Richard Callaway, Michael Stoner und David Gass, waren erfahrene Kämpfer. Als die Indianer nach den Schüssen ins Lager stürzten, hatten sich viele schon in die Büsche geschlagen. Ein Krieger versuchte, William Twitty den Skalp zu nehmen, doch dessen Bulldogge wich nicht von der Seite des Verletzten. Der Hund hätte den Krieger umgebracht, wäre nicht ein anderer zur Stelle gewesen, der ihm den Schädel spaltete. Der tödliche Spuk verschwand so schnell, wie er gekommen war.

Sie konnten Captain Twitty nicht durchbringen. Felix Walker aber war dank Boones Begabung als Wundarzt bald wieder transportfähig. Die Zeit bis dahin nutzten die Männer für die Jagd, um für die bevorstehende Zeit des Bauens genügend Fleischvorräte zu haben. Dazu hatten sie sich in verschiedene Gruppen aufgeteilt. Und das erleichterte den Indianern, die noch in der Gegend waren, einen weiteren Angriff: »Am 28. März, als wir für Vorräte jagten, fanden wir Samuel Tates Sohn, der uns berichtete, daß die Indianer am 27. März in ihr Lager gefeuert hätten. Mein Bruder und ich gingen hinunter und fanden, daß zwei Männer getötet und skalpiert worden waren, Thomas McDowell und Jeremiah McFeeters. Ich habe einen Mann zu all den unteren Gruppen geschickt, um sie an der Mündung des Otter Creek zu vereinigen. Mein Rat für Sie, Sir, ist, so bald wie möglich zu kommen. Ihr Beistand wird sehr gewünscht, viele der Leute sind sehr schwierig, aber gewillt zu bleiben und ihr Leben mit Ihnen zu wagen.«[3]

Das war ein Hilferuf an Richter Henderson, und er endete mit der Warnung, wenn man den Indianern jetzt nachgäbe, würde dies für immer der Fall sein. Mit diesem Brandbrief schickte Boone einen Boten auf den Pfad zurück.

Die hartnäckigen Indianerattacken überforderten bald die Nervenstärke einiger Männer. Sie kehrten um. Unter denen, die schließlich am 6. April mit Daniel Boone das ersehnte Ziel erreichten, war auch Felix Walker. Trotz seiner schweren Verwundung versah er bald wieder die Chronistenpflicht, und so erfahren wir, daß Boones Gruppe dem Otter Creek bis zur Einmündung in den Kentucky folgte, »wo wir eine Station errichteten und sie Boonesborough nannten.« Er war noch immer begeisterungsfähig, der verletzte Walker: »Als wir die Ebene betraten, wurde uns eine sehr interessante und romantische Sicht eröffnet. Eine Anzahl Büffel in allen Größen, vermutlich zwischen 200 und 300, verließ die Lecke in alle Richtungen; einige in schnellem Lauf, die anderen ziehend, wieder andere langsam und sorglos trottend, mit spielenden und durch die Ebene springenden Kälbern. Solch einen Anblick hatten wir nie zuvor erlebt und werden ihn vielleicht nicht wieder haben.«[4]

Der Platz für die Gründung von Boonesborough lag am Südufer des Kentucky und in unmittelbarer Nachbarschaft einer Salzlecke, die von zwei schwefelhaltigen Quellen gespeist wurde. Der muntere Otternbach nahebei verhieß klares, kühles Wasser auch in trockenen Jahren. In aller Eile, die Büchsen immer in Reichweite, fällten die Männer die notwendigen Bäume für die ersten Unterkünfte und ein freies Schußfeld. Während dieser Arbeiten blieb der große Angriff, wie ihn Boone, seinem Brief nach zu urteilen, immer befürchtete, erst einmal aus. Aber die Shawnee waren da, und ihre Taktik der bösen Nadelstiche war wirksam. In Boones Gruppe fiel vier Tage nach ihrer Ankunft der erste Mann. Aber auch anderswo schlugen die Indianer zu – bei Harrod, der zwei Tagesritte weiter westlich an seiner Sied-

Über dem alten historischen Schauplatz steht das neue Fort Boonesborough.

lung baute, und entlang dem Kriegerpfad zwischen dem Gap und dem Kentucky River.

Richter Hendersons schwerfälliger Zug war von zahlreichen Reisenden überholt worden, die auch ohne seinen Segen nach Kentucky hineinströmten. Henderson sah aber auch, wie »über hundert Menschen wieder in Richtung Süden flohen«. Nachdem ihn Boones Brandbrief am 7. April erreicht hatte, geriet er selber in Panik. Täglich befürchtete er, Boone und seinen Axtmännern auf dem Rückzug zu

So wehrhaft, wie es heute wirkt, sah das frühe Boonesborough nicht aus. Bis zum großen Indianerangriff im Sommer 1778 war das Palisadenwerk lückenhaft.

begegnen: »Jede Gruppe von Reisenden, die wir sahen, oder fremdes Geläut, das wir vor uns hörten, bedeutete neuen Alarm!«[5]

Henderson schickte einen Mann voraus zu Boone und versprach ihm über 4 000 Hektar Land für seinen mutigen Botendienst. Die schwerfälligen Planwagen ließ er auf der anderen Seite des Cumberland-Gebirges zurück und verlud alle notwendigen Güter auf die Packpferde. Dann beschleunigte er seinen Marsch. In weniger als 14 Tagen legte Hendersons großer Zug den Weg vom Cumberland-Gebirge bis nach Boonesborough zurück. Als der Treck am 20. April 1775 am Kentucky River eintraf, war die Erleichterung auf beiden Seiten groß.

Für Hendersons Geschmack lagen die ersten Hütten allzu nahe am Wasser. An der ausgebleichten Rinde absterbender Bäume konnte man feststellen, wie hoch in vorausgegangenen Jahren die Frühjahrsfluten gegangen waren. So wählten sie eine höhergelegene Uferbank für das Fort aus. Als Boonesborough schließlich stand, verliefen nach Hendersons Plan die beiden längeren Seiten des Gevierts, 50 bis

Die Werkstätten in den Städten waren unerreichbar. Auch in der Schmiede, im Zentrum des Forts, mußte jeder sein Glück versuchen.

Palisaden schützten auch die Gehöfte der Pionierfamilien im Indianerland.

60 Schritte vom Otternbach entfernt und etwas parallel zu ihm, gut 300 Meter von Südost nach Nordwest. Die Schmalseiten, eine davon dem Kentucky zugewandt, standen entsprechend rechtwinklig dazu. Bis zum Flußufer hinab wuchsen nur wenige Bäume, so daß die Fläche leicht zu roden war. Die Palisaden bildeten, bis auf die Tore in der Mitte der Längsfronten, die Rückseite schmalbrüstiger Häuser, deren Dachschräge nach innen abfiel. Etwa 15 Blockhäuser standen auf jeder Seite. Hinter den Palisaden der beiden Schmalseiten duckten sich je sechs oder sieben Gebäude. Die meisten besaßen den üblichen, an einer der beiden Außenseiten hochgemauerten Kamin aus roh behauenen Steinen. Vier zweigeschossige Wachhäuser bewehrten die Ecken des Forts. Ihre obere Hälfte thronte über dem Pfahlwerk und bot durch die Schießscharten gute Rundumsicht. In der Mitte des Stockadengevierts standen die Schmiede und – unter Grassoden gegen Brandpfeile geschützt – das Waffen- und Pulvermagazin. Einige wenige große Bäume waren innerhalb des Forts als Schattenspender stehengeblieben.

Das war das Idealbild nach Plan. Tatsächlich sollten die Boonesburger noch mehr als zwei Jahre brauchen, ehe sie unter dem Druck eines drohenden Indianerangriffs alle Lücken im Palisadenwerk schließen würden. Dann sollte sich auch zeigen, daß der neue Platz nicht so gut gewählt war. Zu nahe, in Reichweite eines guten Büchsenschusses nämlich, erhoben sich die hohen Felsen am gegenüberliegenden Ufer des Kentucky und ein Hügel im Südwesten. Von beiden Stellen aus konnte man über die Palisaden hinweg in das Fort sehen – und auch schießen.

Zunächst reichten die Unterkünfte für den größten Teil der Siedler, unter denen ja noch keine Frauen und Kinder waren. Andererseits sollte das Fort auf die Dauer auch nicht sämtliche Familien beherbergen. Es sollte als zentraler Platz, als Ort des Handels, der Versammlungen und vor allem der Zuflucht den Pionieren zur Verfügung stehen, die später in der Umgebung ihre eigenen Stationen errichten und mit ihren Feldern dem Wald den Boden streitig machen würden.

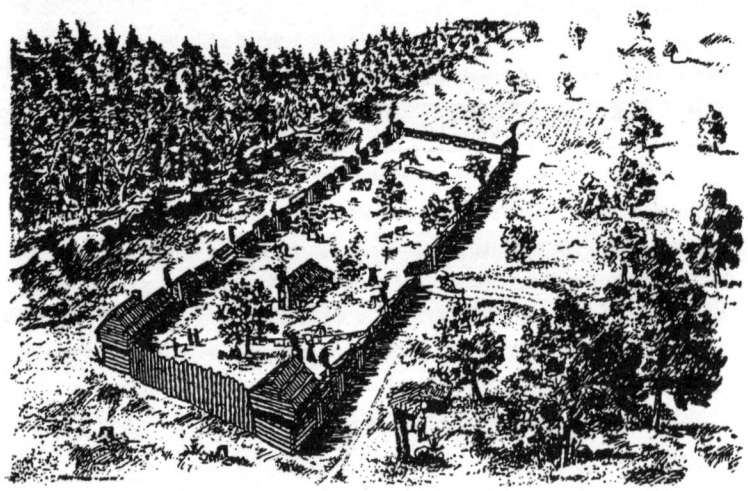

Boonesborough nach einer erhalten gebliebenen Planskizze Richard Hendersons.

7. Kapitel

Nach der Euphorie des Anfangs kam die Ernüchterung, und mit der Ernüchterung kamen die Querelen. Henderson führte sich als Herr auf, als Herr von Transylvania, wie er seine »14. Kolonie« genannt wissen wollte. Weniger in Boonesborough, wo man ja die Bedingungen kannte, als im benachbarten Harrodstown sowie in der gerade gegründeten Station Benjamin Logans war man darüber erbittert, daß man von Henderson Land kaufen sollte, für das manch einer schon am Kanawha geblutet hatte.

Die Erbitterung der Ansiedler dort traf nicht so sehr Henderson wie Daniel Boone. Harrod in seiner Burg verschloß sich gegen die Forderungen von Hendersons Statthalter. Der »Vertrag unter den Sykomoren« konnte nach seiner Auffassung und nach Meinung der Virginier, die über den Ohio nach Kentucky gekommen waren, dieses Land gar nicht meinen. Man erinnerte sich der Tatsache, daß Lord Dunmore den Shawnee, den Mingo und anderen Stämmen in Cornstalks Krieg alles Land bis zum Ohio abgeknöpft hatte. Die Voraussetzungen für dieses Diktat hatten viele von ihnen mit erstritten. Man hatte auch schon vor dem Krieg und vor Hendersons »Kauf« hier günstige Siedlungsplätze ausfindig gemacht und vermessen. Man hatte sich von den alten Heimstätten und Ackerflächen im übervölkerten Osten getrennt, weil man unabhängig sein wollte. Und das wollte man nun auch bleiben.

Außerdem stand die Revolution bevor! Wer würde überhaupt Hendersons Landtitel anerkennen, wenn eines zukünftigen Tages die Entscheidung, ob weiterhin Kolonie oder doch Republik gefallen sein würde? Die meisten hier waren keine Royalisten, sondern Republikaner, die mit

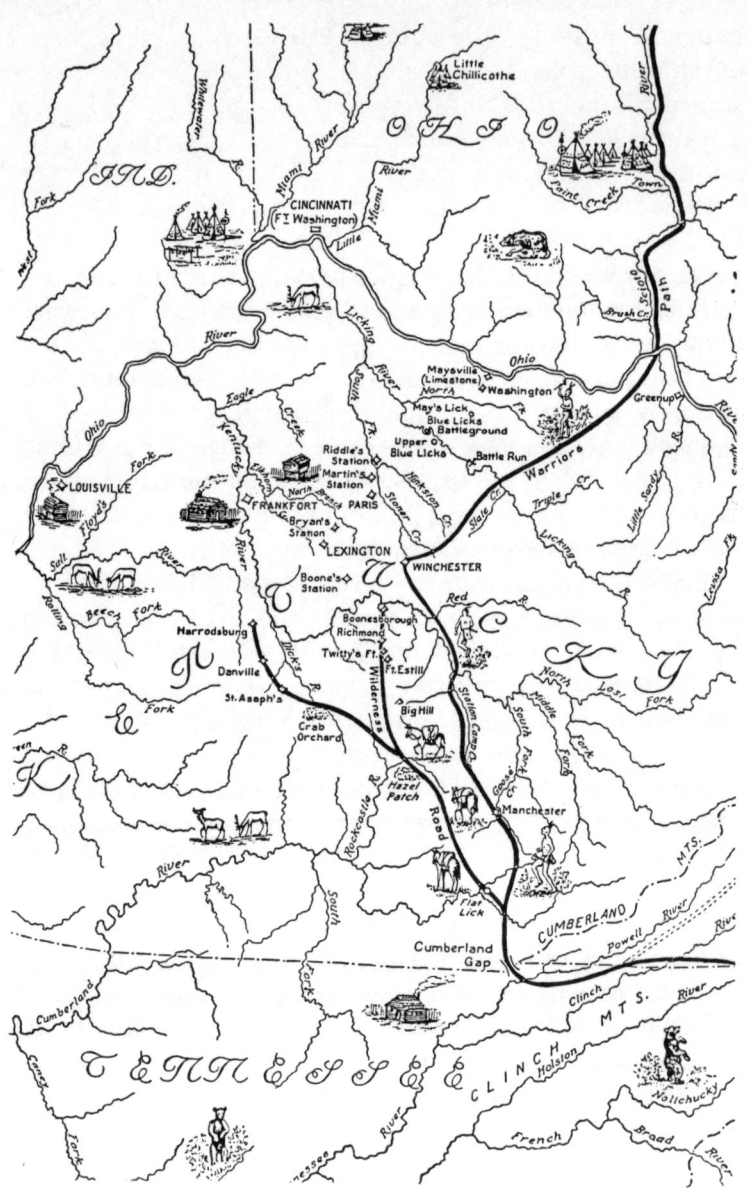

Kentucky in der Zeit zwischen 1775 und 1800

neuen Wehrdörfern die vermutete Absicht der Engländer durchkreuzen wollten, von Kanada her oder aus dem Westen, den Tiefen des Nordwest-Territoriums also, bei einem etwaigen Krieg in den Rücken der Unabhängigkeitspartei zu stoßen. Dagegen wollte man hier Front machen.

Henderson kam da sehr ungelegen, und entsprechend lustlos erschien man in Boonesborough, als der Richter eine Versammlung einberief, damit sein menschenleeres, 60 000 Quadratkilometer großes Transylvania so etwas wie Recht und Ordnung erhielte. Dazu sollte die Aufstellung einer Bürgerwehr gehören, die nicht nur gegen die Indianer antreten, sondern auch Fremde überwachen und gewisse Normen des Zusammenlebens sichern sollte. In der kurzen Zeit, in der sich Henderson hier aufhielt, mißfiel ihm schon bald, wie böse die Grenzer unter Wald und Wild hausten. So wollte er auch Wildschutzgesetze einführen.

Ein wenig erinnert dieser Henderson an Richter Temple in Coopers Roman »Die Ansiedler«, der sich auch schon in den Zeiten des Wildreichtums um den Bestand sorgte. Im Gegensatz zu Coopers Natty Bumppo gehörte Daniel Boone aber hier noch nicht zu den Betroffenen, sondern eher zu den Befürwortern der Schonung.

Man versammelte sich am 23. Mai unter der »geteilten Ulme«, deren Äste Schatten für mehr als hundert Menschen boten. Man lauschte Hendersons langatmiger Eröffnungsadresse, und man folgte ihm auch, als er für weise Gesetze, für Gerichtsbarkeit und Bürgerwehr eintrat. Auch als der Prediger Lythe ein Gesetz gegen gottlose Reden und, die Störung der Sabbatruhe forderte, ging man willig mit. Die Zustimmung war sogar groß, als Daniel ein Gesetz zur Verbesserung der Pferdezucht verlangte. Aber die Streitpunkte blieben. Nur halbherzig stimmte man den Eingaben zum Wild- und Landschaftsschutz zu, und überhaupt nicht erbaut waren die Delegierten von der Zeremonie, in der John Farrar dem Richter symbolisch ein Stück von Transylvanias Erde übergab.

Von den Familienvätern brach als einer der ersten Daniel

Boone auf, um seine Frau und die Kinder aus dem Yadkin-Tal in die neue Heimat zu holen. Nach der Absprache sollten sich die Männer nach und nach auf den Weg machen, denn eine Schwächung des Forts wollte man nicht riskieren.

Noch bevor die ersten Herbststürme über die unwirtlichen Höhen des Cumberland-Gebirges fegen und die von Boones Axtmännern notdürftig ausgeholzten Wege ins grüne Rohr schwierig werden sollten, waren die meisten Männer mit ihrem Anhang wieder zurück, dazu mit weiteren Vorräten an Pulver, Blei, Werkzeugen und Saatgut. Daniel muß allerdings vor allen anderen Boonesborough wieder erreicht haben; denn er behauptete später stets, seine Frau und seine Töchter seien die »ersten weißen Frauen« gewesen, »die jemals an den Ufern des Kentucky gestanden hätten«. Ein Baby aber, das Rebecca am 20. Juni noch in North Carolina geboren hatte, erlebte Kentucky nicht. Es starb nach wenigen Wochen. Außer Boone hatte auch Richard Callaway seine Familie nach Boonesborough gebracht. Beide Pioniere hatten zudem eine stattliche Zahl neuer Siedler geworben.

Es war September und noch Zeit zur Ernte wilder Früchte, Kräuter und der ersten selbstangepflanzten Gemüse. Der Boden, hieß es scherzhaft, sei so fruchtbar, daß er auch dann eine Ernte abgab, wenn man gar nichts anpflanzte.

Bei den Pionieren mußten Männer und Frauen Alleskönner sein. Man kochte Hirschtalg und die Beeren der Wachsmyrthe aus, um Kerzenfett zu gewinnen sowie die Rinden von Weißeiche und Sumach für Gerberlohe. Der mitgebrachte Hausrat aus Eisen und Zinn wurde um Löffel, Schüsseln, Becher und Teller aus geschnitztem Holz ergänzt. In den Vorratskammern hingen Rauch- und Dörrfleisch für knappe Tage, stapelte sich Spaltholz für den selbstgemauerten Kamin.

Den Mut der Frauen unter diesen Pionieren richtig einzuschätzen, gelingt nur, wenn wir uns außer der Indianergefahr die Tatsache vergegenwärtigen, daß kein Arzt mit nach Boonesborough gegangen war, nur ein Priester für das Seelenheil. Man war schon reich, wenn man einen Medizinkasten von »Paytheres, Savoy and Company« mit Myrrhe-Tinktur, Gingeressenz, Cinoa-Pulver, kalt gezogenem Öl, Äther, Laudanum, Lavendelgeist, Rhabarbertinktur und Magnesiumpulver besaß – und auch jemand wußte, wie und wann das alles anzuwenden sei.

Im übrigen gab es einen Kräutertee gegen Bronchitis, Kürbiskerne gegen Würmer und Ginseng für die Liebeskraft. Man wußte auch, in welchen Fällen man einen Patienten zur Ader lassen mußte. Geburtshilfe leisteten die Frauen untereinander, doch wenn Komplikationen auftraten, konnten sie weder mit dem Perforator noch mit dem Knochenbrecher umgehen, um etwa ein totes Baby zu holen. Dann mußte die Mutter sterben.

Boone selbst wurde mit der Zeit ein guter Wundarzt, der mit Nadel und Faden sowie dem Amputationsmesser und der Axt umgehen konnte. Er wußte auch, daß Ulmensaft, Irisch Moos und Hickoryrinde offene Wunden heilen konnten.

Als die Nächte länger wurden, begannen die Frauen beim Schein der Talgkerzen mit dem längst fälligen Weben, Wirken, Nähen und Stricken. Die Männerwirtschaft war gut gewesen, solange sie hatte dauern müssen.

Für die Wachen draußen wurden die Stunden einsamer; denn die Leute, die nicht dazu eingeteilt waren, besprachen sich nun lieber an den wärmenden Kaminfeuern. Man richtete sich auf einen ruhigen Winter ein. Die Shawnee vermutete man in ihren Dörfern jenseits des Ohio. Cornstalk hatte ja in Camp Charlotte Frieden geschlossen. Und der Lärm der ersten Schlachten des Revolutionskriegs drang nicht bis hierher.

Eine solche Atmosphäre machte schläfrig. Zwei Tage vor Weihnachten gelang es einer Kriegsbande von Shawnee- oder Mingo-Indianern bis auf 300 Schritte an das Fort heranzukommen. Sie tötete und skalpierte einen Jungen und entführte einen zweiten. Die Suche nach den Übeltätern blieb erfolglos. Die Ansiedler feierten diesmal ein trauriges Fest.

Im zeitigen Frühjahr 1776 erhielten die Grenzer willkommene Verstärkung durch einen der besten Wildnismänner neben Boone. Es war Simon Kenton, der sich damals noch wegen einer unglücklichen Affäre, die sich aber später aufklären sollte, Simon Butler nannte. Er war eben 20 Jahre alt und hatte schon mit Dunmore den Feldzug gegen Cornstalk mitgemacht. Kenton hatte während der vergangenen Wochen einen Freund verloren, den die Indianer gemartert und verbrannt hatten. Danach war Kenton einsam in der Wildnis herumgezogen. Jetzt kam er nach Boonesborough.

Trotz der relativen Ruhe, die eine gute Entwicklung ermöglichte, stand es gar nicht so gut um Hendersons Transylvania. Zwar waren in dem einen Jahr seit Öffnung der Wilderness Road schon über 900 Landclaims angemeldet worden, hatte man in Boonesborough und Harrodstown schon die ersten Ernten eingebracht, doch waren die Ansiedler untereinander zerstritten.

Die meisten zeigten sich mehr und mehr betroffen von den Aktivitäten Boones und Hendersons. Als Landvermesser dann unter Boones Führung weitere 28 000 Hektar für die Gesellschaft absteckten und Henderson die Landpreise mehr als verdoppelte, brachte James Harrod 86 Unterschriften zusammen, die der im April zusammentretenden Virginia-Versammlung rechtzeitig präsentiert werden sollten. Daniel mußte aufgrund des Ärgers den Abschied guter Männer hinnehmen. Benjamin Logan war einer von denen, die gingen. Er zog tiefer in den Wald und gründete eine neue Station über dem Green River. Der Draufgänger Hugh McGary schlug sich zu Harrod. Manch einer folgte ihm, andere bauten nach altem Heimstättenrecht einfach erst einmal irgendwo in der Einsamkeit eine neue Station. Bald gab es zehn Stationen, für die mit ihren Palisaden der Grundsatz galt: »Gute Zäune machen gute Nachbarn.« Er

„Gute Zäune machen gute Nachbarn": Charakteristische Familienstationen
für eine und zwei Familien, wie sie nach 1775 zwischen Boonesborough und
Harrodstown entstanden.

war vor allem gegen die *indianischen* Nachbarn gerichtet, die ihn nicht respektierten. Mehr als 200 Neusiedler kehrten Kentucky im Laufe der Zeit wieder den Rücken.

Der Streit zwischen den Ansiedlern wäre wohl so weitergegangen, wären nicht neue Nachrichten über die Geschehnisse in der Außenwelt nach Boonesborough gedrungen. Ein Reisender war mit einer zerfledderten Ausgabe der »Virginia Gazette« ins Fort gekommen, die von der Unabhängigkeitserklärung berichtete.

Bald wußte man auch in Harrodstown davon, und dies war die Stunde eines blutjungen, ehemals britischen Offiziers, der schon im Frühjahr 1775 nach Kentucky gekommen war und sich bei Harrods Leuten mit den Worten vorgestellt hatte: »Mein Name ist Clark, und ich bin gekommen, um zu sehen, was ihr tapferen Burschen in Kentucky so treibt, und euch, wenn nötig, eine helfende Hand zu leihen.« Clark bot mehr als eine helfende Hand. Es war *seine* Vision, nach der die Revolution hier draußen einen Vorposten haben mußte, der einem Angriff vom Norden oder vom Westen her begegnen konnte. Clark machte jetzt in den beiden wichtigen Siedlungen seinen Einfluß geltend, damit die Leute wieder enger zusammenrückten. Im Juni sollten alle nach Harrodstown zu einer großen Versammlung kommen.

Während im Osten die Waffengänge heftiger und blutiger wurden, schürte Henry Hamilton, der neue Zweite Gouverneur Großbritanniens in Detroit, seit November 1775 das Feuer gegen die Langmesser, wie die Indianer die amerikanischen Siedler nannten. Das hatte Clark vorausgesehen. Die Kampfbereitschaft der Stämme aber hielt sich noch in Grenzen. So blieb den Kentuckyern Zeit, sich weiter in dem neuen Land einzurichten. Weizen, Mais und Tabak reiften auf den friedlichen, sonnenverwöhnten Lichtungen. Pferde, Rinder und Schafe weideten bald zahlreicher vor den Palisaden, und auch mit den Behausungen kam man immer mehr aus den Provisorien heraus.

In der sorglosen Stimmung eines heißen Julitages will Jemima Boone zum Fluß hinunter, um sich einen Fuß zu kühlen, den sie sich beim Barfußgehen verletzt hat. Sie überredet ihre beiden Freundinnen, Fanny und Betsy Callaway, zu einer kleinen Bootspartie. Es ist Sonntag, und die meisten Erwachsenen halten Siesta. Die kräftigen Mädchen schieben das Kanu in den Kentucky – einen schweren Einbaum, der der Gemeinschaft als Fähre dient. Als es aufschwimmt, klettern die beiden Callaway-Töchter an Bord, während Jemima Boone das Kanu abstößt und sich dann hineinschwingt. Es gleitet zur Flußmitte und wird von der ruhigen Strömung aufgenommen. Jemima läßt die Beine ins Wasser baumeln. Die beiden anderen Mädchen paddeln das Boot nahe ans gegenüberliegende Ufer, das die Fortbewohner die Indianerseite nennen. Dort treten die Bäume und Büsche dicht an das Wasser heran, und eine weniger sorglose Gesellschaft hätte wohl wieder die Flußmitte gewinnen wollen. Betsys Idee, ein paar frische Blumen zu pflücken, möchte Jemima aber doch nicht folgen. Sie schlägt vor, allmählich zurückzupaddeln. Das Kanu nimmt Fahrt auf, als ein Felsvorsprung das Flußbett verengt und die Strömung schneller wird. Ehe sie den Bug wenden können, sind sie dem Ufer ganz nahe.

Im nächsten Augenblick beleben sich die Büsche. Vier, fünf gelb bemalte Krieger springen am Ufer hoch. Einer mit einer schwarz bemalten unteren Gesichtshälfte und extrem durch Pflöcke geweiteten Ohrläppchen gleitet in den Fluß und greift nach der überhängenden Festmacherleine.

Es hilft den schreienden Mädchen nichts, daß sie wild mit dem Paddel nach ihm schlagen. Die anderen Krieger hängen schon an den Seiten und lassen den Nachen so beängstigend kippeln, daß die drei alle Mühe haben, sich festzuhalten. Inzwischen ist das Boot um den Felsvorsprung herum und am Ufer. Die Indianer packen die Mädchen und schleppen sie tiefer in den Wald. Sie nehmen die drei während eines kurzen Halts in ihre Mitte, schneiden ihnen mit den Messern die Röcke am Knie ab und verlangen, daß sie aus dem Stoff Leggins machen. Betsy muß auch ihr langes Haar mit einem Band um die Stirn bändigen. Dann werden die Kinder zum Laufen angetrieben. Als die Krieger mindestens zehn Kilometer zwischen sich und das Fort gebracht haben, erlauben sie eine Rast. Sie fesseln die Mädchen und setzen sie in ihren Kreis. Als sie sich schlafen legen, nehmen sie die Gefangenen an die Leine.

Die Schreie vom Fluß rissen das Fort aus seinem Sonntagsfrieden. Boone und der junge Henderson waren zuerst unten am Ufer. Sie sahen, daß das Kanu und die Mädchen fort waren. Außer Atem kamen zwei, drei andere Männer hinzu, die an der Lecke gearbeitet hatten. Inzwischen entdeckte John Gass das leere Kanu und stürzte sich ins Wasser, um es herüberzuholen. Dabei machte er sich auf eine Salve aus dem Dickicht gefaßt. Aber nichts geschah.

Mehrere Männer überquerten nun den Fluß um nach Spuren zu suchen. Das tat auch Richard Callaway, der inzwischen mit ein paar Reitern den Kentucky weiter unterhalb des Forts durchfurtet hatte. Endlich entdeckte John Floyd mit zwei seiner Kameraden die Spur der Kindesräuber. Sie setzten für Boones Fährtensucher eine Markierung und folgten dem gut getarnten Fluchtweg, bis ihnen die Dämmerung ein Ende setzte. Daniel erreichte Floyds Gruppe, ehe die Nacht anbrach. Ein paar Waldläufer hatten in der Nähe ein Camp errichtet, in dem sie übernachten konnten. Die Indianer aber hatten diese Männer nicht gesehen. Callaway war mit seinen Reitern weit vorausgeeilt. Er sollte sich an einer Stelle bereithalten, wo der Kriegerpfad den Licking River schnitt. Gewöhnlich gingen die Kriegsbanden der Indianer dort über den Fluß.

Am nächsten Morgen tilgen die Indianer sorgfältig die Spuren und setzen ihren Marsch nach Norden fort. Sie können dabei nicht verhindern, daß eines der Callaway-Mädchen Fetzen eines Bandes oder Tuchs auf dem Pfad zurückläßt. Während sie eine Strecke mit weichem Untergrund durchqueren, drücken die Mädchen ihre Sohlen tief in den Boden. Die Indianer merken das und halten ihnen unmiß-

96

verständlich ihre Messer unter die Nasen. Als sie unterwegs auf ein halb verwildertes Pferd stoßen, fangen die Krieger es ein. Sie wollen die Mädchen daraufsetzen, damit sie ihren eigenen Lauf beschleunigen können, geben den Versuch aber bald auf; denn die drei stellen sich absichtlich ungeschickt an. Am Ende des zweiten Fluchttages sind die Indianer dem Licking River schon nahe.

Die Verfolger fanden die Zeichen, die ihnen die Mädchen hinterlassen hatten und nahmen sie als Ermutigung und Ansporn. Boone ließ sich von den Täuschungsmanövern der Indianer nicht in die Irre führen. Er folgte keinem der Pfade, die sie angelegt hatten, um von ihrem eigentlichen Weg abzulenken. Er schlug ebenfalls die Generalrichtung zum Licking River ein. Das zahlte sich aus. Ehe der zweite Tag zu Ende ging, hatten sie die Spur wieder. In der folgenden Nacht schlief kaum einer. Der nächste Tag mußte die Entscheidung bringen. Boone bangte ihm entgegen.

Die Indianer sind auch am Dienstag, dem 16. Juli, früh auf den Beinen, aber sie werden nachlässiger. Und als sie den Licking River nahe Hinkson's Fork durchwatet haben, nehmen sie sich sogar die Zeit, einen Büffel zu schießen. Sie schneiden ein gutes Stück heraus und suchen sich nahe einem Bach, der klares Wasser führt, eine Stelle für die Mittagsrast. Auch die fünf Krieger haben während des Marsches nichts Besseres gegessen als die Mädchen, nämlich Trockenfleisch. Jetzt sollen sie alle ein gutes Stück vom saftigen Büffelhöcker haben. Einer der Krieger sammelt Holz für ein Feuer, ein anderer geht mit einem kleinen Kupferkessel zum Bach, um Wasser zu holen. Nur zwei bleiben unmittelbar in der Nähe der Mädchen.

Das war der Augenblick, in dem die Boonesburger sie einholten. Sie hatten den toten Büffel passiert, sie hatten die Stelle gefunden, wo die Krieger durch den Bach gegangen waren. Dann hatte Boone seine kleine Mannschaft teilen müssen, weil die Spur wieder einmal weg war. Er hatte ein paar Mann den Bach hinabgeschickt und war selbst mit zwei, drei Mann den Bach hinaufgegangen.

Auf einmal läuft er fast in die Bande hinein. Einer der Männer, der etwas voraus ist, wird von einem Krieger entdeckt und feuert, ehe die anderen Männer ihren Angriff organisieren können. Auch Boone schießt zu hastig. Dennoch ist die Überraschung geglückt. Als sie das Lager stürmen, rennen die Mädchen, die jetzt ungefesselt sind, ihnen schon entgegen. Einer der Krieger schleudert noch seinen Tomahawk nach Betsy Callaway, aber verfehlt sie. Er verschwindet hinter den anderen, die das Dickicht schon geschluckt hat. Die Kinder sind auf den Tod geängstigt, aber alle Sorgen, sie könnten mißhandelt worden sein, erweisen sich als unbegründet. Vater Boone und die anderen Männer entdecken ein paar Blutspuren beim Lager. Sie sehen aber von einer Verfolgung der Feinde ab. Überglücklich bringen sie die Mädchen nach Hause. Die »Yellow Boys«, wie Jemima ihre Entführer später immer nennen wird, sind Cherokee- und Shawnee-Krieger gewesen.

8. Kapitel

In diesem Sommer versammelten sich in Harrodstown zum zweitenmal die Delegierten aller Ansiedler, um dringliche Angelegenheiten zu beraten. Die Vorräte, die Henderson mit nach Boonesborough gebracht hatte, waren längst zur Neige gegangen und auch die eigenen. Vor allem machte man sich Sorgen über den Mangel an Schießpulver. Der Rest reichte kaum noch übers Jahr. Wie sollte man mit den wenigen Pulver bei einem richtigen Angriff wirksame Gegenwehr leisten? Die Grenzer erhofften sich Unterstützung von der Seite, der sie mit ihrem Ausharren in dieser Wildnis auch den Rücken freihielten – Virginia.

Die Gründerväter Kentuckys erinnerten sich noch an Clarks Worte. Hatte er bei seiner Ankunft nicht ganz in diesem Sinne gesprochen? Also sollte er sie nun auch in ihrem Anliegen vertreten. Sie wählten ihn zu ihrem Sprecher, ihren Beauftragten in der Versammlung zu Williamsburg. Dort sollte er sich um die Anerkennung Kentuckys bemühen. Vor allem aber sollte er 500 Pfund Schießpulver loseisen. Merkwürdig, daß wir in diesem Zusammenhang so wenig von Daniel Boone hören. Kein Plädoyer für Hendersons Rechte, dessen Vertrauensmann er doch noch immer war?

Clark reiste in Begleitung von John Gabriel Jones, der ebenfalls Delegierter war. Das liest sich so leicht. In Wirklichkeit waren die beiden Männer auf den Flüssen und in den Wäldern immer in der Gefahr, von Kriegskanus verfolgt oder aus dem Dickicht heraus beschossen zu werden. Aber die Reise glückte und führte die beiden Kentuckyer in einen neuen Staat: Der Staat Virginia hatte eine neue Verfassung und eine neue Regierung. Der Gouverneur hieß Patrick Henry. Was Clark nun die Aufgabe erschwerte, war die

Tatsache, daß die Versammlung im Juli nicht mehr tagte und der Gouverneur krank in seinem Bett lag. Der nur 23 Jahre alte Clark besuchte ihn auf seinem Sitz im Hanover County und legte dem Gouverneur dar, warum Kentucky so wesentlich für die Verteidigung von Virginia war. Er empfahl sich und seine Ansiedler als Garanten gegen den Versuch der Engländer, der neuen Republik in den Rücken zu fallen. Er überzeugte.

Mit einem Brief Patrick Henrys kehrte er nach Williamsburg zurück, wo er ein besonders schweres Stück Überredungsarbeit leisten mußte. Gewiß, das Pulver sicherte man ihm schon am 23. August zu. Aber der Rat wollte nicht so weit gehen, es auch zu verschenken. Es sollte den »Freunden in der Not« nur geliehen sein, und Clark sollte persönlich haften. Für den Transport und dessen Bewachung sollte der junge Soldat sogar aufkommen. Als Clark meinte, er könne für all das nicht einstehen, übernahm man schließlich doch alle Lasten auf Kosten der öffentlichen Kasse.

Aber nun ging es noch um die Anerkennung Kentuckys als Teil Virginias, und bis darüber entschieden werden sollte, wurde es Winter.

Die beiden Männer aus Kentucky wären nach langem Hickhack über diesem Punkt am Ende vielleicht unverrichteter Dinge in ihre Kanus gestiegen. Ein wütendes Schreiben Clarks gab dann aber doch den Ausschlag für eine glückliche Wendung: »Es steht«, meinte Clark darin, »nichts im Wege, daran zu denken, daß es auch noch ein großes und mächtiges England gibt, das uns mit offenen Armen aufnimmt, das uns nicht fünfhundert, sondern fünftausend Pfund Pulver mit Vergnügen zur Verfügung stellt und dessen väterliche Freundschaft uns die Indianer vom Halse hielte, so daß wir unsere Kräfte anderswohin richten könnten.« Der Brief schloß mit der markigen Feststellung: »Ein Land, das nicht wert ist, daß man zu seiner Verteidigung beisteuert, ein solches Land ist auch nicht wert, daß man es beansprucht. Wir danken für das Pulver.«[6]

Am 7. Dezember wurde zugunsten der Eingabe der Leute

100

aus Harrodstown, die Clark und Jones vertreten hatten, entschieden. Damit war auch das Schicksal von Transylvania besiegelt. Die Regierung stellte klar, daß es »keinen souveränen Eigentümer über die Erde Kentuckys geben kann«.

Die Eingliederung als Teil Virginias war materiell zunächst zwar nur den gewünschten Schuß Pulver wert, brachte den Ansiedlern aber auch die Bürgerrechte des neuen Staates. Für Hendersons Klienten aber kamen die Probleme. Ihre Besitztitel waren in Frage gestellt.

Der Kampf mit der jungen Regierung war also ausgefochten. Der Kampf mit der Wildnis und ihren roten Söhnen stand noch bevor. Für diesen Kampf hatte man in Williamsburg auch die Anführer bestimmt. Clark avancierte vom Captain zum Major der Miliz, und ein gewisser John Bowman wurde Oberst. Daniel Boone sollte den Rang eines Captain bekleiden.

Wildnis begann damals noch, sobald jemand aus den Pforten einer Palisadenfestung heraus war. Das galt auch noch immer für Pittsburg, früher Fort Duquesne, wo Clark und Jones mit fünf Bootsleuten ihr Pulver verladen durften. Sie hatten ihre Kanus bestiegen und waren kaum um die nächste Flußbiegung herum, da sahen sie sich schon von einer Kanu-Flottille verfolgt. Die Indianer wahrten Abstand, und zum Glück legte Kältedampf bald einen Vorhang über den Ohio. Als die Nacht hereinbrach, mußten die sieben Männer ohne wärmendes Feuer am Ohioufer ausharren.

Der zweite Tag angestrengten Paddelns brachte sie zur Furt bei Limestone (Maysville). Hier entluden sie die Kanus und verbargen das Pulver. Der schlaue Clark opferte ein paar Kleidungsstücke und »bemannte« ein Kanu mit einer schnell gebastelten und pelzbehüteten Puppe, das er in die Strömung stieß, um etwaige Verfolger zu foppen. Auf dem Weg nach Harrodstown, wo die Männer Verstärkung und Pferde für den Transport über Land holen wollten, machten sie halt in McClellan's Fort, dem heutigen Georgetown.

101

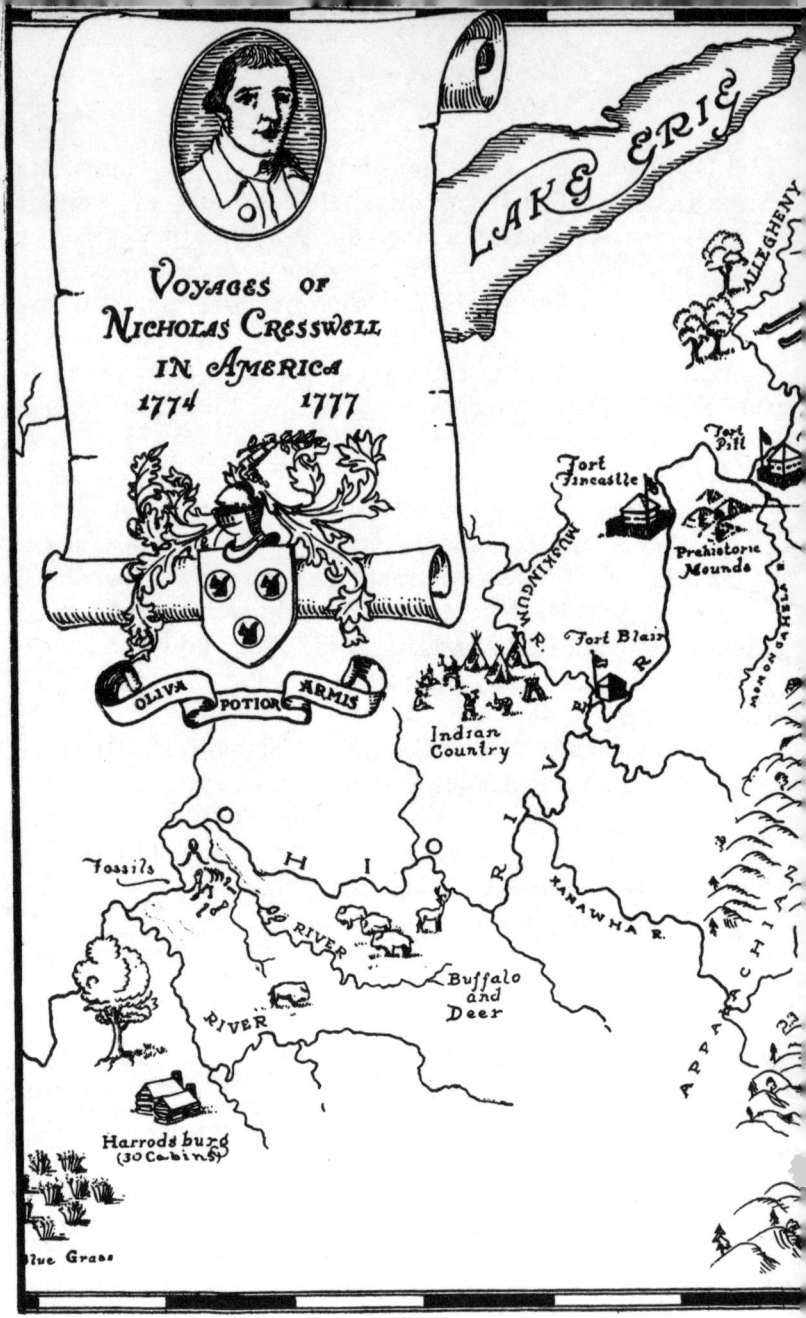

Eine Karte aus der Zeit des Revolutionskrieges. Sie zeigt Harrodsburg (vielfach auch Harrodstown) als äußersten Vorposten der Zivilisation.

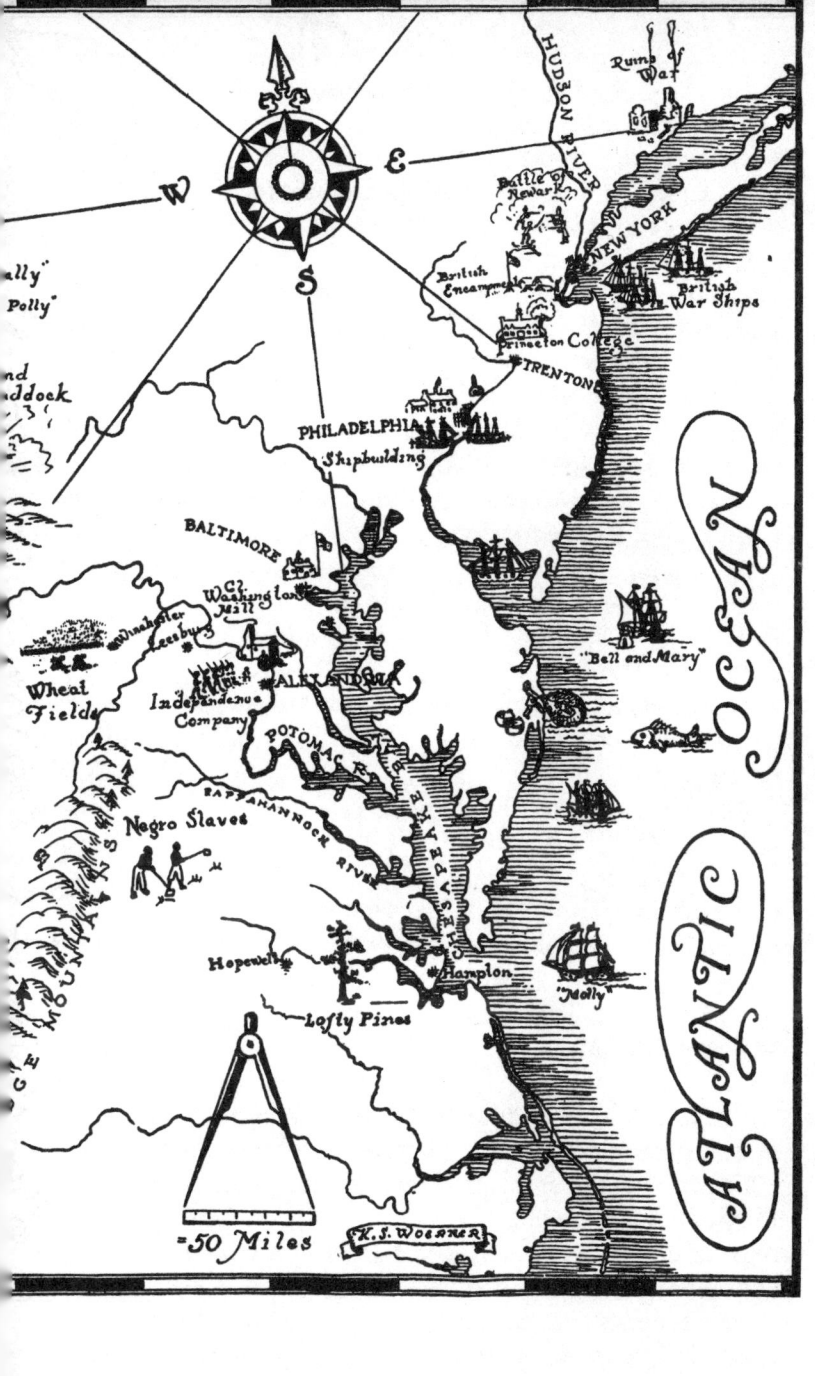

Clark hörte, daß Colonel John Todd mit einer kleinen Miliztruppe bei Hinksons verlassener Station lagere und schickte Jones dorthin, damit er ihn über das Pulver informiere. Er selbst ritt nach Harrodstown.

Clark hatte kein Glück mit seiner Entscheidung. Jones und Todd versuchten am ersten Weihnachtsfeiertag gegen alle Vernunft, mit nur zehn Mann das Pulver zu holen und gerieten nahe den Unteren Blauen Lecken in einen Hinterhalt von Mingo-Indianern unter Häuptling Pluggy. Die Indianer schlugen die Weißen in die Flucht, ohne den Grund für deren Anwesenheit zu ahnen. Sie töteten drei Mann und nahmen zwei der Grenzer, darunter Jones, gefangen, die sie genüßlich zu Tode marterten.

Als Clark und 30 Mann aus Harrodstown, an der Spitze Haudegen wie James Harrod, Simon Kenton und Leonard Helms, in McClellan's Fort einritten, sahen sie die Verwundeten aus Todds Kommando. Die Besatzung des kleinen Postens warnte sie vor dem Ritt nach Limestone: Die Wälder wimmelten von Rothäuten, und man erwarte stündlich einen Angriff.

Am 29. Dezember führte Pluggy seine Krieger in eine wütende Attacke gegen die Palisaden. Die Indianer hatten nach ihrem Sieg über die Todd-Truppe ein schwaches Fort erwartet und rannten nun, der Häuptling voran, in eine so heftige Salve, daß ihr Angriff zusammenbrach. Pluggy war unter den Toten. In der Spur der abziehenden Indianer schickte Major Clark Simon Kenton mit einem Kameraden auf eine Erkundungstour zu den Pulvervorräten, und erst, als man alle Indianer über den Ohio gehen sah, holte man am 2. Januar 1777 endlich das Pulver in die leeren Magazine. Der sonst so draufgängerische Kenton wählte für den Heimweg nicht den bequemeren Kriegerpfad, sondern alle möglichen Nebenwege, weil er jede Begegnung mit Indianern und damit den etwaigen Verlust des lebenswichtigen Schießpulvers vermeiden mußte.

McClellan's Fort wurde trotz des Sieges über Pluggy aufgegeben. Die angstgepeinigte Notbesatzung dort puhlte das

September 1775: Pioniere rodeten die Wälder am Kentucky, der Konflikt zwischen Wildnis und Zivilisation begann.

Die Forts wie Boonesborough und Harrodstown (unten) dienen vor allem der
Verteidigung, der Verwaltung und dem Handel. Die befestigten „Stations" der

Pioniere (oben, links und rechts) stehen einsam auf den Lichtungen. (*Karl-heinz Baumann, oben rechts*)

Pioniere mußten Alleskönner sein: Hier wird der Docht in eine Gußform für Kerzen gefädelt, die später mit Hirschtalg ausgegossen wird.

Hinter den Palisaden von Harrodstown, Kentucky, überlebten einige der alten Handfertigkeiten. Noch immer werden dort Quiltwork-Decken gefertigt.

kostbare Blei, das die Indianer verschossen hatten, aus den Palisaden und zog entweder aus Kentucky fort oder verteilte sich auf die beiden übrigen Siedlungen, auf Harrodstown und Boonesborough.

Boone, Harrod, Clark und all die anderen Pioniere müssen schon sehr an dem neuen Land gehangen haben. Wenn ich heute die Chronik des Jahres 1777 – über die Toten, die Entführungen, Marterungen, die Verluste an Korn, an Pferden und Vieh – lese, wäre mir nach Aufgabe und Rückzug zumute. Die Chronik berichtet von der Erbitterung der Ansiedler und ihrem Haß auf die Indianer. Aber das waren ja nicht einfach nur rote Räuberbanden, die das Gut der Weißen unwiderstehlich anlockte. Das waren Häuptlinge und Krieger der Shawnee, der Delaware und der Mingo, deren ehrliche und entschiedene Feindschaft jedem Mann und jeder Familie bekannt sein mußten, die sich in ihren Jagdgründen festgesetzt hatten. Da brauchten die Engländer wenig zu schüren.

Im Gegensatz zu Boonesborough besaß Harrodstown eine Quelle in den Grenzen des Forts.

Schon im Februar dieses »Jahres der blutigen Siebenen« sollten die Kentuckyer ihr neues Pulver brauchen. Auf der Pirsch nach Wild wird ein Trupp berittener Jäger von Indianern angegriffen. Zwei der Weißen fallen. Der durch den Kampf von seinen Kameraden abgedrängte Kenton flieht nach Boonesborough und kommt dort bei Nacht gerade in dem Augenblick an, in dem die beiden Toten durchs Tor getragen werden. Kurz darauf vor Harrodstown: Thomas Shores, William Coomes, William und James Ray sind nahe den Shawnee-Quellen beim Übungsschießen. James Ray klemmt sich eine Schießscheibe zwischen die Beine, und sein Bruder William schießt als erster. Das geht so lange, bis sich der helle Knall einer kleinkalibrigen Büchse in das Feuern mischt. James stürzt tot aufs Gesicht. Die drei Überlebenden laufen davon wie die Hasen. Der unglückliche Shores rennt den Indianern direkt in die Arme. Coomes erreicht den Waldrand und lernt in Sekunden, wie ein junger Schwarzbär bis in die Spitze eines Baumes zu klettern und sich dort zu verbergen. Hinter William aber sind die Krieger richtig her. Er ist schneller als seine Verfolger und erreicht das Fort. Aber das Tor ist geschlossen. Nur ein Baumstumpf davor verspricht notdürftige Deckung. Ray wirft sich dahinter. Das heftige Feuer der Shawnee zersägt das Holz. Gegenfeuer von den Palisaden aber hindert die Indianer so lange am Näherrücken, bis mehrere Pionierfrauen, allen voran James Mutter, ein Loch unter den Palisaden gegraben haben, durch das der junge Grenzer seinen Feinden entwischen kann.

Im Fort will James Harrod dem Draufgänger Hugh McGary nicht erlauben, den Kriegern draußen nachzujagen. Als er nach heftigem Wortwechsel dennoch mit 30 Mann ausrückt, findet er auf der Lichtung seinen furchtbar gemarterten Stiefsohn. William Coomes kann er unversehrt mit heimnehmen. Das alles geschieht am 2. März.

Ein paar Nächte später sieht man vor Harrodstown den Himmel glühen. Man ahnt, weiß, daß die roten Krieger Blockhäuser und Pferche auf den Waldlichtungen angezündet haben. Man ballt hilflos die Fäuste. Sechs Tage lang bleiben die Rothäute. Sie haben einen Ring um Harrodstown gelegt und nageln die Bewohner mit ihren Büchsen hinter den Palisaden fest. Den Harrodstown-Leuten zieht köstlicher Bratenduft in die Nasen und nährt deren Vorstellung von wilden Völlereien auf ihre Kosten. Als die Roten am siebenten Tag endlich abziehen, lassen sie alles Vieh mitgehen, das sie finden können.

Nach solchen Erfahrungen schickt man aus den beiden Forts bald ständig Späher in den Wald, die jede indianische Annäherung sofort melden sollen. Doch so recht bewährt sich die neue Einrichtung nicht. In der Morgenstunde des 24. April 1777 knallen vor Boonesborough Schüsse. Dann hört man Geschrei, Geheul, und übers freie Feld sieht man zwei Männer um ihr Leben laufen. Einer von ihnen, Daniel Goodman, ist nicht schnell genug und wird vom nächsten seiner indianischen Verfolger niedergebeilt. Simon Kenton, der vor dem Tor steht, kann nur noch Goodmans Skalp retten, indem er den Indianer vom Leichnam hinunterschießt. Im nächsten Augenblick sehen wir Boone mit zehn Kämpfern aus dem Fort stürmen. Die Indianer fliehen nicht, sondern feuern unerschrocken auf die heraneilenden Weißen. Als diese nahe genug sind, erkennen sie ihren prominentesten Feind – Daniel Boone. Einer legt sofort auf ihn an. Simon Kenton aber tötet den Indianer, wieder vom Tor aus, ehe der zum Schuß kommt.

Plötzlich werden Boones Leute unerwartet von der Flanke her angegriffen. Der indianische Trupp ist den Palisaden so nahe, daß er Boones Leuten den Rückzug verlegen könnte. Ein paar Gewehrläufe fahren herum, in Richtung des neuen Gegners. Aber die Salve der Angreifer knallt noch eher. Daniel spürt einen sengenden Schmerz im Fuß und wird zu Boden gerissen. Der nächste Krieger ist schon über ihm. Doch wieder trifft Kentons Schuß in letzter Sekunde. Kenton rennt zu dem Verletzten, wuchtet ihn sich über die Schulter und jagt zum Tor zurück. Hinter ihm drein hinken, taumeln und stürzen sechs verwundete Männer. Nach dem letzten Mann können die Wachen endlich das Tor zuwerfen. Draußen hagelt das Blei der enttäuschten Krieger ins Holz. Sie verlegen sich noch eine Weile aufs Lauern und Spähen, auf Störungen und Viehdiebstahl, ehe sie endlich abziehen.

Ein Reisender, der kurz nach dieser Zeit Boonesborough besucht, berichtet später der Außenwelt: »Sie hatten nichts zu essen als Rüben und Rauchfleisch. Das Wasser stank.«

George Rogers Clark hat ein Tagebuch hinterlassen, das der Nachwelt von drei Vorfällen um Harrodstown erzählt:

7. März. Die Indianer versuchten, eine Gruppe von Männern vom Fort abzuschneiden. Ein Gefecht entwickelte sich. Wir hatten vier Verwundete. Wir töteten und skalpierten einen Indianer und verwundeten mehrere.

18. März. Eine kleine Bande von Indianern tötete und skalpierte Hugh Wilson eine Meile vom Fort entfernt vor Anbruch der Nacht und entkam.

9. Juli. Umzingelten zehn oder zwölf Indianer nahe dem Fort, töteten drei und verwundeten andere. Ihren Plunder für mehr als 30 Pfund verkauft.[7]

Man hätte in Kentucky die Jahreswende 1777 als Jahr des Überlebens und der Behauptung feiern können. Aber davon war keine Rede. Man mußte vor allem Vorräte ergänzen. Auch in Boonesborough. Von dort aus waren schon am Neujahrstag 30 Mann mit Daniel Boone zum Licking River unterwegs, wo man ein Camp zur Gewinnung von Salz errichtete. Salz war im dritten Jahr des Revolutionskrieges zu einer Kostbarkeit geworden, daher auch über den Eigenbedarf hinaus ein wertvolles Handelsgut der Ansiedler. Daniel Boone selbst gehörte nicht zu den Männern, die im ausgehobenen Rund, das durch eine Brustwehr geschützt war, das Siedefeuer unter den Eisenkesseln unterhielten. Er jagte und patrouillierte in der Umgebung, die er genau kannte. Hier war er früher auf einem seiner einsamen Jagdabenteuer gewesen, hier in der Nähe hatte er vor eineinhalb

Jahren die Mädchen aus den Händen der roten Entführer befreit. Die Lecken waren eine gefährliche Gegend. Sie zogen nicht nur das Wild zahlreich an, sondern immer auch Jägergruppen der Shawnee und anderer Stämme. Da galt es, auf der Hut zu sein.

Die Boonesburger verstecken das gewonnene Salz in einiger Entfernung von der Arbeitsstelle und hielten dort auch unter Bewachung die Pferde zusammen. Das zahlte sich aus.

IV. Teil
Pfadfinder, Falkenauge und Lange Büchse

Ich höre den Satansgesellen über das
dürre Laub hinschlüpfen wie eine
schwarze Schlange.
Natty Bumppo in »Der Pfadfinder«.

9. Kapitel

Am 7. Februar herrscht dichtes Schneetreiben. Boone bricht trotzdem in der Frühdämmerung zur Jagd auf. Als er etwa 15 Kilometer vom Camp entfernt durch das Rohrdickicht pirscht, entdeckt er einen einsamen Büffel und erlegt ihn. Er belädt das Packpferd schwer mit Fleischstücken und der Haut des Tieres. Auf dem Rückweg zum Camp entgeht ihm, daß er beobachtet wird. In einem Hohlweg scheut plötzlich sein Pferd. Boone findet die Ursache heraus, als er sich umdreht. Vier Shawnee sind dicht hinter ihm. Sie laufen schneller als der Gaul, der unter der schweren Last im Schnee nur mühsam vorankommt. Ehe ihm die Shawnee zu nahe auf den Leib rücken, will der Jäger das Fleisch abwerfen, aber er kann nicht einmal das in der Scheide festgefrorene Messer ziehen, um die Schnüre zu kappen. Daniel springt ab und läuft davon. Weit kommt er nicht. Eine Kugel reißt ihm das Pulverhorn von der Seite, andere Kugeln fahren, gefährlich nahe, rings um ihn in den Schnee.

Einer der Shawnee-Krieger hat Boones Pferd inzwischen eingefangen, hat die Last losgeschnitten und ist ihm hinterhergeritten. Die anderen Shawnee sind auch schon nahe. Boone ist ausgepumpt. Er könnte noch hinter den nächsten Baum springen und ein, zwei der Verfolger auslöschen. Aber haben sie ihn nicht auch bisher verschont? Boone gibt auf. Er springt zwar in Deckung, aber legt sein Gewehr gut sichtbar auf den Boden.

Die Krieger führen ihn zu den Feuern der Shawnee, und was er dort sah, gefiel ihm gar nicht. Die Schar hatte die dreifache Stärke seiner Kameraden an der Salzlecke. Sie wurde von einem Häuptling Schwarzfisch geführt und jenem Captain Will, den Boone aus einer früheren Begegnung schon kannte. Zu seiner Überraschung waren auch Weiße mit von der Partie, und zwar James und George Girty sowie zwei Franko-Kanadier. In Augenblicken wie diesem spielte Boone sein Spiel immer in scheinbar größter Gelassenheit. Zuerst begrüßte er Captain Will mit herzlichem Händeschütteln. Argwöhnisch beobachteten die Girtys die Begrüßung, an der sich auch die größte Autorität im Lager beteiligte, Häuptling Blackfish.

Nach Pluggys Tod war der Shawnee-Chef von Alt-Chillicothe zum großen Koordinator der Kriegszüge nach Kentucky avanciert. An der Seite des mächtigen Mannes übersetzte ein Schwarzer, den sie Pompey nannten, die Rede des Häuptlings. Sie floß melodisch und kraftvoll. Sie erinnerte an Cornstalk. Cornstalk war im übrigen der aktuelle Anlaß für diesen Kriegszug. Die Weißen hatten in Fort Blair, das jetzt Fort Randolph hieß, den Sachem und seine Begleitung ermordet; jetzt sollten die Weißen dafür bezahlen. Schwarzfisch wollte erst die Salzmacher töten, dann nach Boonesborough ziehen und das geschwächte Fort angreifen. Daniel tat alles, um ihn davon abzubringen. Er schlug vor, daß der Häuptling die Weißen ohne einen Schuß gefangennehmen und sie dann alle in den Shawnee-Stamm adoptieren solle. Außerdem verbürgte er sich für eine kampflose Übergabe des Forts im Frühjahr, sobald die Frauen und Kinder den langen Marsch zu den Indianern überstehen könnten.

Blackfish hielt das für bedenkenswert. Er führte seine Leute zum Camp an den Lecken. In mehr als dreifacher Stärke umzingelten die Krieger am nächsten Tag Boones Gefährten, deren Situation sie längst ausspioniert hatten. Da war kein Entkommen. Auf Schwarzfischs freundlich-nachdrückliche Aufforderung hin ging Boone zu seinen Freunden. Er wurde von einigen Indianern begleitet: »Schießt nicht«, rief er, als er nahe genug bei ihnen war. »Ihr werdet sonst alle massakriert!« Er hatte nur wenig Zeit, ihnen die Lage zu erklären. Aber soviel verstanden sie: Wenn sie sich wehrten, hätten sie gegen die Übermacht keine Chance, und die Shawnee würden anschließend das geschwächte Fort angreifen. Boone erklärte, er habe das Wort des Häuptlings, daß man sie schonen werde.

Die Tatsache, daß ein solch gewiefter Kämpfer wie Boone aufgab, lähmte jeden einzelnen. Schwarzfisch siegte kampflos und hatte mit einem Schlag 26 Gefangene – ein Drittel aller weißen Männer von Fincastle County. Während Boone und seine Gefährten das Camp abbrechen mußten, waren Thomas Brooks und drei andere Männer in der Nähe unbemerkt geblieben. Sie brachten die Hiobsbotschaft zu den Ansiedlungen. Dort wirkte die Nachricht so entmutigend, daß selbst die Standhaftesten ans Aufgeben dachten.

Im Camp der Salzmacher mußte Schwarzfisch sein ganzes Gewicht geltend machen, um die Weißen dennoch vor einem sofortigen Massaker zu bewahren. Die Krieger wollten nur Boone selbst am Leben lassen, damit er sie im Frühjahr zum Fort führe. Schwarzfisch wollte sein Wort halten und überließ Boone nach Darlegung seines Standpunktes das letzte Wort. »Brüder«, sagte der, »was ich euch versprochen habe, kann ich im Frühjahr weit besser erfüllen als jetzt. Dann wird das Wetter warm sein, und die Frauen und Kinder können von Boonesborough zu den Indianerstädten reisen und mit euch als ein Volk leben. Ihr habt alle meine jungen Männer bekommen. Sie zu töten, wie geraten worden ist, würde den Großen Geist verärgern, und ihr könntet bei der Jagd und im Krieg in Zukunft keinen Erfolg mehr haben. Wenn ihr sie verschont, werden sie gute Krieger abgeben und ausgezeichnete Jäger, die Wild für eure Frauen und Kinder erlegen. Diese jungen Männer haben kein Unrecht getan, sie waren mit einer friedlichen Aufgabe beschäftigt, und sie ergaben sich unverzüglich auf meine Versicherung hin, daß dies der einzig gangbare Weg für sie sei; und ich stimmte ihrer Kapitulation zu unter der ausdrücklichen Bedingung, daß sie als Kriegsgefangene gut behandelt würden. Ich appelliere nun an beides – eure Ehre und eure Menschlichkeit; verschont sie, und der Große Geist wird auf euch lächeln.«[1]

Die Rede gab den Ausschlag. Die Gemäßigten waren mit

118

einer hauchdünnen Mehrheit von 61 zu 59 Stimmen im Vorteil. Als man aufbrach, mußten die Männer auch die Kupferkessel mitschleppen, in denen sie das Salz gesiedet hatten. Boone weigerte sich, einen der schwersten Kessel allein zu schleppen. Einem der Shawnee, der es auf ihn abgesehen hatte, warf er den Kessel mit solcher Wucht ins Kreuz, daß der Krieger der Länge nach in den Schnee fiel.

Auf dem Marsch mußte Daniel dann als einziger Gefangener die indianische Version eines Spießrutenlaufs ertragen. Ein bißchen Spaß wollte Schwarzfisch seinen Kriegern gönnen. Ehe der Trupp den Ohio überquerte, kam es zu einem Zwischenfall. Zwei der Krieger kühlten ihr Mütchen an Boone. Sie knufften und beschimpften ihn so lange, bis ihn der helle Zorn packte. Schneller, als sie zurückspringen konnten, schnappte er sie, riß sie von den Füßen und ließ ihre Schädel zusammendröhnen. Das hätte böse enden können, wenn Schwarzfisch nicht eingegriffen hätte.

Das Gebiet, durch das sie auf dem zehntägigen Marsch zogen, war wildarm, und die Rationen wurden immer kürzer. Frischfleisch kam kaum noch übers Lagerfeuer, so erfolglos waren die roten Jäger. Nach einem mageren Frühstück gelang es Boone, den Anführer zu einem gemeinsamen Pirschgang zu überreden, bei dem er seine ihm für die Dauer der Jagd ausgehändigte Büchse sprechen lassen wollte. Als sie eine Weile umhergestreift waren, entdeckten die Indianer im Riedgürtel eines Sees einen Wapiti-Hirsch. Nur das Geweih überragte die Rohrspitzen. Die Krieger waren entmutigt. Niemals würden sie mit ihren Waffen ein so schlechtes Ziel auf diese Distanz treffen. Daniel wartete, bis er die dunklen Augen des Tieres für Sekunden zwischen den Rohrkolben schimmern sah, dann hob er seinen »Tick licker« an die Schulter und feuerte kurzentschlossen. Der Wapiti machte einen gewaltigen Satz und brach zusammen. Die Shawnee blickten ungläubig vom Schützen zum Wild; nur widerwillig grunzten sie Beifall. Blackfish brachte ihre widerstreitenden Gefühle auf die bündige Formel: »Good shot, bad for red man.«

Überhaupt dieser Schwarzfisch. Er war wie Cornstalk, Logan und später Tecumseh eine der vielen starken und letztlich sympathischen indianischen Gestalten. Solchen Vorbildern wurde Cooper in seinem »Lederstrumpf« selten oder nie gerecht; denn sie hatten den gemeinsamen Fehler, daß sie entschiedene Gegner der Amerikaner waren. Coopers indianische Helden – die Mohikaner Unkas und Chingachgook – mußten schon entschiedene Parteigänger seiner Landsleute sein, dann gestand er ihnen edle Charaktere zu und setzte sich sogar für das Lebensrecht ihrer Stämme ein. Die lebendigen indianischen Helden, Widersacher Boones und der Ansiedler, finden wir bei Cooper in Kriegern wie dem Mingo Rivenoak, dem Tuscarora Magua oder Pfeilspitze wieder. Sie waren zwar immer mutig, aber die Listen, die sie gebrauchten, waren immer Teufeleien, ihre Haltung war immer zwielichtig. Letztlich gehörten sie in Coopers Romanen alle zu den Gescheiterten. In Wahrheit erscheinen Coopers Chingachgook, Unkas und auch der Pawnee Hartherz heute als die eigentlich »verdächtigen« Charaktere, die ihre Freundschaft zu den Weißen über die Ansprüche ihrer Stämme stellen. Das lebendige Beispiel Schwarzfisch aber zeigt, zu wieviel Großzügigkeit indianische Feinde fähig waren. Hätte Cooper solche Tugenden beim Gegner entdeckt, hätte er mit seinen Büchern einen Beitrag zur Verständigung zwischen Indianern und Weißen leisten können.

Als sie das Dorf Alt-Chillicothe erreichten, nahm Schwarzfisch Boone in sein Haus auf. Zum erstenmal sah Boone ein Dorf der Shawnee, sah das stattliche Rathaus und die vielen Rindenhütten, aus denen blauer Rauch in den Winterhimmel stieg. Er sah alte Männer beim Eisfischen und die Kinder bei ihren Stockspielen. Da hätten so etwas wie wärmere Gefühle für die Indianer aufkommen müssen. Schwarzfisch jedenfalls zeigte solche Gefühle für ihn. Nachdem der Häuptling den Triumph über die geglückte Kriegstat unter seinen Leuten reichlich genossen hatte, nahm er Boone in seine Hütte und widmete ihm die schöne

Begrüßungszeremonie der Shawnee. Er rauchte eine Pfeife mit Boone und sagte dabei: »Ich ziehe die Dornen aus deinen Sohlen und Schenkeln, ich salbe deine steifen Glieder mit dem Öl des Friedens, ich wasche den Schweiß der Angst von deinem Leibe. Sei ohne Furcht; du stehst im Schatten meiner Schultern.«

Schwarzfisch gebrauchte keine leeren Worte. Er adoptierte Boone in seine Familie, in der der Pionier einen andern weißen Adoptivbruder mit Namen Richard Sparks vorfand und den jungen Tecumseh. Noch 16 weitere Boonesburger wurden in den Stamm aufgenommen. Das geschah zum Leidwesen der Girtys und der englischen Agenten; denn sie trauten keinem der Amerikaner. Sie mußten aber respektieren, daß die Shawnee angesichts ihres hohen Blutzolls auf dem Kriegspfad auf diese Weise die Lücken in den Familien und in den Kriegerscharen auffüllten.

Die Adoptionszeremonie war kein Vergnügen: Die Indianer richteten jeden neuen Shawnee-Bruder ganz nach der aktuellen Mode her: »Das Kopfhaar wird in einem ermüdenden und schmerzhaften Verfahren herausgerissen, bis ein Büschel von sieben bis zehn Zentimeter als Krone für die Skalplocke zurückbleibt, die geschnitten und mit Bändern und Federn geschmückt wird ...Der Kandidat wird dann nackt in den Fluß gebracht, und dort wird er gründlich gewaschen und geschrubbt, um ›all sein weißes Blut‹ herauszunehmen. Diese Behandlung wird gewöhnlich von den Frauen durchgeführt. Er wird dann zum Rathaus geleitet, wo der Häuptling eine Rede hält, in der er sich breit über die besonderen Ehren ausläßt, die ihm widerfahren seien, und das Betragen, das von ihm erwartet werde. Sein Kopf und sein Gesicht werden... bemalt, und die Zeremonie wird mit einem großen Fest und mit Rauchen beendet.« Das bezeugt uns Boones Zeitgenosse John Mason Peck, der den Waldläufer auch persönlich gekannt hat. Unser Kandidat erhielt während der Zeremonie auch seinen indianischen Namen. Die Shawnee nannten ihn Shel-tow-ee, die Große Schildkröte.

Die anderen weißen Männer, die nicht adoptiert worden waren, gewannen in Alt-Chillicothe einige Bewegungsfreiheit. Als aber eines Tages mehrere Häuptlinge aus der Nachbarschaft auftauchten, um mit Blackfish über deren weitere Verwendung, gegebenenfalls auch ausgesuchte Martern, zu verhandeln, hatte der Sachem es plötzlich sehr eilig, die Gefangenen an die Engländer auszuliefern, für deren Interessen die Shawnee jetzt fochten. Mit 40 Kriegern als Schutz geleitete Blackfish die Weißen sicher bis ins ferne Detroit und übergab sie für das in solchen Fällen vorgesehene Entgelt an die Engländer. Nur Boone, der bei ihm war, ließ er sich für kein Geld der Welt abhandeln. Eine Zeitlang durfte der Waldläufer die Tafel Gouverneur Hamiltons und die Gesellschaft seiner Offiziere genießen, dann mahnte Schwarzfisch zur »Heimreise« nach Alt-Chillicothe, ein Marsch von über 300 Kilometern, für den sie drei Wochen benötigten.

Bei den Shawnee fügte sich Boone anscheinend in sein Schicksal. Er unterrichtete manchen seiner neuen Brüder im besseren Gebrauch der Büchse, sah den Indianern auch beim Bogenschießen zu und entdeckte, welche Wissenschaft es war, bis man hier Treffsicherheit erlangte. Er begleitete die Jäger auf weiten Jagdreisen und in die Bibergründe. Wir wissen nicht, ob in der langen Zeit der Fluchtgedanke immer in ihm wach blieb.

Flucht wurde aber zur beschlossenen Sache, als der adoptierte Shawnee eines Tages von der Jagd in die Indianerstadt zurückkehrte. Alt-Chillicothe beherbergte an diesem Junitag im Jahre 1778 eine große Zahl fremder Krieger. So ferne Stämme wie die Odjibwa, die Ottawa und die Potawatomi hatten sich unter die Mingo, die Miami und die vertrauten Shawnee gemischt. Boone sah Trachten, wie sie ihm zuvor noch nicht begegnet waren. Zum erstenmal konnte er die im schrägen Licht der Abendsonne aufflammenden Adlerfederhauben eines Potawatomi bewundern, die breiten Bänder aus Quillarbeiten, die an seinem Skalphemd und den

Leggins die Nähte zierten. Sicher hatte er Augen für diesen Schmuck; er war ja auch viel auffälliger, als es die sparsamen floralen Muster auf den Lederhemden und Jagdtaschen der ihm vertrauten Stämme waren. Boone sah aber auch die zahlreichen neuen Waffen in den Händen dieser Krieger, und was er aus ihren Gesprächen aufschnappte, erschreckte ihn zutiefst.

Wie einst Cornstalk hatte Schwarzfisch die Krieger zu einem großen Schlag gegen die Weißen versammelt. Diesmal ging es freilich nicht *gegen* die Engländer, sondern *mit* ihnen, was die Anwesenheit ihrer Agenten bewies. Nach dem gemeinsamen Plan sollten die Ansiedlungen in Kentucky erobert werden. Erstaunlich war für Boone nur, daß Schwarzfisch ihn bei diesem Unternehmen offenbar nun doch nicht verwenden wollte. Vielmehr sorgte er dafür, daß sein Adoptivsohn eine Gruppe zum Salzsieden begleitete. Am 16. Juni, als sie auf dem Rückweg und in der Höhe der heutigen Stadt Xenia in Ohio waren, bot sich eine Gelegenheit zur Flucht. Die Jäger waren an einen Schwarm fetter Truthähne geraten und begannen sofort eine hitzige Verfolgung der willkommenen Beute. Boone blieb zurück, und ehe sie es merkten, hatte er sich ein Pferd geschnappt, den Kessel losgeschnitten und war davongaloppiert. Seiner Shawnee-»Mutter« hatte er zu verstehen gegeben, daß er bald mit seiner Squaw und den Kindern zurückkehren werde.

10. Kapitel

Knapp vier Tage später, am 20. Juni, war er in Boonesborough. In 90 Stunden hatte er 260 Kilometer zurückgelegt. Sein Pony war schon am Morgen nach der Flucht ausgepumpt stehengeblieben, so daß er den weiteren Weg zu Fuß laufen mußte. Er war durch den Ohio geschwommen, hatte Indianerdörfer umgangen, falsche Fährten gelegt, wenig geschlafen und auf der ganzen Flucht nur einmal gegessen. Seine durchgelaufenen Füße hatte er immer wieder mit einem Mittel aus Eichenrindensaft behandelt. So hatte er durchgehalten.

Als er in der Glut der Nachmittagssonne müde über die schattenlose Rodung vom Fluß zum Fort heraufstieg, da glaubten die Männer erst einen lebensmüden Shawnee, dann einen Geist zu erblicken. Daniel Boone war zurück. In die Freude darüber mischte sich aber auch Mißtrauen. Warum hatte er überlebt? Warum war er so lange bei den verdammten Rothäuten geblieben?

Boone erfuhr, daß seine Frau mit den Kindern nach North Carolina zurückgekehrt war, in die alte Heimat. Ja, warum denn nicht? Alle hätten ihn doch für tot oder verschollen gehalten. Nur Jemima, die einen Boonesburger Jungen, Flanders Callaway, geheiratet hatte, war von seiner Familie noch da, um ihn zu begrüßen.

Von seinen überstandenen Abenteuern wollte Daniel jetzt nicht erzählen. Dazu war er zu müde. Nur soviel sagte er: Die Sicherheit, in der sie sich hier wiegten, sei trügerisch. Schwarzfisch, der ihn so lange gefangengehalten hätte, sei mit vielen Kriegern im Anmarsch, ein Angriff stehe bevor. Wenn sie überleben wollten, müßten sie sofort die Befestigungen ausbessern, Kugeln gießen, Wasser und Vorräte ins Fort bringen und sich auf schwere Kämpfe gefaßt machen. Er ginge jetzt schlafen.

Boone schlief 48 Stunden. Aber kaum, daß er sich von den Strapazen der Flucht einigermaßen erholt hatte, packte er mit an. Selbst nach seiner Gefangennahme an den Blauen Lecken war das Palisadenwerk lückenhaft, waren die Tore zu schwach, war das Vorfeld nur unzureichend gerodet geblieben. Das kreidete Boone Oberst Callaway an, der jetzt das Kommando hatte. Callaway! Der alte Gefährte mißtraute ihm und opponierte, wo er konnte.

Trotz Boones Warnung blieb den Männern aber erstaunlich viel Zeit für die Arbeiten am Verteidigungswerk. Sollten die Indianer doch nicht kommen? Am 17. Juli erhielten sie eine Antwort auf diese Frage. Da rettete sich ein weißer Schicksalsgenosse Boones ins Fort. Dieser William Hancock war wie Boone Adoptiv-Shawnee gewesen, bis er sich davonstehlen konnte. Er brachte interessante Kunde.

Zunächst, nach Shel-tow-ees Flucht, sei die Allianz beinahe auseinandergebrochen. Schwarzfisch habe zu Gouverneur Hamilton gesandt und von den gescheiterten Plänen berichten lassen. Dann habe Hamilton einen Offizier und verschiedene Kanadier französischer Zunge geschickt. Sie hätten das französische Lilienbanner mitgebracht und mit ihrem Gerede vom Sonnenkönig, vom »Onontio«, der wieder der große Vater der Indianer sei, den Kampfeswillen neu entflammt. Das war eine Anspielung auf die frühere Waffenbrüderschaft der Algonkin mit den Franzosen.

Wir wissen nicht, welcher Teufel Boone geritten haben mag, als er in baldiger Erwartung des Feindes noch einen raschen Erkundungsritt zu einem näherliegenden Shawnee-Dorf am Paint Creek plante, dessen Lage nur er kannte. Callaway war dagegen. Er äußerte nicht nur seine Zweifel an der Loyalität Boones, er meinte auch, das Unternehmen schwäche mit jedem Mann, der mitgehe, das Fort. Boone ließ sich nicht aufhalten. Er wollte auf dem Streifzug Gefangene machen und sie über Schwarzfisch' Pläne ausquetschen. Am 31. August rückte er mit 30 Mann aus. Elf kehrten bei den Blauen Lecken wieder um, die übrigen Grenzer ritten weiter mit ihm. Simon Kenton, der allen ein Stück voraus war, entdeckte plötzlich zwei Krieger auf dem Pfad, von denen der eine auf einem Pony dahergeritten kam, während der andere zu Fuß war. Urplötzlich aber sprang der Fußgänger hinter dem Rücken des Reiters auf das Pferd, das beinahe durchging. In diesem Augenblick schoß Kenton auf die lachenden Krieger und traf die beiden mit einer Kugel. Der vordere Mann war sofort tot, der andere schwer verwundet. Der Waldläufer verließ die Deckung, um die Indianer zu skalpieren. Er wurde aber auf einmal heftig unter Feuer genommen. Kurz darauf sah er sich, sahen sich auch die aufgerückten Mitstreiter unter Boone in einem Gefecht mit 30 oder 40 Indianern. Das Gegenfeuer der Grenzer war jedoch so wirksam, daß die Krieger flohen und ihre Vorräte zurückließen. Einer der verwundeten Krieger warnte Daniel Boone: »Habicht fliegt zum Nest. Nest zerstört!«

Wie nahe war die Hauptstreitmacht der Indianer? Die Ungewißheit trieb die Männer weiter an. Sie erreichten das Shawnee-Nest am Paint Creek und fanden es bis auf die Alten, die Frauen und Kinder leer. Nun wußten alle, was sie schon geahnt hatten. Die Indianer waren auf ihrem Weg. Kenton blieb mit einem Kameraden in der Umgebung des Lagers. Er wollte einen Gefangenen haben und noch ein paar Pferde stehlen. Die anderen jagten in ihrer Spur zurück. Dann, als sie den Ohio überquert hatten, fanden sie die breite Fährte der Indianer-Streitmacht. So weit nach Süden also waren die Roten schon marschiert! Die Spur war noch frisch. Man mußte den Feind umgehen und vor ihm in Boonesborough sein.

Weiter ging die Jagd. Gerastet wurde nur, wenn die Pferde dringend eine Pause brauchten. An den Blauen Lecken bekam man endlich Fühlung mit dem Feind. Als die Grenzer in der Nacht vom 4. auf den 5. September an ihrem Heerlager vorüberzogen, sahen sie von einer Anhöhe aus unzählige Feuer glühen. Am 6. September erreichten sie Boonesborough. Dort war man endlich verteidigungsbereit.

7. September 1778. Die Boonesburger trauten ihren Augen nicht. Sie hatten mit einem mächtigen Indianerheer gerechnet. Das ja! Aber was sich an diesem schönen Morgen vor ihren Augen abspielte, verschlug ihnen einfach die Sprache. In sicherer Entfernung von der Reichweite ihrer Büchsen entstand da so eine Art von Feldherrnhügel, über dem nicht nur der Union Jack der Engländer, sondern tatsächlich auch das Lilienbanner der französischen Krone wehte. Unter den Fahnen posierte zwischen den Häuptlingen ein Mann in der Uniform eines französischen Offiziers; zu seiner Garde gehörten, in den typischen Lederwämsen, frankokanadische Waldläufer. Und die Indianer boten tatsächlich Krieger auf, die nach ihrem Kopfputz, ihren Trachten und ihrer Bemalung nicht nur Shawnee und Mingo waren. So weit kannte man sich da aus. Angst kam hinter den langen Büchsen nicht auf. Eher Wut und Empörung. Was in drei Teufels Namen hatten die Franzosen an der Seite der Engländer zu suchen? Soviel wußte man doch auch hier im hintersten Wald – daß sie eigentlich nach einem Abkommen, das ganz frisch war, ihnen, den Amerikanern, beistehen müßten.

Es war in der Tat so, wie der aus dem Shawnee-Dorf geflohene Hancock erzählt hatte. Der Offizier in der Mitte des ganzen Aufmarschs dort war kein anderer als der Mann, der sich nach Hancocks Bericht bei den Indianern, die noch immer den Franzosen nachtrauerten, mit seiner Rede über die Rückkehr des Sonnenkönigs lieb Kind gemacht hatte. Den ganzen Hintergrund kannten die Boonesburger natürlich nicht. Danach mobilisierten jetzt englische Agenten die ehemals im Kolonialkrieg Frankreich zugewandten Stämme, indem sie Frankokanadier anwarben. An einem solchen Betrug beteiligte sich auch Captain Antoine Dagneaux de Quindre. Wortführer der Feinde war aber nicht der Edelmann aus Quebec, war auch nicht Moluntha, der jetzt bei den Shawnees den Rang des ermordeten Cornstalk einnahm, sondern Boones Adoptivvater Schwarzfisch, der energische Chef von Alt-Chillicothe. Er schickte seinen schwarzen Dolmetscher Pompey im Schutz einer Parlamentärsflagge unter die Palisaden und ließ Boone zur Konferenz bitten. Das hatte Stil. Typisch Schwarzfisch!

Boone ging mit gemischten Gefühlen unter die Augen des Häuptlings, denn er mußte dessen Fragen fürchten. Blackfish aber war milde gestimmt. Er grüßte Boone freundlich und begann: »Mein Sohn, welche Gründe hattest du, mich auf diese Weise zu verlassen?« Shel-tow-ees Antwort, er habe seine Frau und die Kinder wiedersehen wollen, begegnete er mit leisem Tadel: »Warum hast du mir das nicht gesagt? Ich hätte dir jede Hilfe gewährt.« Dann übergab der Shawnee ihm eine Botschaft des Zweiten Gouverneurs, Hamilton, in der die Boonesburger mit einer Garantie für Leib und Leben zur Übergabe ihrer befestigten Ansiedlung aufgefordert wurden. Hamilton versprach gute Behandlung und sicherte den Offizieren gar den selben Rang unter der britischen Flagge zu, den sie jetzt innehatten. Blackfish hatte Verständnis, als Boone um Zeit bat, da er nach langer Abwesenheit nun andere Männer fragen müsse, die das Kommando hätten.

Die Diskussion im Fort zeigte, daß die Mehrheit kämpfen, aber so lange wie möglich verhandeln wollte, um Zeit zu gewinnen; denn man hoffte auf Verstärkung.

Um die Mittagsstunde ging Boone erneut hinaus. Mit ihm war ein Major der Miliz mit Namen William B. Smith. Als die beiden bei den Führern der Belagerer angelangt waren, ließen diese für sie ein Fell ausbreiten und stellten Männer auf, die ihnen Kühlung zufächeln mußten. So höflich ging es zu. Jetzt konnte Boone auch den Mann genauer ins Auge fassen, der hier den Engländern das Geschäft besorgte und unter den Indianern den Franzosen spielte. Er konnte ihn nicht fragen, weshalb er das tat, sondern mußte dessen Gefasel von »humanité« und »bienfaisance« über sich ergehen lassen. Schwarzfisch wiederholte Hamiltons Forderungen auch vor Smith, der ihn fragte, wie man denn Frauen und Kinder nach dem fernen Detroit bringen wollte. Die Antwort des Häuptlings war gut. Man habe im Vertrauen auf Boones Versprechen 40 Pferde mitgeführt und auch

Vorräte. Er übergab den beiden Verhandlungspartnern zur Bekräftigung eine Handvoll getrockneter Büffelzungen als Geschenk.

Anschließend ließ der Shawnee die Unterhändler einen Wampumgürtel studieren, auf denen die winzigen Schnekken in drei verschiedenen Farben aufgestickt worden waren. Weiß, schwarz und rot standen für die Begriffe Frieden, Warnung vor Gefahr und Blut. Blackfish legte den Gürtel so, daß ein Ende in Richtung Detroit, das andere auf Boonesborough zeigte. Welche Wahl man treffen wollte, fragte er. Wieder erbat Boone Bedenkzeit, diesmal für den Rest des Tages und den ganzen folgenden Tag. Zu vieles wäre zu bedenken, zu viele Leute seien zu fragen. Wieder zeigte sich Blackfish, der offenkundig eine diplomatische Lösung wollte, großzügig. Er stimmte zu und ließ zur Bekräftigung seiner guten Absichten das Calumet im Kreise wandern.

Als die Zeit, in der sich die Boonesburger übrigens weiter emsig auf die Verteidigung vorbereiteten, verstrichen war, kam Blackfish erneut, und mit ihm kamen mehrere Krieger, die 40 Pferde auf 30 Meter an das Fort heranbrachten. Das war die vereinbarte Linie, die von keiner Seite überschritten werden durfte. Diese Verabredung erlaubte den Belagerten sogar, vor den Palisaden zu erscheinen.

Boone schritt bis zur Linie vor und eröffnete dem Häuptling, man habe sich entschieden, das Fort nicht aufzugeben und bis zum letzten Mann zu kämpfen. Er danke für die Zeit, die man für die Vorbereitungen geschenkt bekommen habe. Der Shawnee behielt die Fassung und tat einen neuen Schachzug. Neun führende Boonesburger, schlug er nun vor, wolle er sicher nach Detroit bringen, damit sie dort einen Vertrag schlössen. Für diesen Fall würde er alle seine Indianer abziehen. Wieder spielte Boone auf Zeitgewinn. Man trennte sich mit einer Verabredung für den nächsten Tag.

Für die Delegation, die aus neun Männern bestehen sollte, wählte er sorgsam die kampfestüchtigsten Begleiter aus, zu denen auch sein Bruder Squire gehörte. Am nächsten Tag schritten sie selbstsicher und alle unbewaffnet aus dem Tor und hin zu dem 50 Meter entfernten Versammlungsort. Die Männer waren einigermaßen überrascht, als ihnen Blackfish mitteilte, man sollte sich am folgenden Morgen treffen. Er wollte dann aber mit 18 Männern erscheinen. Jeder dieser Häuptlinge vertrete eines der Dörfer, alle zusammen repräsentierten die anwesenden Krieger, die man nur so an das Verhandlungsergebnis binden könne. Boone und die anderen witterten die Falle, ließen sich aber gleichwohl nichts anmerken, sondern akzeptierten die Erklärung.

Nach der Rückkehr ins Fort war man auf alles gefaßt. In der Nacht dröhnten die Trommeln. Ekstatische Schreie gellten auf dem Vorfeld. Die Krieger tanzten. Was würde der nächste Tag bringen? Manch einer fragte sich, wie lange sie mit 60 Bewaffneten nahezu 500 Feinde abweisen konnten, die noch dazu den Vorteil genossen, das Vieh auf der Waldweide schlachten und den reifen Mais ernten zu können.

Am Morgen des 9. September trafen sich die beiden Seiten erneut. Die Nervosität der Beobachter hinter den Palisaden stieg, als sie sahen, wie Blackfish etliche der alten Würdenträger durch junge Krieger ersetzte, die, wie er es nannte, an der »historischen Stunde« teilnehmen wollten. In Boonesborough spannte man die Hähne. Am Versammlungsort war man auf dem Sprung. Doch die Dinge entwickelten sich noch immer friedlich. Man aß von den Speisen, die die Männer aus dem Fort mitgebracht hatten. Dann lauschte man Schwarzfischs Rede. Der Häuptling gab den Kentuckyern sechs Wochen Zeit, das Land zu verlassen. Doch er kam schlecht damit an. Die Boonesburger wiesen ihn auf einen Vertrag mit den Cherokee hin, der ihnen das Recht gäbe, hier zu siedeln. Schwarzfisch tat überrascht. Er ließ einen Cherokee rufen. Als dieser die Existenz des Vertrages bestätigte, ergriff er wieder das Wort. Wenn das so sei, sollten sie ruhig bleiben, müßten aber den Indianern erlauben, in Kentucky zu jagen, und selbst den Ohio als Grenze anerkennen.

Die Boonesburger stimmten schließlich zum Schein zu, britische Untertanen zu werden. Schwarzfisch erhob sich und verlangte, alle sollten nun eine Kette bilden, deren Glieder abwechselnd aus seinen und Boones Gefolgsleuten bestehen müßte. Dann sollten die Männer einander ans Herz drücken.

Die beiden Reihen standen sich gegenüber. Blackfish machte den Anfang. Als er mit einem weiteren Indianer auf Boone zutrat, lag etwas Lauerndes in seinem Blick. Boone nahm seine Hand. Die anderen folgten seinem Beispiel. Im nächsten Augenblick begann das Zerren, Rempeln und Fußhaken. Dann setzte es Fausthiebe und Tritte. Ein Indianer hinter den Delegierten schoß in die Luft. Boone schlug Blackfish zu Boden. Eine Salve vom Fort tötete einen Indianer. Das stiftete Verwirrung. Die Indianer ließen von ihren Gegnern ab, und die Boonesburger rannten um ihr Leben. Ein Tomahawk traf Boone an den Hinterkopf. Er taumelte, aber er schaffte es bis zu den Palisaden. Squire wurde in die Schulter getroffen, stürzte, raffte sich wieder auf und brachte sich in Sicherheit. Ein Geschoßhagel bohrte sich ins Holz und ließ die Splitter fliegen. Verletzt wurde aber weiter niemand.

Der erbitterte Schußwechsel der ersten Tage forderte Opfer auch unter den Boonesburgern; denn die Franko-Kanadier zielten beharrlich auf die Schießscharten, aus denen der Feuerstrahl der Verteidiger fuhr. Vorteile gewann keine der beiden Seiten. Auch die Idee der Belagerer, Feuer an einen Zaun zu legen, der mit dem Fort verbunden war, zahlte sich nicht aus. Ein paar Männer gruben sich unter den Palisaden hindurch einen Weg ins Freie, krochen zu dem Zaun und rissen ihn nieder.

Am dritten Tag beschloß Captain de Quindre, den Belagerern insgeheim einen Zugang in das Fort zu graben. Die wachsamen Siedler kamen dahinter, als sie sahen, wie der

Kentucky River gelbe Lehmwolken hinwegführte. Sie errichteten einen Ausguck auf einem der Palisadendächer. Durch Beobachten, Lauschen und Berechnung fanden sie die Richtung des begonnenen Tunnels heraus und beschlossen die Gegengrabung.

In der Nacht zum 12. September wollten de Quindre und Schwarzfisch das Blatt wenden. Sie inszenierten das gewaltigste Feuerwerk seit Beginn der Belagerung. Die zahllosen Mündungsblitze erhellten das Vorfeld. Die Verteidiger schossen auf die Schemen, die überall aus der Nacht hervorhuschten. Die Indianer rückten bis hinter die Büsche vor, die dem Fort am nächsten standen. In den kurzen Feuerpausen höhnte es in gebrochenem Englisch zu den Palisaden hinauf: »Zu viele Indianer! Aufgeben! Aufgeben!« In solchen Augenblicken verfluchten die Verteidiger ihre Schlamperei. Hätte man sich nicht aufraffen können, dort alles abzuhacken und zu roden, was einem Angreifer Deckung gewähren konnte? Nun mußten sie eine Menge kostbarer und knapper Munition verbrauchen, ehe die aufsteigende Sonne den Schutz des Morgennebels auflöste und die Indianer zur Räumung des Vorfeldes zwang. Ätzender Pulvergestank legte sich schwer auf die Lungen.

Wirkungsvoller als aus der Nähe war das Feuer der Belagerer von jener hohen Uferbank aus, die nur etwa 50 bis 60 Meter entfernt lag, und von dem nahen Hügel, dem Hackberry Ridge, der den Blick über die Palisaden ins Innere des Forts erlaubte. Besonders die weißen Scharfschützen, die mit einer Extraration Pulver die Reichweite ihrer Büchsen noch verlängerten, stifteten einigen Schaden. Sie töteten zwei der Verteidiger und verwundeten mehrere, darunter auch Jemima, die von einer zum Glück schwachen Kugel ins dicke Fleisch ihres Hinterteils getroffen wurde. Außerdem zersägten die Schüsse der Kanadier den Flaggenmast. Der Absturz der Flagge wurde bei den Angreifern gefeiert, als wäre es der Sieg. Dem kamen sie mit solchen Kunststücken jedoch nicht näher; denn die Verteidiger saßen sicher und hatten ebenso gute Schützen. Schon beim ersten

Daniel Boones letztes Blockhaus in Kentucky steht noch immer am Brush Creek, nicht weit von den Blauen Lecken entfernt.

Die Shawnee unter Blackfish nehmen Daniel Boone und 27 Gefährten beim Salzsieden im Winter 1777 bei den Blauen Lecken gefangen. (*Karlheinz Baumann, oben, nach einer Illustration in Fort Boonesborough, Kentucky*)

George Rogers Clark übernimmt Fort Vincennes aus den Händen der Briten (oben). Die Schlacht an den Blauen Lecken gilt als letzte Schlacht der Revolution. (*Kentucky Filmboard, Frankfort*)

Boone und seine Familie rüsten zur Auswanderung nach Spanisch-Amerika. Am Big Sandy, einem der Zuflüsse des Ohio, entsteht aus dem Stamm eines Tulpenbaumes ein gewaltiger Einbaum.

„Der Patriarch von Kentucky emigrierte, weil er eine Bevölkerung von zehn auf eine Quadratmeile für unbequem hielt", schreibt Cooper in „Die Prärie" („*The Prarie*" *von James Glass (1855; New York State Hist. Ass., Coopers-town)*

Die Großen Ebenen westlich des Mississippi gehörten den berittenen Jägernomaden, die mit ihren charakteristischen Tipis den Büffelherden folgten. Nur
an den großen Flüssen lebten Stämme wie die Osage, die Pawnee und die
Mandan in festen Dörfern. (*Karlheinz Baumann, unten*)

Hinter den Uferwäldern am Vater der Ströme eröffneten sich für den historischen Lederstrumpf neue Horizonte.

Schußwechsel hatten sie einen der Häuptlinge getroffen und bald darauf auch Schwarzfischs Übersetzer Pompey.

Die negative Bilanz machte am 8. oder 9. Tag der Belagerung, folgt man Boones Schätzung gegenüber Filson, wohl schon 30 Tote und viele Verwundete aus. Sie wurde für die Angreifer noch ungünstiger, als man in Boonesborough Squires Urwaldkanone aus zwei ausgehöhlten und mit Eisen bandagierten Baumstammhälften abfeuerte. Der einzige Schuß traf voll in eine Ansammlung von Indianern, die mit solcher Reichweite nicht gerechnet hatten.

Die Belagerer hatten nichts Gleichwertiges aufzubieten. Der Tunnel bewährte sich nicht. Auch ihre Idee, das Fort durch Brandpfeile und Fackeln zu zerstören, zündete nicht. Die Verteidiger rissen die brennenden Schindeln von den Dächern oder rannten mit Wassereimern vor die Palisaden. Und als die Indianer eines Abends die Felsen schwitzen und des Nachts einen Ring um den Mond sahen, wußten sie, daß die Weißen sogar den Regen zum Verbündeten haben würden. In der Nacht vom 16. auf den 17. September kam es zwar zu einem letzten Feuerangriff, aber es goß danach in Strömen. De Quindre, Schwarzfisch und Moluntha waren mit ihrem Latein am Ende.

Am nächsten Morgen zog der Feind ab. 125 Pfund Blei sammelten die Pioniere Filson zufolge innerhalb und außerhalb des Forts vom Boden auf. Dieselbe Menge polkten sie wohl noch einmal mit ihren Messern aus dem Holz.

11. Kapitel

Man möchte kaum glauben, was in Boonesborough bald nach dem Ende der Belagerung geschah. Die Verdienste Daniel Boones um die rechtzeitige Warnung vor dem Anmarsch der Indianer, verbunden mit den Anstrengungen und Entbehrungen seiner Flucht, seine Verdienste auch um die Verteidigung hätten eigentlich für ihn sprechen müssen. Sie hielten aber seinen langjährigen Gefährten Richard Callaway und auch Benjamin Logan nicht von ihren Verdächtigungen über seine Rolle in der Schwarzfisch-Affäre ab. Kaum daß sich der Pulverdampf verzogen hatte, wurde von beiden formell Anklage gegen Daniel Boone erhoben, und er mußte vor einem Militärgericht erscheinen, das in Fort Logan zusammentrat.

Wer da alles zu Gericht saß, wissen wir nicht, aber wir kennen die Anklagepunkte. Daß er, das Fort schwächend, 30 Mann zum Salzkochen zu den Blauen Lecken mitgenommen habe und anstatt über ihr Wohl zu wachen, Biberfallen aufgestellt habe. Daß er seine Leute freiwillig an die Indianer ausgeliefert habe. Daß er sich mit dem britischen Gouverneur Hamilton auf Verhandlungen eingelassen habe, die zum Ziel hatten, Boonesborough aufzugeben, die Siedler nach Detroit zu bringen und unter die Gewalt der Briten zu stellen. Daß er, als die Garnison täglich einen Angriff der Indianer erwartete, eine Gruppe von Männern überredet habe, mit ihm zum Paint Creek-Dorf zu reiten, was das Fort erneut geschwächt habe. Daß er eingewilligt habe, bevor die Angriffe begannen, die Offiziere mit vor die Palisaden zu nehmen, wo sie die Gewehre der Garnison nicht mehr hätten schützen können.

Man muß wissen, daß Richard Callaway in Boones Abwesenheit das Fort befehligt hatte. Die Autorität des Pioniers nach seiner Rückkehr aus dem Zwielicht der Indianerwelt und die Selbstverständlichkeit, mit der er die Maßnahmen zur Verteidigung anordnete, mögen ihn erbittert haben. Da war sicher Eifersucht im Spiel, die auch dadurch nicht gemildert wurde, daß Boones Tochter Jemima Callaways Sohn Flanders inzwischen geheiratet hatte. Benjamin Logans Gründe kennen wir gar nicht. Manches an der Handlungsweise des Angeklagten Boone war tatsächlich irritierend genug. Vielleicht wollte Logan einfach die Wahrheit herausfinden.

Daniel Boone konnte dem Gericht verständlich machen, welche Motive ihn geleitet hatten. Er wurde nach einer weiteren gründlichen Befragung durch das Gericht in allen Punkten freigesprochen, ja, für seine Verdienste sogar in den Rang eines Majors der Miliz erhoben.

Beide, Callaway und Logan, hatten keine Freude an dem Urteil, und Boone hatte keine Freude mehr an der Atmosphäre im Fort. Sein Verhältnis zu Callaway, mit dem er so viele gefährliche Unternehmen gemeinsam bestanden hatte, war belastet und außerdem gab es noch manchen anderen, der ihm mißtraute.

Noch ehe der Winter ins Land kam, packte Boone sein Bündel, griff nach seiner Büchse und machte sich auf den langen Weg nach North Carolina, um endlich Rebecca und seine Kinder wiederzusehen. Sie lebten jetzt in Bryan's Station an den Gabelungen des Yadkin-Flusses.

Wie mag das Wiedersehen nach so vielen Monaten verlaufen sein? Welche Stürme mögen über Rebeccas Seele hinweggegangen sein? Sie hatte ihren Mann tot geglaubt, hatte von seiner Flucht aus dem Kreis der Shawnee erfahren, dann vom Kampf auf Leben und Tod in Boonesborough. Nun stand er in der Tür. Die Haare, die ihm die Shawnee stammesgemäß geschoren hatten, waren noch nicht ganz nachgewachsen. Sein Gesicht war nach all den überstandenen Entbehrungen schärfer und müder geworden. Aber es war das alte, vertraute, geliebte Gesicht. Sie fielen sich in die Arme. Wären sie nicht füreinander geschaffen gewesen, die unendlich langen Zeiten der Trennung hätten sie einander längst entfremden müssen! Immer waren doch die schwereren Bürden auf ihrer Seite gewesen, wenn er sie mit den Kindern, mit unbestellten Feldern, wenig Barmitteln, eher Schulden, auf ungewisse Zeit zurückgelassen hatte. Da hatte Daniel sich nicht immer sehr verantwortungsbewußt verhalten. Und nun hatte es auch noch einen Prozeß um seine Loyalität und seine Ehre gegeben.

Auch in den langen Monaten bis zum erneuten Aufbruch nach Kentucky scheint es für Boone noch einmal um diese Fragen gegangen zu sein. Diesmal waren die Politiker in Virginia die Fragesteller: »Die Geschichte meiner Heimkehr und der Rückkehr mit meiner Familie besteht aus einer Folge von Schwierigkeiten, deren Aufzählung einen Band füllen würde«, gab er später seinem Biographen Filson zu Protokoll.

Boone überwand die Schwierigkeiten. Im Herbst 1779 hatte er wieder eine Gruppe Siedler um sich versammelt, darunter war auch ein Lincoln, der Großvater des späteren Präsidenten. Sie folgten dem alten Pfad und erreichten die Pioniersiedlung am Kentucky River im Oktober 1779. Boone verließ das Fort bald und errichtete mit Hilfe seines Sohnes Israel eine befestigte Bleibe, Boone's Station, nördlich von Boonesborough in den Grenzen der heutigen Ortschaft Athens. Den Grund und Boden, auf dem er baute, mußte er sich nun von einer Landkommission verbriefen lassen, die aus Virginia angereist war und am 13. Oktober in Kentucky ihre Arbeit aufgenommen hatte. Die unwirksam gewordenen Titel der alten Transylvania-Gesellschaft wurden durch neue ersetzt. Boone erhielt einen Titel über 560 Hektar, sein Bruder George und sein Sohn Israel zusammen einen über 970 Hektar.

Da waren sie nun in die Waldeinsamkeit zurückgekehrt. Aber Kentucky wandelte sich überall. Immer mehr Menschen legten die Axt an die gewaltigen Urwaldbäume, die hier Jahrhunderte überdauert hatten, sichelten Rohr und

Klee nieder. Den Grund zu dieser Entwicklung hatte Boone selbst mit gelegt. Aber mehr noch als er hatten in der Zeit, in der er Kentucky ferngeblieben war, andere Männer auf die Zähmung der Wildnis und ihrer Söhne hingewirkt.

Da ist der Grenzoberst Bowman zu nennen, der bald nach der Schneeschmelze 1779 mit einer Miliz von 200 Mann Alt-Chillicothe überfiel und niederbrannte und die frische Saat der Indianer vernichtete. Während des Schußwechsels mit den überraschten Shawnee erwischte eine Kugel auch den alten Widersacher der Weißen, Häuptling Schwarzfisch, der eine Schußwunde in den Oberschenkel erhielt.

Wirksamer noch als die Zerstörung der Rindenhütten von Alt-Chillicothe aber waren für Kentucky die Aktionen des George Rogers Clark gewesen. Im Sommer 1778 schon, in dem Boone Gefangener der Shawnee gewesen war, verfolgte der rothaarige Stratege einen großangelegten Plan. Tief in das von den Indianern und den Briten kontrollierte Hinterland des Nordwestens wollte er vorstoßen, die von seinen Leuten ausspionierten Forts einnehmen und den britischen Einfluß auf die Indianerstämme mindern. Eine erfolgreiche Kampagne sollte den Revolutionstruppen im Osten den Rücken freihalten und Entlastung für die Ansiedler bringen. Patrick Henry, der Gouverneur in Virginia, Jefferson und ein paar andere weitsichtige Männer hatten das Unternehmen abgesegnet, Clark aus der Staatskasse 1200 Pfund Sterling angewiesen und erlaubt, fünf Kompanien mit 350 Mann auszuheben.

Doch mehr als 200 Mann, darunter Harrod, Martin, Bowman, Kenton und d'Aubigny mit ein paar leichten Geschützen, bekam Clark nicht zusammen. Die Kentuckyer hatten wenig Lust zu dem wahnwitzigen Vorhaben, und manch einer machte sich noch während des Drills auf Corn Island aus dem Staube, bevor der Feldzug am 24. Juni 1778 begann.

Es herrschte Sonnenfinsternis an diesem Tag. Aber Clark war nicht abergläubisch. Am Ohio bestieg man eine Kanuflottille und ließ sich vom Fluß hinab bis zum dem verfallenen Fort Massac tragen. Dort schlug sich die Truppe in die

unwegsamen, von Greisenhaar und Luftwurzeln verhange-
nen Urwälder und kam nach etwa einer Woche von Dornen
zerrissen, von Schwarzfliegen zerbissen und Mücken zer-
stochen, verschlammt und erschöpft an die Lichtung, auf
der ihr erstes Angriffsziel stand – der Ort Kaskaskia. Der
Marsch hätte länger gedauert, hätten die Kentuckyer nicht
einen Indianer aufgreifen können, der ihnen den Weg weisen mußte. Mit seiner Hilfe hatten sie die 500 Kilometer –
wie Clarks »Journal« zu entnehmen ist – in zehn Tagen
bewältigt. Den Sieg über die britische Garnison erschlichen
sie sich nun buchstäblich durch die Hintertür.

Kaskaskia mit seinen 6 000 Einwohnern lag schon im
Schlaf, nur hier und da fiel schwacher Kerzenschein auf die
Straße. Fern, aus der befestigten Garnison, hörten sie den
warmen Klang einer Violine, den ein lauer Wind herüberfä-
chelte. Er weckte Sehnsüchte nach Geborgenheit und Frau-
enliebe in mancher ausgedörrten Hinterwäldlerseele und
eine ungewisse Erinnerung an Zivilisation, in der manch
einer geboren und die auch Ziel an der Pioniergrenze war.
Aber erst einmal mußte hier gesiegt werden. Der Indianer,
der sie nach Kaskaskia geführt hatte, kannte den Weg zu
einem Tor, das unbewacht war. Und gerade, als sie dort
angekommen waren, öffnete es sich für sie wie durch ein
Wunder. Ein Soldat, eigentlich auf Wache, der sich zu einem
Mädchen stehlen wollte, wurde umgedreht und barsch aufgefordert, Clarks Stoßtrupp zum Kommandanten zu führen. Kein Schuß fiel, als man den Geigenklängen nachging;
denn niemand war auf dem Posten. George Rogers Clark
stellte sich unbemerkt in die Tür und sah den Tanzenden
zu. Neben dem Eingang saß ein Indianer auf seinen Fersen
und lauschte den fremden, süßen Klängen. Als er zufällig
zur Seite sah, entdeckte er zuerst ein Paar unbeschreiblich
verdreckter Stiefel, die gar nicht zu der Szene passen wollten, und dann, wie sein Blick die Beine hinaufkroch – den
Feind, der in den Stiefeln steckte.

Sein Aufschrei lähmte die Tanzgesellschaft auf der Stelle,
und in die Stille hinein eröffnete Clark den Offizieren, sie

würden wohl von jetzt an nach der Pfeife Virginias tanzen
müssen. Als nächstes wurde Oberst Rochebrave aus den
Federn geholt und gefangengenommen. Dann wurde das
Waffenlager besetzt. Herrischer Trommelwirbel rief die
Einwohner aus den Häusern und Hütten und man verkün-
dete ihnen den Machtwechsel. Kaskaskia war im Hand-
streich genommen worden.

Oberst Rochebrave, ein Kreole, den die Engländer mit der
Garnison seinerzeit von den besiegten Franzosen übernommen hatten, wurde nach Virginia in Gefangenschaft geschickt. Im übrigen änderte sich wenig. Teile der Bevölkerung, die französischer Abstammung waren, feierten sogar
mit den Amerikanern das Bündnis, das Frankreich kürzlich
mit der Revolutionsregierung eingegangen war. Aus diesem
Grund hatte eine neue, noch winzige Ansammlung von
Blockhütten am Ohio – heute wohl die wirtschaftlich bedeutendste Stadt Kentuckys – zu Ehren des Königs von
Frankreich den Namen Louisville erhalten.

Das Bündnis! Es kam George Rogers Clark und seiner
kleinen Truppe sehr passend. Er hätte wohl nicht gewagt,
das fern am Wabash-Fluß gelegene Fort Vincennnes anzu-
greifen, denn seine Männer wollten heim. Budget und Verträge waren ohnehin auf drei Monate begrenzt. In dieser
Situation erbot sich der Sprecher der Einwohner von Kaskaskia, Pater Gibault, nach Vincennes zu gehen und die
Kreolen für die Sache Amerikas, die ja auch zur Sache
Frankreichs geworden war, zu gewinnen. Am 14. Juli reiste
er ab.

Inzwischen war Colonel Bowman nach dem einen Tagesritt
entfernten Cahokia marschiert und dort begeistert aufgenommen worden. Am 6. Juli schon wehte über dem kleinen
Fort die Rebellenflagge. Als Pater Gibault am 1. August von
seiner Mission zurückkehrte und von der friedlichen »Ein-
nahme« von Vincennes berichtete, war Clarks Werk im
Nordwesten vorerst beendet. Detroit wäre noch ein Ziel
nach seinem Geschmack gewesen. Aber dazu reichten sei-

ne Kräfte nicht aus. Er schickte Captain Helm nach Vincennes, damit er dort das Kommando übernehme und aus den Einwohnern eine Bürgerwehr bilde. Das waren die Anfänge des späteren Bundesstaates Illinois. John Todd wurde zum ersten Zivilgouverneur ernannt.

Der Indianer freilich, die man samt ihren Jagdgründen vereinnahmt zu haben glaubte, durften die Amerikaner nicht so sicher sein. Da saßen die Menominee, die Kaskaskia, Odjibwa, Miami, Kickapoo, Wea, Piankeshaw, die Potawatomi, die Illinois sowie die Sac und Fox. Es war ein höchst unsicherer Friede, den General Clark mit ihren Abgesandten in Cahokia schloß. Einige Krieger versuchten, den Amerikaner sogar während der Verhandlungen zu töten. Das Attentat scheiterte, und Clark wollte die Indianer zum Tode verurteilen. Als ihm dann zwei Krieger ein Sühneopfer anboten, verzieh er, anstatt zu strafen. Diese Geste war mehr wert für die Zukunft der Vereinigten Staaten in diesem Gebiet als eine Herrschaft der Gewalt. Die meisten Amerikaner waren damals und auch in Zukunft allerdings weit davon entfernt, dies zu erkennen.

So billig wie im Sommer 1778 blieb der Sieg im Nordwest-Territorium nicht. Der britische Zweite Gouverneur, Hamilton, dessen Gast Boone vor Jahresfrist gewesen war, marschierte im Dezember mit 80 Soldaten und einer indianischen Hilfstruppe von Detroit nach Vincennes und nahm, ebenfalls ohne Blutvergießen, dem von Clark zurückgelassenen Leonard Helm die Garnison Vincennes am 17. Dezember wieder ab. Der Engländer hatte noch weiter reichende Pläne. Er blieb in Vincennes, um die Stämme zwischen dem unteren Ohio und dem Illinois-River wieder probritisch zu stimmen und dann einen Marsch nach Kentucky zu wagen. Clark, dem das zu Ohren gekommen war, mußte ihm zuvorkommen oder »dieses Land und ebenso Kentucky ist, so glaube ich, verloren«.

Während sich Hamilton beim Kartenspiel mit Captain Leonard Helm die Zeit vertrieb, marschierte Clark ein zweites Mal von Harrodstown nach Vincennes. Diesmal war die Route bekannt, aber der Marsch durch die Februarkälte schwieriger als im vergangenen Sommer. Die hochgehenden Fluten des Mississippi hatten alle seine Nebenflüsse, darunter den Ohio, den Wabash und den White River, zurückgestaut. Durch diese Wildnis aus Wald und Wasser mußten Clark und seine 170 Mann sich ihren Weg ertasten und erwaten. Mehr als einmal mußte der General auf seinem Feldzug zwischen dem 5. und dem 23. Februar einigen Soldaten mit der Drohung einer sofortigen Exekution Beine machen. Endlich lag die Siedlung vor ihnen auf einer höheren Terrasse der Prärie, die sich aus den Wasserfluten hob.

Wieder war der lange Marsch der schwierigere Teil des Unternehmens gewesen. Ohne Verluste besetzte man die Siedlung. Das Fort lag ein gutes Stück weit entfernt. Clark ließ es noch am Abend unter Beschuß nehmen. Einer seiner Scharfschützen traf einen der Verteidiger hinter der Schießscharte durch den Kopf. Der von dem Angriff vollkommen überraschte Zweite Gouverneur übergab das Fort nach einem ihm sinnlos erscheinenden Schußwechsel zwei Tage später unter »ehrenvollen Bedingungen«. Die Amerikaner aber vergaßen diese Zusage schnell. In Harrodstown mußte sich Henry Hamilton, den sie wegen seiner Skalpprämien den Haarkäufer nannten, später Sticheleien und Quälereien durch die Bewohner gefallen lassen. Dann, in Virginia, wurde er sogar zu erschwerter Haft verurteilt. Als ob die Männer der Bürgerwehr nicht auch skalpiert hätten, wo immer sie einen Indianer erledigt hatten! Auf George Washingtons Befehl fand man schließlich zu einem Mindestmaß an Ritterlichkeit gegenüber dem Briten.

George Rogers Clark hatte mit seinem klugen Verhalten einige Indianerstämme zu Neutralität verpflichtet. Unversöhnliche Gegner der Kentuckyer aber blieben die Shawnee, die Delaware und mit ihnen die Miami und die Mingo. Im Winter 1778 ließen sie Simon Kenton erfahren, was entschiedene Feindschaft bedeutet.

Nach einem Pferdediebstahl in Alt-Chillicothe wurde er von den Indianern am Ohio eingeholt und gestellt. Einer seiner Begleiter wurde skalpiert, ein anderer, ein Neffe Clarks, entkam den Shawnee. Kenton wurde gefangengenommen. Sie zogen ihn nackt aus, fesselten ihn verkehrt auf den Rücken eines nervösen Pferdes und jagten das Tier in dorniges Dickicht. Nachdem Kenton diese Tortur wie durch ein Wunder überlebt hatte, nahmen sie ihn mit nach Alt-Chillicothe und schickten ihn erst einmal in die Gasse der Spießruten. Als er aus der Gasse ausbrechen wollte, um zur Ratshütte zu fliehen, verlegte ihm einer der Krieger den Weg und warf ihm eine Decke über den Kopf. Hätte Kenton das Ratshaus erreicht, wäre er vielleicht von weiteren Qualen verschont worden. Statt dessen wurde er windelweich geprügelt. In einem anderen Dorf, in Wapatomika, wurde er wieder durch die Gasse gejagt, dann mit Schießpulver beschossen und schließlich – nach einem weiteren Fluchtversuch – von Halbwüchsigen so lange unter Wasser getaucht, bis er halb ertrunken war. Schließlich fesselten ihn die Shawnee tagelang an einen Baum und gaben ihn der Dorfjugend zum Beschuß mit stumpfen Pfeilen frei. Als er sterben wollte, ohne das volle Maß erlitten zu haben, gaben die Indianer ihm Zeit zur Heilung.

Seine unwahrscheinliche Rettung verdankte Kenton nach weiteren Leiden als Wanderattraktion in verschiedenen Indianerdörfern zwei Männern, die eigentlich, jeder auf seine Weise, mit den Amerikanern fertig waren, – Simon Girty und John Logan. Der Weiße, Simon Girty, der in seiner Jugend von den Irokesen erzogen worden war, führte jetzt die Algonkinstämme in dem verzweifelten Kampf um ihr Land an der Seite der Engländer, und John Logan, der seine Familie durch schießwütige weiße Kanaillen verloren hatte, war noch immer mit seiner Rache beschäftigt. Beide aber halfen sie jetzt dem Todeskandidaten Kenton. Der eine, weil ihm Kenton einmal das Leben gerettet hatte, der andere, weil er gelegentlich seine Menschlichkeit wiederentdeckte. Girty zeigte den bis in den Grund seiner Seele zerstörten Kenton Häuptling Logan, und jener benachrichtigte einen franko-kanadischen Händler, ihn im Dorf Sandusky mit Unmengen von Feuerwasser freizukaufen.

Simon Kenton wurde von dem Franko-Kanadier nach Detroit zu den Engländern gebracht, wo er schließlich mit Hilfe einer jungen Frau entkam. Die Geschichte seiner Leiden finden wir in Coopers »Wildtöter«-Erzählungen widergespiegelt. Doch sind die Quälereien, die die Mingo am Otsego-See dem Hurry Harry zufügen, harmlos gegen die ausgesuchten Scheußlichkeiten der Shawnee. Auch Kentons Lauf zum Ratshaus der Shawnee findet seine Entsprechung bei James F. Cooper. Der läßt den letzten Mohikaner, den jungen Unkas, durch die Gasse zur Ratshütte der Mingo rennen.

Das alles also war an der Pioniergrenze ohne Daniel Boone geschehen. Das Fort, das seinen Namen trug, hatte sich zu einer dynamischen Siedlung entwickelt. In der näheren und weiteren Umgebung wuchsen auf neuen Lichtungen neue Weiler empor: McAfee's Station, Fort Estill, Lexington, dann Fort Levi Todd, Bryant's Station, Martin's Station und andere fügten sich schon zu einem dichteren Siedlungsnetz. Bei Athens kam nun Boones neue Station mit Palisadenkreis und Wehrturm hinzu.

Der Herbst und der harte Winter 1779/80 waren auch die Zeit, in der Daniel allzu siedlungsnahe Grundstücke im Werte von 20 000 Dollar an Neuankömmlinge verkaufte, in der Absicht, nach den neuen Gesetzen des Staates Virginia anderes Land zu erwerben. Mit dem Erlös machten sich Boone und ein Partner auf den Weg in die Hauptstadt Williamsburg. Freunde hatten ihm weitere 20 000 Dollar anvertraut, damit er ihnen dort die Geschäfte besorge. Der Ritt endete in James City. Dort hatten Boone und der Mitreisende eine Herberge aufgesucht, zu Abend gegessen und waren früh zu Bett gegangen, denn sie wollten am nächsten Tag Williamsburg erreichen.

Als die beiden am nächsten Morgen nach einem mehr als nur gesunden Schlaf aufwachten, war das Geld weg. Gestohlen! Wer beschreibt die Gefühle, die Enttäuschung, das Unglück des grundehrlichen Waldläufers, der nicht nur selbst völlig mittellos dasaß, sondern die Katastrophe auch noch vor Freunden zu vertreten hatte, von denen einige nun bitter arm geworden waren? Die Rückkehr nach Kentucky und zu den verschiedenen Weilern, deren Bewohner ihm Geld anvertraut hatten, wurde für Boone zu einem Spießrutenlaufen. Er sah Tränen der Verzweiflung, hörte sich Vorwürfe an sowie verhüllte und unverhüllte Schadensersatzforderungen. Unter den wenigen, die ihn freisprachen, war ein Gläubiger namens Thomas Hart: »Ich fühle mit den armen Leuten, die dadurch vielleicht sogar ihre Vorkaufsrechte verlieren werden. Aber ich muß sagen, ich fühle noch mehr mit dem armen Boone, dessen Charakter darunter leidet, wie mir gesagt wurde.«[2]

Hart, der ebenfalls viel Geld verloren hatte, nannte Boone eine »noble und großzügige Seele« und entließ ihn aus den Schulden. Durch den Raub hatte unser Held nicht nur das Ergebnis harter Arbeit seit der Erschließung der Wildnis im Jahre 1769 verloren, sondern auch seine ganze wirtschaftliche Zukunft. Sein Wesen gestattete ihm kein Entrinnen aus der Verantwortung für den Verlust. Bis nahe an sein Lebensende sollte mindestens jeder zweite Biber, dem er das Fell über die Ohren zog, für seine Gläubiger bestimmt sein.

Als das Jahr weiter heranreifte, tropften, sickerten, strömten über den Pfad, den Boone geklärt hatte, neue Siedler und auch Spekulanten in das Land. Mehr als 200 000 Hektar kamen in die Hände der verschiedenen Claimbesitzer, aber nur ein Bruchteil davon wurde bearbeitet. Und viele mußten bald erkennen, daß sie zu früh gekommen waren. Obwohl die Triumphe von Bowman über Blackfish und von Clark über Hamilton ermutigende Signale gesetzt hatten, waren die Briten und die Indianer noch immer für viele böse Überraschungen gut, überhaupt für die schlimmsten in jenen blutigen Jahren.

12. Kapitel

Ihren ungebrochenen Kampfeswillen sollte auch Boone bald kennenlernen. In der Gegend südlich des Kentucky-Flusses hatte er mit 24 Jägern ein Camp eingerichtet. Eines Abends, auf einem Wachgang, entdeckte er eine Anzahl Indianer, die sich dem Lager näherte. Er blieb unbemerkt und konnte seine Kameraden rechtzeitig warnen. Sie breiteten in aller Eile ihre Decken aus und formten aus erbeuteten Fellen die Körper schlafender Männer. Dann ließen sie das Feuer hochlodern und legten sich mit gespannten Büchsen auf die Lauer. Bei Sonnenaufgang war der Feind nahe. Es raschelte. Flüsterworte in Algonkin bereiteten einen Überfall vor. Und dann knallte es. Ein Kugelhagel prasselte in die Decken, das »Whoo-whoop«-Geheul gellte den Männern in den Ohren, und schon waren die Krieger im Lagerkreis, um abzustechen und zu skalpieren, was das Schießen überlebt hatte. Jetzt krachte die wohlgezielte Salve der Jäger in die Indianergruppe. Eine Anzahl Krieger stürzte, die anderen rasten zurück ins Unterholz.

Einige Wochen darauf kam Boone erneut glimpflich davon. Er kundschaftete im Gebiet zwischen Boonesborough und den Blauen Lecken. Als er sich in Höhe des heutigen Slate Creek befand, wurde er plötzlich unter Feuer genommen. Augenblicklich ließ er sich ins Dickicht sinken, überquerte, wo das Gehölz ineinandergriff, den Bach und suchte sich ein günstiges Versteck im Rohr, das sich weiter unterhalb am Ufer ausbreitete. Dann wartete er ab.

Zwei Krieger, nicht mehr, traten auf das gegenüberliegende Ufer und kamen ihm dann auf ihrer Suche näher. Boone verfolgte sie über Kimme und Korn, und auf einmal hatte er sie in einer Linie. Er zog den Abzug durch, der Funke sprang ins Pulver, und die eine Kugel, die aus dem Lauf fuhr, streifte den einen Krieger am Kopf und fuhr dem zweiten in die Schulter. Der erste fiel, der zweite ließ sein Gewehr fallen und flüchtete. Eines der beiden Gewehre nahm Boone an sich, das andere warf er in den Bach. Dann setzte er seine Erkundungstour fort.

Er war wie immer wachsam in der Wildnis, und er hatte mehr Glück als andere in diesem Jahr des Blutvergießens. Zu den ersten Opfern hatten Richard Callaway, Schwiegervater von Boones Tochter Jemima, und Richard Pemberton gehört. Beide waren Boones Widerpart in dem Prozeß um seine Glaubwürdigkeit nach der Belagerung von Boonesborough gewesen. Sie wurden unweit des Forts auf dem Canoe-Hügel aus der Deckung heraus von Indianern beschossen, als sie dort mit drei Sklaven eine Fähre bauen wollten. Callaway war sofort tot, der unglückliche Pemberton überlebte seine Skalpierung nur um wenige Stunden. Von den Sklaven entkam einer, die beiden anderen nahmen die Indianer mit.

Bald darauf wurde Boones Schwager, William Bryan Jr., der sein Anwesen ein paar Reitstunden nordwestlich von Boone's Station hatte, umgebracht. Eines Morgens, im März, ging Bryan mit einigen Männern auf die dringend fällige Jagd. Sie hatten ihre Packpferde dabei und erkundeten in zwei Gruppen die Hirschreviere links und rechts des Elkhorn River. An der Einmündung des Cane Creek war man bei Sonnenuntergang verabredet. Als der Jägertrupp mit James Hogan an der Spitze den Elkhorn durchfurtet hatte und unter die Wipfel des Uferwaldes getaucht war, sah er sich plötzlich von Rothäuten begleitet. Hogan reagierte schreckhaft und gab seinem Gaul die Fersen. Die anderen Männer flohen mit ihm. Eines der Packpferde ging durch und wurde zur Beute der Indianer. Nach kurzem Ritt kam die Einsicht, falsch reagiert zu haben. Also zurück! Die Indianer waren fort. Hogan und seine Leute setzten über den Fluß. Sie lagerten auf der südlichen Seite und blieben wachsam.

Es wurde eine mondhelle Nacht. Sie konnten das Wasser

gut übersehen. Und dann hörten sie den Feind am jenseitigen Ufer. Hogan, der etwas gutzumachen hatte, hob gespannt die Büchse, und in dem Augenblick, als der erste Indianer in den Bach watete, ließ er den Hahn schnappen. Der Indianer, tot oder lebendig, schlug aufs Wasser. Sie hätten mehr als einen Krieger getötet, wenn Hogan abgewartet hätte.

Als der Morgen graute, standen die Männer früh auf, um Bryan am verabredeten Lagerplatz zu warnen. Sie waren der Stelle, wo sie ihn vermuteten, schon nahe, da hörten sie plötzlich Schreien und Schießen. Dann Pferdegetrappel. Sie stürzten los – und fanden erneut Indianer vor sich. Aus der Baumdeckung heraus nahmen sie die Krieger unter Feuer. Eine Weile fetzten die Kugeln auf beiden Seiten Rinde und Holz von den Bäumen, dann waren die Indianer wie ein Spuk verschwunden. Es war still bis auf das Stöhnen der Verwundeten. Einer der Jäger war tot. Die Roten hatten ihre Verletzten mitgenommen. Man suchte die Gegend nach Bryan und seinem Gefährten ab. Vergebens.

Bryan war auf seinem letzten Ritt. Die Indianer hatten ihm einen grausamen Streich gespielt. Nachdem er und sein Jagdgefährte am Abend vergebens auf die anderen Männer gewartet hatten, hörten sie am nächsten Morgen, noch vor dem ersten Büchsenlicht, im Wald ein fernes Bimmeln. Sie vermuteten, es müsse von Hogans verlorenem Packpferd stammen. Sie stiegen auf. Im Nebel, der die Stämme milchig umgeisterte, mußten sie sich auf ihre Pferde verlassen. Das Geläut in der Dämmerung war schließlich ganz nahe. Zum Greifen! Doch da blitzten plötzlich Feuerzungen auf. Bryan wurde tödlich getroffen, der andere Jäger leicht. Die Indianer hatten die beiden mit dem Packpferd in die Falle gelockt. Auf die Skalpe der verhaßten Weißen aber mußten sie verzichten. Mit letzter Kraft konnte sich Bryan auf dem Pferd halten und nach Hause reiten, um vor einem Angriff zu warnen. Am nächsten Morgen war er tot.

Diese Zusammenstöße im Frühjahr waren das Vorspiel

zum eigentlichen Drama des Jahres. Auf dem Posten des Gouverneurs in Detroit saß jetzt Major de Peyster, ein Mann, der mehr Ehrgeiz und Energie besaß als sein Vorgänger Hamilton. De Peyster hatte britische Agenten zu den Stämmen am Ohio, am Illinois und an den Ufern der Großen Seen gesandt und sie mit Geschenken in dem damals ganz ungeheuren Gesamtwert von 55 000 Pfund Sterling überhäuft. Er wollte Kentucky und die spanischen Siedlungen am Mississippi angreifen – aber diesmal mit aller Macht auch siegen. Die Indianer – Delaware, Shawnee, Mingo und Potawatomi – sammelten sich mit ihren Kriegshäuptlingen vor allem um de Peysters Captain Henry Bird. Ihre Zahl wuchs, je näher die Kolonnen dem Ohio kamen. Am 20. Juni, als sie in Kentucky vor Ruddel's Station aufmarschierte, war die kleine Armee auf 700 Mann angewachsen. Zum erstenmal gehörten aber auch zwei Sechspfünder mit ausgebildeten Kanonieren zur britisch-indianischen Streitmacht.

Diesmal waren die Kentuckyer die Überraschten. Die Besatzung von Ruddel's Station mit Frauen und Kindern hätte angesichts der Übermacht vielleicht gleich aufgegeben. Aber Birds Indianer ließen ihnen gar keine Gelegenheit dazu, sondern trugen eine wilde, unkontrollierte Attacke vor, die ihre Opfer forderte, aber nicht zum Fall des kleinen Forts führte. Bird ließ die leichten Feldgeschütze sprechen. Das Holz splitterte beängstigend, aber die Stockade hielt. Dann fuhren die beiden Sechspfünder auf. Ihr Anblick entmutigte Isaac Ruddel und die Verteidiger. Sie ergaben sich, nachdem Bird annehmbare Bedingungen zugesagt hatte. Die Engländer aber mußten nun zusehen, wie die entfesselten Krieger in die Station hineinfluteten, in die Blockhäuser eindrangen und dort mordeten und plünderten. Bird gewann, wenn auch mühsam, dann doch die Kontrolle zurück, so daß seine Gefangenen nach dem Feldzug einigermaßen unbehelligt nach Detroit kamen. Unter ihnen war auch der Sohn von Isaac Ruddel, Stephan, der in die Familie von Blackfish adoptiert wurde. Stephan blieb über 15 Jahre bei den Shawnee und wurde ein enger Freund Tecumsehs.

Birds nächstes Ziel war Martin's Station, die die Bewohner ohne den gerissenen Franko-Kanadier Jean Martin in ihrer Mitte schon aufgegeben hatten. Auch zwei andere Forts fanden die Invasoren leer; die Siedler waren geflohen. Die Indianer ließen die Häuser in Flammen aufgehen. Bird war nun nicht mehr weit von den größeren Siedlungen entfernt, und wer weiß, wie viele Stationen noch gefallen wären. Aber inzwischen war die Zahl der Gefangenen weiter angewachsen, und die Versorgung all der Menschen wurde zum unlösbaren Problem. Die Indianer hatten den Fehler gemacht, alles Vieh von Ruddel's Station sofort zu schlachten, anstatt eine Herde mitzuführen. Nun bezahlten sie für ihre Disziplinlosigkeit. Bird kehrte um, ohne auf die Drohungen und Schmeicheleien der Häuptlinge zu hören. Auf dem schier endlosen Rückweg nach Detroit mußten die Kentuckyer das Beutegut der Indianer schleppen, das ihre eigene Habe gewesen war.

Ein Pionier mit Namen Hinkston, der den Indianern in einer rabenschwarzen Nacht entkommen war, brachte die Nachricht vom Fall der vier Befestigungen endlich nach Lexington, dann nach Boonesborough und nach Harrodstown zu Georg Rogers Clark.

Clark hatte inzwischen Vincennes wieder verlassen und war in Harrods Palisadengeviert zurückgekehrt. Aber hier waren die Tage so gleichförmig verlaufen wie dort, und hier wie dort hatte der ungestüme Mann seinen Tatendurst mit Alkohol gestillt. Jetzt bot sich endlich eine Gelegenheit zum Handeln. Viel zu lange dauerte ihm die Mobilmachung. In der vierten Juliwoche waren dann 800 Mann unter Waffen, Boone und Logan mit ihren Leuten dabei. Der Feind war um diese Zeit längst über alle Flüsse, ja, man wußte nicht einmal, wo er eigentlich saß. Waren es die unerreichbaren Stämme von den Großen Seen? Mingos? Shawnees? Der Name Shawnee war damals das Synonym für Feinde schlechthin. Daß es in diesem Stamm wie unter anderen Völkern starke Fraktionen gab, die sich für Frieden, ja für die kampflose Räumung der geliebten Jagdgründe einsetzten, auf die Idee kam man nicht. Tatsächlich aber war eine große Gruppe Shawnee unter Gelber Falke und Schwarzer Huf der ewigen Auseinandersetzungen so müde, daß sie unter Führung eines französischen Händlers namens Laramie im Jahr 1779 vom Scioto und vom Kleinen Miami abwanderte, durch die Weite der heutigen Staaten Indiana und Illinois zog und noch über den Mississippi hinaus, um sich am Sugar und am Apple Creek niederzulassen, also im heutigen Bundesstaat Missouri.

Alt-Chillicothe war den Weißen gut bekannt. Boone und Kenton kannten den Weg dorthin. Also, auf nach Alt-Chillicothe! 800 Mann, Pferde und Kanonen bewegen sich nicht lautlos durch den Wald, und die Indianer hatten geschulte Ohren. Als das Heer das Nest schließlich umzingelte, war der Vogel ausgeflogen. Da rächte sich Clarks Truppe an Häusern und Vorräten. Die Soldaten verbrannten und vernichteten, was sie vorfanden. Vieh und Pferde führten sie weg. Das nächste Ziel waren die tiefer im Hinterland liegenden Dörfer. Kenton kannte den Weg zum Miami-Fluß. Als sie dort das erste Dorf attackierten, wurden sie von einer Serie gut gezielter Schüsse empfangen. Die Kanonen mußten her, um die Feinde aus ihrer Verschanzung zu jagen. Das gelang. Als man einen Teil der Verteidiger auf einem Mound, einer altindianischen Begräbnisstätte, schließlich eingekreist und zur Aufgabe gezwungen hatte, entdeckte man auch Kanadier unter ihnen und dabei jenen Captain de Quindre, der wenige Jahre zuvor mit Blackfish Boonesborough belagert hatte. Der Captain wurde angeklagt, die Flagge der befreundeten französischen Nation mißbraucht und die Indianer betrogen zu haben. Er wurde zum Tode durch den Strang verurteilt und durch zwei Schwarze gehängt.

Das Dorf und die Felder der Indianer verwüstete man. Ein Suchtrupp fand die auf Booten im Miami-Fluß versteckten Kanonen Captain Birds und brachte sie auf dem Wasserwege als Kriegsbeute nach Louisville. Auf dem langen Rückmarsch aber kamen Clarks Männer nicht zur Ruhe. Krieger aus den verwüsteten Dörfern verfolgten, beschlichen und beschossen die Miliz. Man war froh, ohne größere Verluste nach Hause zu kommen.

Daniel Boone hielt es nur ein paar Wochen in seiner neuen Station. Im Oktober 1780 schlug er seinem jüngeren Bruder Edward vor, bei den oberen Blauen Lecken eine Zeitlang Salz zu sieden und so die Vorräte für den Winter zu ergänzen sowie den Überschuß in Boonesborough zu verkaufen. An der Stelle, die Boone vor einigen Jahren zum Verhängnis geworden war, siedeten sie diesmal unbehelligt ihr Salz. Auf dem Rückweg winkte dem passionierten Jäger Daniel auch noch das Jagdglück. Sie machten auf einer Lichtung halt, um die schwer bepackten Pferde eine Weile rasten und grasen zu lassen. Plötzlich schnaubten die Tiere ängstlich und warfen die Köpfe hoch. Zwischen den Büschen tauchte ein Schwarzbär auf. Daniels lange Büchse flog an die Wange. Der hastig abgegebene Schuß traf den Bären nur ungenau. Das gepeinigte Tier jammerte laut, machte einen gewaltigen Satz und war außer Sicht. Daniel bat Edward, bei den Pferden zu bleiben, und Edward, der sich gerade an frisch gesammelten Hickorynüssen gütlich tat, hatte nichts dagegen. Nach einigen hundert Schritten fand der Jäger seine Beute. Er kniete nieder, um das schwere Tier erst einmal aus der Decke zu schälen. Im nächsten Augenblick krachten mehrere Schüsse. Edward! Er war in tödlicher Gefahr! In das Schießen mischte sich Hundegebell. Ein Jaulen und Japsen sagte Daniel, daß ein Hund auch seine Spur aufgenommen hatte. Hastig schnappte er sich sein Gewehr und das Messer und stürzte sich in das Rohrdickicht am Bach. Aber der Hund war ihm schon auf den Fersen und verbellte ihn in seinem Versteck. Daniel wollte ihn erledigen und stellte fest, daß er seinen Ladestock verloren hatte. Er schwang den Gewehrkolben, und der Hund wich zurück. In aller Eile schnitt Boone eine der kräftigen Binsen ab und machte sich einen Ladestock. Als der Hund ihn wieder angriff, erschoß er ihn. Er lauschte. Edward mußte tot sein oder gefangen. In den Binsen raschelte und knackte es. Irgendwo schlichen die Indianer umher. Sie waren allerdings nicht sehr nahe, so daß er sich davonstehlen und nach Boonesborough fliehen konnte.

Dort trommelte er eilig ein paar Berittene zusammen und machte sich sofort wieder auf den Weg zu der Stelle, wo er angegriffen worden war. Sie fanden Edward ein Stück davon entfernt. Boone hatte sich an viele Grausamkeiten des Waldkrieges gewöhnt, aber beim Anblick seines toten Bruders blieb ihm fast das Herz stehen. Die Indianer hatten Edward den Kopf abgeschnitten, abgehackt und diesen als Trophäe mitgenommen. Der blutige Halsstumpf war schwarz von Fliegen und geronnenem Blut. Sie begruben den Leichnam eilig und setzten den Indianern nach. Ihr Zorn trieb sie bis hinauf zum fernen Ohio. Vergebens. Die Indianer waren fort.

Boone war in diesem Unglücksjahr 46 Jahre alt. Die Bilanz seines bisherigen Lebens war entschieden negativ. Er hatte einen Sohn und einen Bruder im Kampf mit Indianern verloren, viele Freunde und Verwandte dazu. An Habe besaß er nichts als ein paar alte Möbel, seine Büchsen und ein paar Quadratkilometer Land, das immer wieder von Indianern heimgesucht worden war. Er hatte Schulden und einen angeschlagenen Ruf, seit man ihm in Virginia das Geld gestohlen hatten. Auch gegenüber seiner Frau Rebecca und den Kindern plagten ihn die Selbstzweifel. Was, außer Angst, Unruhe, Not und Einsamkeit, hatte er ihnen schon geboten?

Es war vielleicht ein Glück, daß er in seiner schwermütigen Stimmung eine neue Aufgabe übernehmen konnte, die ihm zu weiterem Nachdenken keine Zeit ließ.

13. Kapitel

Kentuckys weiße Bevölkerung zählte im Jahr 1780 nahezu 20 000 Menschen. Im November war daher eine Neuordnung des Landes durch den Gesetzgeber in Virginia fällig. Er teilte Kentucky nun in die Counties Jefferson, Lincoln und Fayette ein. Boone überhäufte man mit Ämtern. Er wurde im Fayette County Hüter der Ordnung, also Sheriff, Oberst der Miliz, zweiter offizieller Landvermesser und Repräsentant bei der Virginia State Assembly. Außerdem machte man ihn noch zum Untersuchungsrichter.

Da hatte er nun alle Hände voll zu tun. Aber nur bis zum April 1781. Das war der Monat, in dem es um die Sache der Revolution besonders schlecht stand. Gerade, als Boone nach Richmond reiste, um seinen County in der Versammlung zu vertreten, rückten die britischen Truppen unvermutet gegen die Stadt vor, so daß das Treffen nach Charlottesville verlegt werden mußte. Plötzlich waren die Briten auch dort. Dem Überraschungsschlag des Tory-Partisanen Banastre Farleton entgingen Gouverneur Jefferson und die meisten Männer der Legislative nur knapp. Boone und sein Gefährte John Jouett aber saßen, als der Oberst mit 180 Dragonern und 70 Mann berittener Infanterie in die kleine Stadt hineinpreschte, in der Falle. Die beiden Männern wollten sich wie unbeteiligte Zivilisten aus dem Staube machen und zur Stadt hinausreiten. Das wäre ihnen auch gelungen, hätte der ängstliche Jouett seinen Gefährten nicht dauernd mit Colonel angesprochen. Ein Offizier spitzte die Ohren, rief einige Soldaten zusammen und nahm die beiden Reiter gefangen.

Ein paar Monate später – vermutlich im August 1781 – war Boone wieder frei und zurück in Kentucky. Wie ihm das gelang, bleibt sein Geheimnis. Entweder ließ ihn Cornwallis, der Oberbefehlshaber der britischen Truppen, frei, weil ein Verwandter Rebeccas, der unter den Engländern diente, für ihn gutsagte. Oder Boone tischte ihrer Lordschaft irgendeine glaubwürdige Geschichte auf. Er konnte jedenfalls ein gewisses Maß an Freiheit nutzen und verschwinden.

Zu Hause war Nachwuchs angekommen. Nathan war das zehnte und letzte Kind, das Rebecca in 25jähriger Ehe geboren hatte. Wir wissen nicht, ob die Eltern es als ein Geschenk des Himmels betrachteten. Fest steht, daß es in eine äußerst schwierige Zeit hineingeboren wurde, und der unstete Daniel seiner Frau die alltägliche Last der Fürsorge und Erziehung überließ. Auch jetzt hielt es ihn nur bis zum Monat November zu Hause. Die gesetzgebende Versammlung rief ihn erneut nach Virginia, wo er dann auch gleich über Weihnachten und Neujahr bis zum Januar 1782 blieb.

Dieses neue Jahr hätte den Kentuckyern endlich mehr Ruhe und Frieden bringen können. Die Verheißung war jedenfalls da. Lord Cornwallis hatte sich im vergangenen November den amerikanischen Revolutionstruppen ergeben. Geblieben aber waren dennoch einige gefährliche Umstände. Da war noch immer die Festung Detroit mit dem energischen Zweiten Gouverneur de Peyster, und da waren die ungeschlagenen, bis aufs Blut gereizten Indianer. Vergebens hatte George Rogers Clark in Virginia immer wieder darauf hingewiesen, daß Detroit eine große Gefahr bedeute und genommen werden müsse. Die Nachricht der Niederlage von Cornwallis hatte bis zum Frühjahr, genauer bis zum 13. April 1782, das Fort noch immer nicht erreicht, und der Zweite Gouverneur hatte den milden Winter genutzt, die Indianer an den Großen Seen für einen Zweiten Feldzug nach Kentucky zu gewinnen. Er hätte sich die Mühe beinahe sparen können, denn die Amerikaner selbst sorgten mit den Mordtaten einer verrohten Grenztruppe im Februar 1782 für die feindseligste Stimmung unter den Indianern.

Es begann damit, daß eine Kriegsbande aus den Dörfern am Sandusky-Fluß, die bei Pittsburg einsamen Farmhäusern einen blutigen Besuch abgestattet hatte, von christianisierten Delaware am Muskingumg-Fluß bewirtet und beherbergt worden waren. Was sonst hätten die Missionierten angesichts ihrer waffenstarrenden Brüder auch tun sollen?

Eine 100 Mann starke Miliztruppe unter Colonel Williamson aber betrachtete das als zwielichtige Haltung und besuchte die roten Mitchristen in ihrer Siedlung Gnadenhütten. In der Bürgerwehr ritt auch ein Oberst Crawford mit, ein Freund George Washingtons und dessen Landagent. Am Ziel fanden die Grenzer 96 Menschen, meist ältere Männer, Frauen und Kinder, vor. Eine Weile lagerten die Virginier bei den Indianern – den Morawen, wie die von mährischen Brüdern bekehrten Delaware genannt wurden –, ohne daß es zu Gewalttätigkeiten gekommen wäre. Aber plötzlich trieb die Soldateska die Indianer in zwei Hütten und bedeutete ihnen, daß über ihr Schicksal beraten werde. Die Beratung konzentrierte sich vor allem darauf, ob man sie alle erschießen oder lieber Pulver und Blei sparen solle. Die Entscheidung fiel für Messer und Tomahawk. Die Miliz drang nun in die beiden Häuser ein, wo einige ahnungsvolle Indianer inzwischen ein christliches Sterbelied angestimmt hatten. Unbeeindruckt davon stachen und hackten die Weißen so lange auf die Wehrlosen ein, bis auch der letzte in seinem Blut lag. Dann zündeten sie die Häuser an und zogen ab.

Unter den Dielen hatten sich zwei kleine Jungen verborgen gehalten und das Massaker überlebt. Das Feuer trieb sie aus ihrem Versteck. Da die Blockhaustür verriegelt war, blieben nur die Fenster als Weg ins Freie. Dem einen der Jungen gelang es, sich durch die schmale Öffnung zu zwängen, der andere war zu dick. Er starb in den Flammen – als letztes Opfer der Virginier.

Waren die ermordeten Morawen bei ihren roten Brüdern auch nicht sonderlich beliebt, jetzt, nachdem der entkommene kleine Junge die ungeheuerliche Greueltat geschildert hatte, machten alle Indianer die Rache für Gnadenhütten zu ihrer Sache. Die Engländer brauchten ihnen nur noch vor Augen zu führen, daß es ziemlich egal wäre, wen sie nun straften, ob die Langen Messer in Virginia oder jene in Kentucky. Den Tod hätten sie alle verdient.

Tatsächlich machen die Indianer auch keinen Unterschied. Noch im März unternimmt ein Kriegertrupp von 25 Wyandot einen Raubzug nach Kentucky. Die Wyandot tauchen unvermutet vor Estill's Station auf, skalpieren ein Mädchen vor den Palisaden im Angesicht der Wachen und entführen einen schwarzen Sklaven. Eine Verfolgung wagt man nicht; denn 25 der wehrfähigen Männer sind mit Captain Estill auf einer Erkundungstour. Erst einen Monat später durchstreift Estill mit 18 Männern die Wälder auf der Suche nach den Kriegern und stößt auf einen Trupp, den man für die gesuchten Wyandot hält. Estills Leute schießen, ohne zu fragen, und als ihr erstes Opfer sinkt der Häuptling verletzt zu Boden. Seine Kräfte aber reichen noch, die Waffen seiner Krieger zu lenken. Die Roten decken sich sorgfältig hinter Bäumen und Büschen und schießen treffsicher auf jeden Stoff- oder Hautfetzen. Estills Grenzer tun das Gleiche, begehen jedoch einen Fehler. Sie versuchen die Wyandot durch eine Talschlucht zu umgehen und dann im Rücken zu fassen. Aber der taktisch erfahrene Häuptling ahnt das Vorhaben und stört es durch einen grimmig vorgetragenen Gegenstoß. Die Wyandot durchbrechen die dünne Schützenkette und töten die meisten Kentuckyer. Nur drei Mann kehren lebend nach Estill's Station zurück. Auch Estill selbst ist unter den Toten. Die drei Überlebenden behaupten, sie hätten 17 Indianer getötet und zwei verwundet.

Ein paar Wochen später, im Juni, führt Oberst William Crawford eine 500 Mann starke Miliz gegen die Indianer am Sandusky im nordwestlichen Ohio. Williamson ist diesmal zweiter Kommandeur. Den Grund, der für den Marsch der Grenzer angegeben wird, können wir getrost als erneuten Vorwand betrachten: Fortgesetzte Überfälle durch die Krieger am Sandusky! In Wahrheit verfolgt Crawford andere Ziele – die Zähmung der Indianer und damit die Vorberei-

164

Der Gerichtsbaum, in dessen Schatten Daniel Boone im Namen des spanischen Vizegouverneurs Rechtssachen entschied.

Das „erste Steinhaus westlich des Mississippi". Boone errichtete es mit Hilfe seines Sohnes Nathan. Auch die Zimmermannsarbeiten der Innenräume

stammen von seiner Hand. In diesem Gebäude, das bei Fort Defiance steht, sind Dinge aus seinem persönlichen Besitz und seiner Zeit erhalten.

Über die Prärie bis zum Felsengebirge: Daniel Boone ist über 80 Jahre alt, als er zu seiner letzten großen Reise aufbricht.

tung einer neuen, großangelegten Landnahme, die den Veteranen des Revolutionskrieges den versprochenen Grund und Boden bringen soll. Daß dieses Land noch den Indianern gehört und zum Teil sogar den Delaware, die mit einem Teil ihres Stammes auch auf der Seite der Amerikaner gekämpft haben, ist der Haken an der Sache.

Als die Armee die Ebene am Sandusky River erreicht, findet sie zunächst nur verlassene Dörfer vor. Enttäuscht beschließen Crawford und Williamson die Verfolgung des Gegners in der absichtlich und deutlich gelegten Fluchtspur.

Ein paar Stunden, nachdem man die letzte Indianersiedlung verlassen hat, befindet sich die Truppe mitten in einem Moorgebiet. Plötzlich knallt es. Der Feind ist überall. Delaware, Shawnee, Mingo, vielleicht auch ein paar Wyandot- und Ottawa-Indianer, verstärkt durch eine Anzahl kanadischer Schützen, verwickeln Crawfords Männer in ein erbittertes Gefecht. Mit viel Glück können sich die Weißen vom Gegner lösen, als es dunkelt. Die Nacht verbringt man in banger Erwartung in einem schlecht gesicherten Camp. Aber die Nacht und der ganze nächste Tag vergehen, ohne daß etwas geschieht. Crawford nutzt die Zeit nicht, um die Stellung zu verbessern. Als sich die Dämmerung erneut einstellt, sind die Krieger da. Mit gut dirigierten Salven bereiten sie einen Ansturm vor, überrennen das Lager und schlagen die Miliz in die Flucht. Die Nacht schützt viele der Weißen vor dem sicheren Tod. Wer sich im Moor lange genug verbergen kann, ist gerettet. Es bleibt ausgerechnet dem Führer des Schlächterkommandos von Gnadenhütten, Oberst Williamson, vorbehalten, die versprengte Miliz schließlich zu sammeln und heimzuführen. Viele sind verwundet, 70 Mann sind tot oder werden vermißt.

Und Crawford ist unter den Gefangenen der Indianer. Wehe dir, Crawford! Alle Martern, die die 96 Morawen ertragen mußten, fügen die Sieger nun diesem einen Mann, diesem einen Körper zu. Sie binden Crawford mit einem langen Lederriemen an einen Pfahl. Dann beginnen sie unter Anleitung von Spezialisten mit ihren ausgetüftelten Peinigungen. Sie lassen ihr Opfer auf einem Bett aus glühenden Holzkohlen tanzen – immer mit ausreichender Bewegungsfreiheit, damit alle Zuschauer etwas davon haben, wenn er im Kreise umherwankt, gepeinigt von stumpfen Pfeilen, die brennend auf seine Haut treffen, und von Pulver, das sie Crawford in die blutenden Wunden schießen. Sie verhöhnen und verlachen ihn. Aber bald hört und sieht der Gemarterte nichts mehr, weiß auch nicht, daß er selbst unentwegt vor sich hin brabbelt. Zwei Stunden lang hält sich Crawford auf den Beinen. Als er zusammenbricht, wird er von einem Krieger skalpiert. Er ist noch immer nicht tot. Also schütten die Indianer ihm glühende Asche auf den Schädel. Der rasende Schmerz reißt ihn noch einmal auf die Füße. Noch einmal erträgt er neue Scheußlichkeiten, bis er endlich stirbt. Woher die Nachwelt von dieser furchtbaren Rache erfahren wird? Zwei Gefangene mit Namen Slover und Knight werden den Indianern eines Tages entkommen und darüber berichten. Andere Gefangene werden noch gemartert. Aber Crawford hat in besonderem Maße gebüßt; er war mitverantwortlich für das Massaker von Gnadenhütten.

Unter denen, die sich an Crawfords Leiden weideten, war auch Simon Girty, der die Indianer mit in den Kampf geführt hatte. Sein Charakter und seine Rolle als Wanderer zwischen den Welten sind von den Historikern wohl niemals ganz ausgelotet und kaum gerecht beschrieben worden. Die einen, die Amerikaner, nannten ihn einen Renegaten, der die Indianer gegen seine eigenen Landsleute geführt hätte. Die anderen, die Briten, nannten ihn einen loyalen Mann der Krone, der seine Fähigkeit, mit Indianern umzugehen, für ihre Interessen richtig einsetzte. Heute stellt der amerikanische Historiker Gregory Schaaf nach mehrjährigem Studium der Quellen aus Girtys Zeit fest, daß Simon Girty ein ehrgeiziger Mann war, der führen wollte und konnte, gleich, auf welcher Seite. Die Briten hätten ihm die Chance gegeben, die Amerikaner nicht.

Es könnte aber auch sein, daß Simon Girty, der wie seine Brüder bei den Indianern aufgewachsen war, in Wirklichkeit einzig und allein Sympathie für die Indianer empfand, deren Jagdgründe nach Lage der Dinge eben am meisten durch die amerikanischen Siedler bedroht waren.

Vor dieser Bedrohung warnte er sie auch, als er im August 1782 in der Indianerstadt Alt-Chillicothe jene berühmt gewordene Rede hielt, die einige hundert Krieger zu ihrem großen Schlag gegen die Siedler in Kentucky entflammte: »Brüder! Das fruchtbare Gebiet von Kaintucke ist das Land des Rohrs und des Klees, der frei wächst, um den Büffel, den Wapiti und den Hirsch zu nähren. Dort sind der Bär und der Biber immer fett. Indianer aller Stämme hatten zu unterschiedlichen Zeiten das Recht, diese wilden Tiere zu jagen und zu töten, Felle herauszubringen, um damit für sich Kleidung zu kaufen, Decken für ihren Rücken und Rum, den sie ihre Kehle hinuntersandten, um die Kälte zu verjagen und ihre Herzen zu erfreuen nach den Ermüdungen des Jagens und dem Aufruhr des Krieges.«

Die rhetorisch gut angelegte Eröffnung der Rede, notierten die anwesenden britischen Offiziere, wurde von großem Beifall unterbrochen. Girty fuhr fort:

»Brüder, die Langen Messer haben euer Land überrannt und eure Jagdgründe an sich gerissen. Sie haben das Rohr zerstört, den Klee niedergetreten, Hirsch und Büffel, Biber und Waschbär getötet. Der Biber ist von seinem Damm verjagt und gezwungen worden, das Land zu verlassen.«

Dieser Teil der Rede, notierten die britischen Zuhörer, sei von einem Gefühlsausbruch der Indianer unterbrochen worden.

»Brüder! Die Eindringlinge frohlocken über den Erfolg, der ihre schändlichen Handlungen krönte. Sie sind dabei, Obstbäume zu pflanzen und das Land dort zu pflügen, wo noch vor kurzem die Rohrbrüche und die Kleefelder waren. Hätten die Bäume des Waldes eine Stimme und könnten die gurgelnden Wasser sprechen, würde euch jeder Teil des Landes rufen, die rücksichtslosen Eindringlinge zu verjagen, die es verdorben haben. Wenn ihr euch nicht in der ganzen Majestät eurer Macht erhebt und ihre ganze Rasse vernichtet, so mögt ihr Abschied nehmen von den Jagdgründen eurer Väter, dem köstlichen Fleisch der Tiere, von denen sie einst wimmelten, und von den Häuten, durch die es euch einst möglich war, eure Kleidung und euren Rum zu kaufen.«

Die siegreichen Kämpfe dieses Sommers, Girtys gewaltige Rede, der Rausch der Kriegstänze, die von den Medizinmännern verheißene Gunst der Hilfsgötter, Pulver, Blei und Rum der Briten – das alles verstärkte die Siegeszuversicht, als bald darauf 300 Krieger aus Chillicothe aufbrachen. Nach Wheeling wollten sie zuerst, die Shawnee, Lenape, Miami, Ottawa und Piankeshaw. Auch die kampferfahrenen Wyandot waren dabei. Geführt wurde die gemischte und auf dem Marsch durch Verstärkung ständig wachsende Heerschar von den britischen Offizieren William Caldwell, Alexander McKee und Matthew Elliott sowie den Brüdern Girty, die mehr Einfluß auf die indianischen Häuptlinge und Hauptkrieger hatten als die Briten. Hauptmann Andrew Brandt führte außerdem 60 kanadische Schützen. Bald waren es 1 100 Mann, die auf Wheeling marschierten, wo die Shawnee ihren – wie sie meinten – ärgsten Widersacher vermuteten: George Rogers Clark.

Doch das Unternehmen lief nicht, wie es geplant war: Wir haben einen Brief, den Captain Caldwell nach der Kampagne am 26. August, in der Indianerstadt Wakitamiki an den Oberbefehlshaber, Major de Peyster, schrieb und der darüber berichtet: »Als ich das Vergnügen hatte, Ihnen zu schreiben, beabsichtigte ich, in Wheeling zuzuschlagen, auf welchen Ort ich auch marschierte, wurde aber von einem Boten der Shawanese eingeholt, der mich darüber informierte, daß der Feind auf dem Marsch war, was mich zwang, ihm den Weg zu verlegen. Zu meiner größten Demütigung entdeckte ich, daß der Alarm falsch war…«[3]

Viele Indianerkrieger verloren den Schwung, als sie merkten, daß es nun doch nicht nach Wheeling ging. Sie verließen das Kommando. Caldwell aber blieb »entschlossen, dem Feind mit so vielen Indianern, wie mir folgen wollten, einen Besuch abzustatten, infolgedessen ich den Ohio mit 300 Indianern und Rangern überquerte...«[4]

Diesmal ging es nach Kentucky. Vermutlich hat Caldwell, was seine Gefolgschaft betrifft, untertrieben. Andere Quellen sprechen von 560 Shawnee- und Wyandot, die mit nach Kentucky zogen, die Shawnee unter Führung des Häuptlings Moluntha. Bryan's Station, die inzwischen ein stark ausgebautes und gut besetztes Fort geworden war, sollte zuerst fallen. Die erste Attacke aber galt zur Ablenkung Hoy's Station, unweit Boonesborough. An einem drückend heißen Augusttag tauchten dort plötzlich etwa 70 Krieger auf. Sie finden zwei Jungen vor den Palisaden und beschossen das Fort. Sie belagerten die Palisaden aber nicht lange, sondern zogen in Richtung des Ohio-Flusses ab. Dabei ließen sie es an Wegzeichen für etwaige Verfolger nicht fehlen. Simon Girty fühlte sich gut in die Routine der Kentuckyer hinein. Der Schlag sollte die Milizen in Bryan's Station, aber auch in den anderen Forts und Stationen, alarmieren. Girty hoffte, die Verfolgung der 70 Krieger durch eine große Truppe würde Bryan's Station und andere Orte von ihren Besatzungen entblößen.

Tatsächlich schickte Captain Holder von Hoy's Station sofort Boten zu den benachbarten Forts und ritt, ohne die Verstärkung abzuwarten, mit den eigenen Männern hinter den roten Brüdern her. An den Blauen Lecken klappte die gut aufgebaute Falle der Indianer zu. Holders Miliz wurde geschlagen. Mit einigen Toten und vielen Verwundeten mußten sie sich zurückziehen. Inzwischen war Daniel Boone, den Holders Bote auch erreicht hatte, von seiner eigenen kleinen Station in Richtung Boonesborough unterwegs, um dort Leute zusammenzutrommeln. Auch in Bryan's Station machten sich, wie Girty vorausgesehen hat, Männer zum Abmarsch bereit.

Es ist der 15. August 1782. Die Hauptmacht der Krieger hat Bryan's Station umzingelt. Zur Enttäuschung Cald-

wells sind die Tore aber geschlossen. Er kann nicht herausfinden, ob die Siedler zur Verstärkung Captain Holders
schon unterwegs sind oder hinter den Palisaden die Gewe-
re im Anschlag halten, es sei denn, er riskierte eine Attacke.
Caldwell weiß nicht, daß die Siedler Wind von der heimli-
chen Belagerung bekommen haben. Durch wen, das wird
nie zu klären sein.

Man belauert sich gegenseitig. In der Abenddämmerung
fallen zwei Schüsse. Sie treffen einen schwarzen Feldar-
beiter, aber auch einen leichtsinnigen indianischen Späher.
Noch immer rührt sich nichts in den Verstecken. Die Belagerer lassen sogar zwei Mann durch ihren Ring entkommen. Im Fort wird entschieden, daß die Frauen, Gottes
Segen anbefohlen, zur nahen Quelle außerhalb der Palisaden gehen sollen, um Wasser zu holen. Scheinbar unbe-
schwert schwatzend, machen sie sich auf den gefährlichen
Weg. Sie füllen die Eimer und kehren unbelästigt zurück.
Nun hat die Station auch noch ausreichend Wasser für
einige Zeit und der Feind den Eindruck, hinter den Palisaden herrsche der übliche Alltag.

Aber als der Morgen graut, will Girty Gewißheit. Immer
noch vorsichtig genug, läßt er eine kleine Abteilung in
großer Entfernung vom Haupttor angreifen, während die
ganze Macht der Belagerer in breiter Front davor auf der
Lauer liegt. Hinter den Palisaden geht man scheinbar auf die
Täuschung ein: Geschrei, Türenschlagen, ein kleiner Aus-
fall durchs Tor – und zurück auf den Posten. Die 44 Mann
im Fort rechnen – ein Gewehr im Anschlag, zwei geladen in
Reserve – jeden Augenblick mit dem Hauptangriff. Und er
kommt. Aber wie die Indianer stürmen, surren ihnen die
bleiernen Hornissen in solchen Schwärmen um die Ohren,
daß Girty seine Krieger schleunigst zurück in die Deckung
ruft. Nun weiß jeder, daß jeder vom anderen weiß.

Die Belagerer beschließen eine neue Taktik. Sie vermuten jetzt auch, daß die zwei Männer, die sie durch ihre Linie
schlüpfen ließen, Verstärkung herbeiholen sollten. Sie richten sich darauf ein, erst diese heiß zu empfangen.

Die beiden Boten aus Bryan's Station treffen bei Boone's Station auf 30 Schützen unter Major Levi Todd und weitere 16 Reiter unter Captain Ellis, die dem bedrängten Fort zur Hilfe eilen. Wie sie den Schauplatz erreichen und weder Gefechtslärm hören, noch Anzeichen für eine Belagerung bemerken, wittern sie den Hinterhalt. Dennoch müssen sie hindurch. Ellis' Reiter, so wird beschlossen, sollen in rasendem Galopp zum Fort durchbrechen, Todds Schützen in der Deckung eine Maisfeldes so nahe wie möglich zu den Palisaden vordringen und dann unter dem Feuerschutz der langen Büchsen dort ins Fort stürmen.

Die Reiter hinter Captain Ellis kommen ohne Verluste durch. Der Staub, den ihre Pferde aufwirbeln, läßt keinen sicheren Schuß zu. Todd dagegen marschiert mit seiner Truppe geradewegs in das Feld, in dem die Indianer lauern. Zum Glück für die Weißen kann zwischen den dichten Stauden des übermannshohen Maisdschungels niemand das Blatt zu seinem Vorteil wenden. Da belauert und beschleicht man sich, schießt auf Verdacht ins raschelnde Dickicht. Und plötzlich steht man sich Auge in Auge gegenüber. Blitzschnell muß man die Überraschung nutzen, schneller stechen, schlagen, schießen. Da ist aber, erkennen die Kentuckyer, kein Durchkommen möglich. Ihr Angriff steht, wird allmählich zum Rückzug, dann zur Flucht. Ein paar Mann bleiben tot im Feld liegen. Um ein Haar hätte es bei den Belagerern übrigens Girty erwischt, der von der Kugel eines Kentuckyers zu Boden geworfen wurde. Unser Mann steht aber zum Erstaunen seiner Leute wieder auf. Das Blei hatte sich an einem dicken Stück Büffelleder seiner Jagdtasche plattgeschlagen.

Trotz des Sieges über Todd ist das Fort nicht zu nehmen. Caldwell und Girty müssen erkennen, daß die 60 Verteidiger hinter den Palisaden ihren Indianern allzu schwere Verluste zufügen würden. Simon Girty versucht es noch mit einen Bluff. Er schleicht sich auf Rufweite an das Fort heran und verlangt die Übergabe. Bis zum Abend, brüllt er, würden Kanonen eintreffen. Wenn sie jetzt aufgäben, geschähe niemandem ein Leid. Entschlössen sie sich zum Kampf, würden die Kanonen die Palisaden niederwerfen, und dann gäbe es keinen Pardon. Der Prediger Craigh, der die Station befehligt, erinnert seine Leute an das Schicksal, daß die Menschen in Ruddel's und Martin's Station im Sommer 1780 erlitten, und sie bestärken ihn in seinem Entschluß zu kämpfen. Die Verteidiger lassen Aaron Reynolds vortreten, der Girty einen räudigen Hund nennt und seine Indianer verdammte Mordbrenner. Während der Nacht halten die Belagerer die Posten mit vereinzelten Schüssen wach, während die Masse der Roten und der Kanadier ihr Zerstörungswerk vor den Palisaden vollendet, um dann mit breiter, auffälliger Spur nach Nordosten abzuziehen.

Die Belagerung war aus Caldwells Sicht kein Erfolg: »Ich sah, daß es vergebens war, länger zu warten, ... und so legten [wir] Feuer an drei Häuser, die Teil des Forts waren..., töteten oberhalb [des Forts] 300 Schweine, 150 Stück Vieh und eine Anzahl Schafe, nahmen eine Anzahl Pferde, zogen Kartoffeln heraus und verbrannten ihren Hanf und stifteten weiteren beträchtlichen Schaden. Durch die Indianer, die sich [dem Feind] zu sehr gezeigt hatten, hatten wir fünf Tote und zwei Verwundete...«[5]

Die Auffälligkeit der Spur war es, die Daniel Boone und andere erfahrene Anführer der am folgenden Tage eintreffenden Verstärkung mächtig irritierte. John Todd, Stephen Trigg und er hatten nicht einmal ganz 200 Mann unter ihrem Kommando. War es da nicht ratsam, auf die angekündigten 400 Mann zu warten, die Colonel Benjamin Logan aus dem Süden heranführte? Aber nur der sonst so heißblütige Hugh McGary sprach sich fürs Warten aus, die anderen wollten weiter. Zu groß war der Zorn der Männer aus Harrodstown, Lexington, Boonesborough und vor allem Bryan's Station über die Toten und die Verwüstungen. Zwar waren weiße Milizen bei ihren Angriffen auf Alt-Chillicothe und andere Indianersiedlungen immer genau so verfahren wie jetzt die Roten, aber das wollte niemand anerkennen.

Sie folgten dem Feind im Eilmarsch. Bis zum Abend hatten sie nahezu 50 Kilometer zurückgelegt. Die Zeichen auf dem Weg, die Boone besser zu lesen verstand als die meisten anderen, warnten ihn mit großer Eindringlichkeit. Da war zunächst das erste Lager, auf das sie stießen. Nach der Zahl der niedergebrannten, zum Teil noch schwelenden Feuer schätzte Boone mindestens 500 Indianer. Aber merkwürdig, als die Verfolger den Indianern weiter auf dem Fersen blieben, reduzierte sich deren Zahl. Der erfahrene Kundschafter befaßte sich nun genauer mit den Fährten, und was er sah, gefiel ihm gar nicht. Da wiesen manche Sohlenspuren doppelte Ränder auf oder hatten sich für das Gewicht *eines* Mannes viel zu tief in den Boden eingedrückt. Außerdem hatten die Indianer, ganz gegen ihre Natur, wenn sie auf dem Kriegspfad oder gar auf der Flucht waren, überall an Bäumen und Büschen mutwillig Äste und Stämme mit dem Tomahawk gekerbt: »Das sind Anzeichen dafür, daß sie uns in einen Hinterhalt locken wollen«, argwöhnte Boone beim Kriegsrat mit Todd, der das Kommando führte.

Sie waren an diesem zweiten Morgen seit Beginn der Verfolgung von Bryan's Station aus bis zum Licking River gekommen, und ihre Vorausleute hatten nur zwei Indianer gemeldet. Als sie nun entscheiden mußten, ob sie hier, an der Lower Blue Lick-Furt, über den Fluß gehen sollten oder nicht, schlug Boone vor, weiter flußaufwärts zu reiten, um einer möglichen Falle zu entgehen. Er konnte sich nicht durchsetzen. Sie ritten weiter zum Ufer.

Jacob Stevens war einer von den fünf Spähern, die vorausgingen: »Als wir ankamen, sahen wir auf dem Hügel auf der anderen Seite zwei Indianer hin- und herlaufen. Der Pfad auf dieser Seite [vermutlich der Seite des Beobachters] war kahl von den Tritten der Bisons. Die große Masse der Indianer verbarg sich gleich hinter dem Kamm in einem Stück Bruchwald. Wir warteten nun, bis das Haupteer herangekommen war und augenblicklich einen Kriegsrat abhielt. In der Beratung wollte McGary ›by godly‹, wie er immer sagte, wenn er es ernst meinte, wissen, aus welchem Grund wir hierhergekommen wären. Sie sagten: ›Um mit den Indianern zu kämpfen‹. ›By godly‹, sagte er darauf, ›warum kämpfen wir dann nicht gegen sie? Diejenigen, die keine Feiglinge sind, folgen mir.‹«[6]

McGary tat es offenbar leid, daß er in Bryan's Station geraten hatte, auf Logan zu warten, und jetzt von einigen sein Mut in Zweifel gezogen worden war. Er wollte sich und den anderen etwas beweisen. An Boone, Todd und Trigg vorbei drängten die Männer in den Fluß. Die drei Führer hatten keine andere Wahl, als der undisziplinierten Truppe zu folgen. Auf dem anderen Ufer mußten sie alle Autorität aufbieten, um die Männer wieder in die Hand zu bekommen. Stevens erzählt weiter: »Wir luden, ließen unsere Pferde einfach stehen, formierten uns hinter jungen Bäumen, zwanzig Schritte vor den Indianern, und feuerten dann. Die Indianer warteten unser Feuer ab, ehe sie die Stille brachen. Im ersten Schußwechsel wurde George Corn direkt in den Mund getroffen und verlor alle oberen und unteren Zähne seines rechten Kiefers. Ich sah ihn, wie er den Klumpen in seine rechte Hand spuckte und dachte, er wäre in die Brust getroffen, so groß war die Blutmenge… Jim Hays auf meiner anderen Seite sagte, er wolle verd… sein, wenn er nicht einen erledigte. Ich sagte, er solle aufpassen, oder es würde ihn als nächsten erwischen, und hatte es kaum gesagt, als er eine Kugel ins Schlüsselbein erhielt. Diese beiden fielen zu Boden und krochen, so schnell sie konnten, zurück, schafften es auf ihre Pferde und bis zu Bryan's Station am selben Tag. Ich hatte dreimal geschossen und wollte gerade für den vierten [Schuß] laden, als der Befehl zum Rückzug gegeben wurde.«[7]

Zu Fuß, in drei Kolonnen aufgeteilt, mit den drei Anführern sowie McGary an der Spitze, hatten die Kentuckyer den Hügel überwunden und sich dem dichten Unterwuchs eines Taleinschnitts bis auf Schußweite genähert, hatten, wenn wir Stevens Version folgen, die ersten Büchsen abgefeuert, als die Anführer der Indianer den Einsatz für ihre Todesmelodie gaben. Die Schüsse rollten wie ein anhaltender, donnernder Trommelwirbel, und als er nach 15 oder 20 Sekunden unregelmäßig wurde, lagen mehr als zwanzig Mann in ihrem Blut. In den nächsten Minuten prasselte das mörderische Feuer noch immer so wirkungsvoll aus dem Unterholz in die drei Kolonnen, daß es weitere 18 Mann zu Boden warf. Von den Kommandeuren überlebte nur Boone. Die beiden führerlosen Gruppen rannten zurück in den Fluß, Boone dagegen erkämpfte sich mit einem Teil seiner Männer schießend den Weg in die Deckung des vor ihnen liegenden Waldes. In fünf Minuten war die Schlacht entschieden. Was jetzt folgte, war ein Massaker. Die Indianer stürzten aus der Deckung hervor. Ehe die Weißen ihre Pferde greifen und über den Licking fliehen konnten, waren die Feinde schon unter ihnen, stachen, schlitzten, hackten und skalpierten. Weitere zwanzig Kentuckyer starben, ehe zwei gute Salven, die der mutige Benjamin Netherland auf der anderen Flußseite organisiert hatte, den Überlebenden ein paar Minuten Zeit zur Flucht über den Licking gönnten.

Auch Stevens kam hinüber: »Als ich mich drehte, um mein Pferd zu fassen, war es verschwunden. Ich ging nicht zur Furt, sondern stürzte mich weiter oben hinein, wo das Wasser bis zu meinem Nacken reichte... Als ich drüben war, hielt ich und zog meine Hirschlederhosen aus, während es rings um mich Kugeln hagelte. Eine schlug durch die Mitte des Hosenbeins, als ich es in meiner Hand hielt... Das Leder, wenn es naß war, wurde so schwer, daß man es beim Laufen nicht anbehalten konnte. Ich hatte dann meine kurzen Leggins, Mokassins und Hemd an.

Auf dem Hügel stieß ich auf einen Mann, der rote Leggins anhatte, ... und wir rannten zusammen ungefähr eine Meile weiter vom Fluß weg, während die Indianer uns verfolgten und aus jeder Mulde auf uns feuerten, bis mein Begleiter aufgab. Ich fragte ihn, was ich tun solle. Er sagte: ›Hau ab!‹ und stand und ließ sein Gewehr schnappen, das genau so naß geworden war wie meines, so daß wir sie nicht abfeuern konnten, bis die Indianer heran waren und es aus seiner Hand nahmen... Die Indianer schwenkten ihre Gewehre im Kreis zum Zeichen, daß ich gefangen wäre und aufgeben sollte.

Ich war nur ein kurzes Stück vorangekommen, als ich auf [William] Barben, Henry Wilson von Wilson's Station am Salzfluß und einen Jungen mit Namen Nose Coombs stieß. Nose Coombs war so übermüdet, daß wir ihn ausruhen lassen, mit Myrrhe und süßen Anis füttern mußten, die wir auf dem Weg ausgruben, und ihn auf diese Art und Weise mitschleppten. Zu dieser Zeit hatte ich keinen Fetzen mehr an als ein Hemd und ein Paar Mokassins. Die Nesseln waren grün und brusthoch. Barben gab mir ein leinernes Jagdhemd zum Umbinden, um die Nesseln davon abzuhalten, mich umzubringen. Am nächsten Tag, gegen zwölf, kamen wir vor Bryan's Station an.«[8]

Boones Durchbruch und Rückzug gelang auch nicht ohne Tote und Verwundete. Unter den Opfern war sein Sohn Israel. Als Vater und Sohn, den Feind im Rücken, durch den Wald hetzten, zwitscherte eine Kugel unmittelbar an Daniels Ohr vorbei. Er warf sich herum, um zurückzufeuern, da sah er seinen Sohn plötzlich wanken, sah Blut aus seinem Mund laufen. Sofort war er bei ihm. Israel fiel in seine Arme. Im nächsten Augenblick war auch schon ein Hurone heran. Boone ließ den Sterbenden zu Boden gleiten und erschoß den Angreifer. Israel war nicht mehr zu retten, vielleicht schon tot. Daniel mußte weiterfliehen, die anderen in Sicherheit bringen. Endlich erreichten sie die Einmündung des Indian Creek in den Licking River und eine Furt nahebei, die sie ohne weitere Verluste durchquerten. Die Schlacht an den Blue Licks war auch für sie zu Ende.

Captain Caldwell, der aus Wakitamiki an Major de Peyster schrieb, sah in seinem Siegesbericht allzu viele Tote beim Feind, nämlich 146, und zählte allzu wenige, nämlich einen weißen Offizier, sechs Tote und zehn verwundete Indianer, auf seiner Seite: »Die Indianer«, lobte er, »verhielten sich außerordentlich wohl, und kein Mensch könnte sich besser betragen haben als beide, Offiziere und Mannschaften allgemein. Die Indianer, die ich dabei hatte, waren die Wyandot und die See-Indianer.«[9] Caldwell übersah in seinem Bericht auch die Ermordung von mindestens vier gefangenen Kentuckyern durch die Indianer zum Ausgleich für deren Verluste.

Aus der Sicht der Kentuckyer hatten die Indianer 60 Mann in der Schlacht getötet, acht oder zehn Mann gefangengenommen und viele verwundet. Ein Monument, das heute auf dem Todeshügel steht, nennt alle bekannten Namen, darunter auch den eines weiteren Boone. Unter den Gefallenen befand sich Thomas Boone, ein Sohn von Daniels älterem Bruder Samuel.

Am 19. August, am selben Tag also, an dem an den Blauen Lecken die Schlacht tobte, erreichte Benjamin Logan mit seinen 400 Milizmännern Bryan's Station. Er zog in der Spur der Mannschaften und der Indianer weiter und stieß bald auf die ersten, vom Entsetzen, den Wunden und Strapazen gezeichneten Hinterwäldler. Er machte sich auf verfolgende Indianer gefaßt. Aber hinter den Geschlagenen herrschte nur bedrückende Stille.

Als Logan und seine Kolonne an den Licking River kamen, übertraf der Anblick dort alle düsteren Ahnungen. Die Ufer waren von blutigen und beraubten Leichen bedeckt. Ein Millionenheer von Schmeißfliegen und zahlreiche Rabengeier belagerten die Toten. Die Männer konnten zunächst nur die auf ihrer Seite gefallenen und angeschwemmten Kentuckyer begraben; denn der sonst so beherzte Logan wagte sich nicht über den Fluß. Auch seine große Streitmacht, fürchtete er, müßte in dem von den Indianern gut gewählten Hinterhalt schwere Verluste erleiden. In dieser Hinsicht war er besonnener und fähiger, als es die drei Anführer vor ihm gewesen waren.

Der unglückliche Boone, der nun schon zwei Söhne im Kampf gegen Indianer verloren hatte, war zu seiner eigenen Station geritten, um seiner Frau und der Familie die schlimme Nachricht vom Tod Israels zu bringen und dann mit den

Männern, die nicht verwundet oder allzu erschöpft waren, wieder zum Licking River zurückgekehrt. Am 24. August traf er dort Benjamin Logan. Die Indianer waren zu dieser Zeit schon abgezogen und hatten bei Maysville den Ohio überquert. Für sie war es eine triumphale Zeit gewesen, eine Zeit der Siege und der erfüllten Rache. Von Kentucky aber, das war ihnen und das war vor allem Simon Girty klar, mußten sie dennoch bald für immer Abschied nehmen.

Als die Weißen den Licking River durchfurteten und sahen, wie böse die Indianer die Gefallenen verstümmelt hatten – sie fanden einige Tote sogar in Fesseln –, wurde ihr Herz bitter, und sie schworen Rache. Nur wenige machten sich bewußt, daß sie diesen Haß über viele Jahre selbst gesät hatten. Daniel Boone war vielleicht bei den Nachdenklichen. Er half, die Toten zu beerdigen. Den Körper seines Sohnes nahm er mit heim. Rebecca und er wollten Israel in ihrer Nähe wissen.

In den nächsten Wochen, da die unmittelbare Gefahr für das Land vorüber war, begann der Streit, wer an diesem Desaster die Schuld trüge. McGary mußte sich schwere Vorwürfe gefallen lassen. Benjamin Logan beschuldigte wiederum George Rogers Clark, die lokalen Kräfte geschwächt zu haben, weil dieser aus wenig gewichtigen Gründen hundert Mann nach Louisville abgezogen hatte. Clark wehrte sich gleich mit einem Rundumschlag: »Die Führung jener unglücklichen Herren war außerordentlich tadelnswert.«[10]

Das traf auch Boone, der von seinen Männern mehr in den Kampf hineingezogen worden war, als daß er sie geführt hätte. Die ihn kannten, sahen wie der Selbstzweifel an ihm zehrte. Er wirkte gebeugt und gealtert.

Die Indianer hätten die Lähmung des tief betroffenen Landes nutzen können, fanden aber zu keiner kraftvollen Aktion mehr. Die Shawnee verzettelten ihre Kräfte in kleinen Überfällen an der westlichen Grenze. George Rogers Clark drang im Herbst mit gut 1 000 Mann und den Unterführern Boone, Logan, Floyd zu einer Strafexpedition ins

Indianerland ein und verwüstete Chillicothe sowie Piqua mit allen Feldern in der Umgebung.

Die Shawnee und ihre Verbündeten zeigten nun noch weniger Neigung, Frieden mit den verhaßten Amerikanern zu machen, als Clark sie dazu aufrief. Für einen halbherzigen Friedensschluß fanden sich nur die Piankeshaw in Vincennes ein. Banden der Shawnee, der Miami, Delaware, der Mingo und der Wyandot blieben auf dem Kriegspfad, und zwar auch dann noch, als mit dem Vertrag von Paris zwischen Briten und Amerikanern vom 19. April 1783 der Bleifluß für sie versiegte. Wer von den Häuptlingen und Ratsmännern je die Illusion gehegt hatte, die Engländer hätten auch die Interessen des Roten Mannes im Auge gehabt, entdeckte jetzt die Wahrheit. Sie waren mit ihren altertümlichen Waffen wieder allein mit dem früheren Gegner, der alle Hände für den Kampf mit ihnen frei hatte.

Einige Krieger, scheint es, waren auf Vergeltung gegenüber denjenigen aus, die sie in Clarks Truppen als Anführer ausgemacht hatten. So legten die Indianer bald nach dem Feldzug dem alten Landvermesser John Floyd einen Hinterhalt und töteten ihn. Eine andere Gruppe besuchte Daniel Boone. Nahe seiner Station unterhielt Boone ein Tabakfeld, an dessen Rand er eine kleine Hütte zum Trocknen der Blätter errichtet hatte. Gegen seine sonstige Gewohnheit hatte er sich ohne Gewehr dorthin begeben. Als er nun auf dem Trockenboden saß und zufällig nach unten blickte, sah er in die triumphierenden Gesichter von vier Shawnee-Kriegern. Sie waren alte Bekannte: »Boone«, sagte einer in gebrochenem Englisch, »jetzt kriegen wir dich. Du nicht entkommen uns wieder. Diesmal wir dich schleppen nach Chillicothe. Du uns nicht noch mal zum Narren halten.«

Daniel blieb äußerlich gelassen. Er brachte es sogar fertig, ein Gespräch anzufangen. Ja, es würde ihm Spaß machen, zurück nach Chillicothe zu gehen und dort seine alten Freunde wiederzusehen. Sie möchten ihn, bat er, während er Tabaksblätter einsammelte, nur seine Arbeit fertig machen lassen. Dabei sollten sie ihm gern zusehen. Die Indianer schauten hinauf, und Boone fuhr ruhig mit dem Einsammeln des Tabaks fort. Plötzlich warf er den ganzen Armvoll in die Gesichter der Shawnee. Im Augenblick der Überraschung sprang er vom Rost und lief davon. Er konnte nicht anders, als aus sicherer Entfernung noch einmal zurückzuschauen. Da sprangen sie umher, rieben sich die Augen und verfluchten ihn, weil er ihnen wieder einen Streich gespielt hatte. Boone hatte lange nicht gelacht. Jetzt tat er es.

14. Kapitel

Der Strom der Neusiedler floß unaufhaltsam. Aus den aufgelassenen Armeen marschierten jetzt auch die Veteranen nach Westen, denen George Washington Land versprochen hatte, Indianerland. Den Ohio hinab glitten die Boote immer zahlreicher, die mit Habe, Saatgut und Handelsware beladen waren. Für Daniel Boone, der vor Jahrzehnten als einer der ersten Weißen durch Wälder und Rohr bis zu diesem Fluß vorgedrungen war, der in der Uferwildnis hier so allein gejagt, daß die Einsamkeit ihn zeitweilig schwermütig gemacht hatte, für diesen Boone war das eine erschreckende Entwicklung. Er sah den Tod der Wildnis nun mit denselben Augen wie die Indianer, die er bekämpft hatte. Der Jäger und Trapper Boone war in Kentucky ein Verlierer wie die Shawnee und die anderen Stämme.

Aber unser Held hatte zwei Seelen in seiner Brust. Hatte er das Ende der paradiesischen Jagdgründe nicht mitverschuldet? Hatte er nicht selber mit Land spekuliert und dieses Land sowie alle Errungenschaften, auch die zweifelhaften, gegen die Indianer und die Briten verteidigt? Es macht ihn zu einer tragischen Gestalt, daß er, wenn er als Colonel der Miliz, als Landvermesser und Händler der einen Seite seines Wesens gerecht wurde, der anderen, in der er immer noch der einsame Jäger und Naturliebhaber war, schadete. Er war eben auch nur ein Kind seiner Zeit und in seinem unkontrollierten Landhunger der typische Amerikaner der Pionierjahre. Am Ende des Jahres 1783 nun machte er wieder einen ganz kräftigen Schritt in die falsche Richtung.

Zunächst zog er mit seiner Familie an den Ohio, und zwar in die Nähe der alten Indianerfurt bei Maysville. Damals hieß die kleine Ortschaft am Fluß Limestone. Hier verließen viele Neusiedler die Boote. Für den Neubeginn konnten sie hier letztmalig Vorräte und Geräte kaufen und – wenn sie nicht schon ein Stück Land erworben hatten – weiteren Grund und Boden erwerben. Boone errichtete in Limestone eine Handelsstation für Siedlerbedarf, und er betätigte sich als Surveyor, als Landvermesser, der den Neuankömmlingen noch freies Land nachwies. Sechzehn Jahre später sollte er Kentucky mit den Worten verlassen: »Zu viele Leute, zu überfüllt, zu überfüllt. Ich brauche mehr Ellbogenraum.«

Für die Aufgabe als Landvermesser schien Boone auf den ersten Blick wie geschaffen. Als Entdecker und als Wegbereiter kannte er Kentucky, und als verantwortungsbewußter, ehrlicher Mann genoß er bei den Neusiedlern Vertrauen. Entsprechend war der Zulauf. Man schätzt, daß er in den Gebieten der heutigen Counties Fayette und Lincoln nach 1783 gut 150 Vermessungen durchgeführt hat. Seine Unfähigkeit aber, mit den Erfordernissen der Bürokratie zurechtzukommen, machte ihn in Wirklichkeit zu einem schlechten Partner. Den Schaden, den er durch die ungenaue Kenntnis der Vermessungs- und vor allem der Gesetzesmaterie verursachte, trug er am Ende freilich selbst.

Das Geschäft mußte nach einem bestimmten Grundsatz ablaufen. Boone hatte einem Käufer zu garantieren, daß auf das Land, das er nachwies, niemand bereits einen Titel besaß. Als Gegenleistung für seine Arbeit erhielt er dann die Hälfte des vom Staat erworbenen Gebietes. Allzu oft aber, so recherchierte der Historiker Michael O. Lofaro, »versäumte es Boone, die notwendigen legalen Schritte zu vollziehen, um den Besitz zu sichern... Er hielt es nicht für möglich, daß irgend jemand die Rechtmäßigkeit seiner Ansprüche in Frage stellen könnte. Er irrte. Nicht all sein Land ging ...dagegen durch Überschneidungen oder Fälle von Vertreibungen verloren. Boone verkaufte gelegentlich auch, was nach gutem Glauben sein Land war, um Geld für weitere Spekulationen freizumachen. Wenn seine Käufer feststellten, daß er ihnen unwissentlich Land verkauft hatte, auf das andere einen Titel besaßen, machten sie ihn dafür haftbar, und Boone mußte eigenes Land verkaufen, um seine Schulden bezahlen zu können.«[11]

Solche Geschäfte waren Boones Sache also nicht. Auf andere verstand er sich besser. Nach wie vor jagte er leidenschaftlich und verkaufte die Felle von Biber, Otter und Schwarzbär. Sein jährlicher Ertrag aus diesem Handel wird auf mehrere tausend Dollar geschätzt. Wir dürfen annehmen, daß er seine Jagdzüge jenseits des Flusses, also wohl auch tief im Indianerland, durchführte.

Boone stand jetzt besser mit den Indianern. Diese Tatsache machte sich die Regierung von Virginia zunutze. Sie suchte mit seiner Hilfe das Gespräch mit den Indianern, denn auch ohne die Briten war der Indianerkrieg weitergegangen. Am 23. März 1786 hatten die Krieger Siedler bei der Station von Boones Bruder Squire angegriffen und zwei Männer getötet und waren mit 200 Mann, vermutlich unter Tecumseh, am Ohio aufgetaucht und hatten erfolgreich einen großen Konvoi aus Flußbooten angegriffen.

Zu den neuen Dimensionen dieser Kämpfe aber gehörte es auch, daß beide Seiten ihre Gefangenen leidlich behandelten, um sie gegebenenfalls heil austauschen zu können. Daniel Boone, der seinen Laden bei der alten Indianerfurt unterhielt, war mehrere Male in den Dörfern der Shawnee gewesen, um über die Freigabe von Gefangenen zu unterhandeln. Er hatte den Auftrag, indianische Gefangene zu verpflegen, die später ausgetauscht werden sollten. Zuerst schrieb er für diese Bewirtung nur einzelne Rechnungen, die er der Regierung präsentierte, darunter auch eine für »19 Gallonen Whiskey, ausgeliefert an die indianischen Gefangenen bei ihrer ersten Ankunft im Limestone«. Dann, als er für immer mehr Indianer Nahrung und offenbar ganz schamlos auch das zerstörerische Feuerwasser lieferte, ging er zu einer regelrechten Buchhaltung über. »Daniel Boone's Indian Book« nannte er das Hauptbuch. Der Geschäftsumfang nahm mit den Aktivitäten auf dem Kriegspfad zu. Indianerangriffe betrachtete man in dieser Gegend noch immer als so natürlich wie Hagel und Blitzschlag. In diesem Sinne tauchten sie sogar bei Vertragsabschlüssen wie in einer heutigen Geschäftsklausel über »Höhere Gewalt« auf: »I will bee accountable for any money put into his hands unless kild by Indians«, schrieb auch Boone in seiner verbogenen Orthographie unter seine Vereinbarungen, was soviel heißt wie: »Ich bin haftbar für jeden mir anvertrauten Betrag, es sei denn, ich werde durch Indianer getötet.«[12]

Im Sommer 1786 nahm er an seinem letzten Feldzug gegen die Indianer teil. George Rogers Clark führte eine Miliz zum Wabash-Fluß. Boone ritt in der Kolonne unter Benjamin Logan, die gegen die Shawnee am Miami zog. Während Clarks Truppen erfolglos umkehren mußten – der General war im entscheidenden Augenblick angeblich sogar betrunken und demoralisierte die ganze Truppe –, gelang Logan in der Nacht vom 29. auf den 30. September ein Überraschungsschlag. In der Frühdämmerung, als sie den Fluß überquerten, trafen Logans Milizsoldaten auf eine Anzahl Krieger, die offenbar zum Wabash unterwegs waren, um ihre Brüder dort gegen Clark zu unterstützen. Die Shawnee ergriffen die Flucht, wurden aber von den gut berittenen Grenzern eingeholt. Bei der Verfolgungsjagd entdeckte Boone einen seiner verhaßtesten Feinde – den Krieger Big Jim. Der Zorn nahm ihm fast den Atem, als er ihn erkannte. Big Jim hatte vor 13 Jahren seinen Sohn Jamy auf viehische Weise zu Tode gemartert. Jetzt hörte Jim Boones Stimme hinter sich, als dieser seinen Gefährten eine Warnung zurief. Er wirbelte herum und erschoß einen seiner Verfolger, lud hastig und traf auch noch einen zweiten Mann tödlich, ehe er selbst durch Boones Kugel ausgelöscht wurde.

Die Shawnee hatten 20 Mann verloren. Siebzig Krieger nahmen Logans Männer gefangen, darunter als einen ganz dicken Fisch den alten Häuptling Moluntha. Man wollte sie alle später gegen gefangene Weiße austauschen.

Da wäre Moluntha ein besonders wertvoller Gefangener gewesen, hätte er die Begegnung mit Hugh McGary über-

Sir   August the 16th 1785

            Yesterday I Rec'd an exspres from
the inhabetts of Limston which oblygis me to adress
your honer thus No Doupt the Murder Dunn on Cal-
Lewis and Company has Reached your Ears Eare this time
Likewise a bat and famyly Latly taken and kild
two Late Morders Dunn at Squire Boones Station
and a Deal of Sine Seen in Diferent placis in per
tickuler at Limston in Short an Jndvr Warr is Exspe
cted We are Credtaly informe'd that three Nations from
the Waboush are unighted aginst us and Whatever may
be the Case indeß an actuel invasion it is out of
the power of any ofiser of the Militia to gave the frun
teers any asistene Know Sir I hope to Receve such
instructions from your Honer as will in able me
to force out Scouts Spies or to Do mounthly towers
at Sum of the fruntteers Stations at Least at
Limston and the Blue Lick that the Salt Works may
still go on your Honer Was kind anough to gave me
orders to Rc one thousand Wight of Lad at fort Chisel
Which I Never Sent for as yet powder is as Much Wanting
as Lad as We have no Brimstone here pray Sir gave
me instructions as you think proper by my Exsprces

Die erste Seite eines Briefes, in dem Colonel Boone anno 1785 auf die Gefahr eines Indianerkrieges hinweist, der von „drei Nationen am Wabash" droht. Er berichtet von „Morden" in der Umgebung von Limestone und bittet um Instruktionen und Pulver. (*Mit Genehmigung der Kentucky State Historical Society, Frankfort*)

189

lebt. Das Unheil, das der unkontrollierbare »Major« an den Blauen Lecken durch sein unbedachtes Vorpreschen angerichtet hatte, hielt Clark und Logan offenbar nicht davon ab, ihm auch auf dieser Expedition Verantwortung zuzuweisen. Wie nun der alte Moluntha mit den anderen Indianern ins Camp getrieben wurde, wirkte er recht zuversichtlich, hatte er sich doch in der Vergangenheit bei den Weißen als Unterhändler im Gefangenenaustausch eine gewisse Reputation erworben. Plötzlich trat ihm McGary entgegen und wollte von ihm wissen, ob er sich an die Schlacht bei den Blauen Lecken erinnere. Der alte Mann, der mit der Frage nichts anzufangen wußte, ihren Sinn vielleicht auch nicht verstand, schaute ein wenig hilflos drein. Im nächsten Augenblick riß McGary seinen kleinen Tomahawk hoch und ließ ihn zweimal blitzschnell auf den Schädel des Häuptlings niedersausen. Er hätte auch noch Molunthas Frau ermordet, traf aber nur die Hand, die sie abwehrend hochhielt. McGarys Streich kostete sie drei Finger, ehe die anderen Männer den bestialischen Grenzer endlich wegrissen.

Wie so oft, wenn Indianer durch Übergriffe von Weißen zu Schaden gekommen waren, fanden die weißen Richter zu keinem gerechten Urteil. Das war schon nach Cornstalks Ermordung nicht anders gewesen, nicht nach Gnadenhütten und auch jetzt nicht, als Boone dabei war. Sie enthoben den verrückten Major zeitweilig seines Kommandos. Das war alles.

Nach dem Überfall räumten viele Shawnee ihre alten Wohngebiete. Sie wichen in das nordwestliche Ohio aus und auch in den Osten des heutigen Bundesstaates Indiana. Zu ihrem neuen Kriegshäuptling wählten sie einen besonders fähigen und bewährten Mann, Blaujacke. Der leitete jetzt die Beratungen in der neuen Siedlung Wapakoneta am Auglaize-Fluß.

Noch immer aber zogen Kriegertrupps auch durch den Süden Ohios. Das mußten Landvermesser unter Thomas Bryan erleben, als sie dort, zwischen dem Paint und dem Brush Creek, Vermessungsarbeiten durchführten. Sie hatten gerade einen Bären und zwei Elche erlegt, als plötzlich drei Indianer vor ihnen standen und ihnen bedeuteten, daß sie zu essen wünschten. Bryan lud sie an sein Feuer ein. Die Weißen wollten eben zu essen beginnen, als ein junger Krieger, den Bryan für Tecumseh hielt, sie zu warten bat, bis der älteste unter ihnen ein Gebet gesprochen habe. Es war Schwarzfisch, der nun aufstand, die Hände hob und dem Großen Geist dankte: »Und solch eine Anrede an die Gottheit«, berichtete Bryan später, »bei derartiger Gelegenheit habe ich – soweit ich ihn verstehen konnte – niemals von sterblichen Lippen gehört. Der Ton, die Melodik der Worte, die Gesten – alles dies stimmte zusammen und machte einen sehr tiefen Eindruck auf uns.«

Ein paar Monate später war Schwarzfisch tot. Er führte noch immer Krieger zu Überfällen nach Kentucky, darunter Tecumseh, sowie dessen Freund Blaujacke, seinen weißen Adoptivsohn Charles Hart und einen Schwarzen. Eines Tages umschlichen sie das Haus des Grenzers Joseph Stinson, und als Schwarzfisch eine gute Gelegenheit sah, drang er mit dem alten Löwenmut durch die Tür ins Blockhaus ein. Er packte Joseph Stinson, um ihn mit dem Tomahawk zu erschlagen. Niemand achtete auf Stinsons Tochter Polly, die beherzt ein Schlachtermesser nahm und es dem alten Häuptling in den Rücken stieß. Ein berühmter Shawnee-Krieger von einem Weib erstochen! Das konnte nicht angehen. Fern von seinem Dorf begruben die Krieger ihn und verheimlichten die wahren Umstände seines Todes. Die meisten Weißen glaubten ohnehin, er sei schon Jahre zuvor einer Schenkelwunde erlegen, die er beim Angriff Bowmans auf sein Dorf erlitten hatte.

An den Kämpfen, die in den nächsten Jahren jenseits des Ohio gegen die Indianer gewonnen und verloren wurden, nahm Daniel Boone nicht mehr teil. Seine Büchse war so sicher wie eh und je, und auch sein Körper noch allen

Anforderungen gewachsen, obwohl er, an der Lebenserwartung des 18. Jahrhunderts gemessen, mit 55 Jahren ein alter Mann war. Daß er dennoch immer mehr inmitten der eigentlich hoffnungslosen Verhandlungen über Frieden und Ausgleich mit Indianern zu finden war, läßt eher auf eine neue, bessere Einsicht schließen. Viele der Indianerführer hielten den alten Gegner offenbar auch noch immer für vertrauenswürdig.

Boone war in ungezählten größeren und kleinen Missionen unterwegs. Einmal konnte er ein kleines Mädchen aus der Gefangenschaft holen, ein anderes Mal einen Jungen, ohne den Indianern mehr angeboten zu haben als sein Wort, daß sie dafür den einen oder anderen ihrer Krieger bald in Freiheit sehen würden. Wenn er dann durch ein Übermaß an Bürokratie daran gehindert wurde, sein Versprechen zu halten, verbitterte ihn das sehr: »I am hire With my hands full of Bisness an No Autherety and if I am Not indulged in What I do for the best it Is Not worth my Whila to put my Self to all this trubel«, schrieb er im Frühjahr 1787 an einen Beamten.[13]« (»Ich habe hier alle Hände voll zu tun und keinerlei Autorität, und wenn ich kein Verständnis erwarten kann, für das, was ich für das Beste halte, ist es nicht der Mühe wert, daß ich mich in alle diese Schwierigkeiten bringe«).

1787 war auch das Jahr, in dem durch Regierungserlaß das sogenannte Nordwest-Territorium gegründet wurde. Gouverneur wurde Generalmajor Arthur St. Clair, die neue »Hauptstadt« hieß Marietta. Das Territorium vereinnahmte auch das Tal des Scioto, wo Alt-Chillicothe gestanden hatte, und den unteren Lauf des Kleinen Miami. Eine Landgesellschaft in Boston, die sogenannte Ohio Company, erwarb von der Regierung 500 000 Hektar Land, das von den Flüssen Muskingum und Scioto begrenzt wurde. Und über den Ohio kamen immer neue Siedler. Im Jahr 1787 waren es mehr als 10 000.

Hatten die Indianer all ihren Kampfgeist verloren? Die Regierung jedenfalls nutzte den guten Ruf Daniel Boones für ihre rauhe Diplomatie. Boones Platz nahe der alten Indianerfurt am Ohio wurde mehr und mehr zur Stätte der friedlichen Begegnungen zwischen Kriegern und Kentuckyern. Rebecca und die Familie hatten alle Hände voll zu tun, die vielen Gäste zu bewirten. Oft blieben befreite weiße oder rote Gefangene auch Tage oder Wochen bei ihnen wohnen, ehe sie in ihre Ortschaften oder zu ihren Familien zurückkehrten. Ein kleines Mädchen namens Chloe Flinn, das die Familie Anfang 1787 in Obhut nahm, blieb zum Beispiel über ein Jahr.

Die Indianerstämme, mit denen die Grenzer so viele Jahre Krieg geführt hatten, besaßen zum Teil neue Führer. Das waren bei den Shawnee die Häuptlinge Blaujacke, Wolf und Captain John. Der bedeutendste indianische Führer jener Jahre aber war der Miami-Häuptling Mitschikinikwa. Gegen einen Gefangenenaustausch hatte auch er nichts; denn jeder Mann, der zurückkam, konnte wieder gegen die Weißen kämpfen. Im Gegensatz zu vielen Häuptlingen glaubte er nicht an einen dauerhaften Ausgleich mit den Virginiern.

Im April 1787 gaben die Indianer vier weiße Gefangene frei, um ein neues Zeichen zu setzen. Noch im selben Monat wechselten dann weitere neun Gefangene die Seiten. Endlich schien die Zeit reif für einen Frieden zwischen den Kentuckyern und den Indianerdörfern in der Nähe von Limestone. Die Stunde der Diplomaten war für den 20. August vorgesehen. Vorstellen kann man sich das Treffen nicht so recht. Simon Kenton und Levi Todd als geduldige Verhandlungspartner? Das traute man allenfalls Daniel Boone und Benjamin Logan zu, die an den Beratungen teilnahmen. Auf der Seite der Indianer saßen Wolf und Captain John sowie der Häuptling Blaujacke, der weniger seiner Friedens- als seiner Kriegstaten wegen berühmt war.

Immerhin brachten alle diese Männer des Krieges doch einen Friedensvertrag zuwege. In der Nacht nach dessen

Unterzeichnung schlugen die Wogen des Festes hoch. Boone schlachtete einen Ochsen und machte wohl auch ein Faß auf. 75 Shawnee- und Miami-Krieger, durch den Genuß von Braten und Whiskey gleichermaßen beschwert und beschwingt, zelebrierten einen Tanz, der den Weißen nicht so ganz geheuer gewesen sein mag. Ihnen erschien jeder Tanz als Kriegstanz. Aber nichts Schlimmes geschah. Im Gegenteil. Zur Bekräftigung des neuen Paktes zog Häuptling Blaujacke am nächsten Morgen mit Boones Sohn Daniel Morgan auf die Jagd.

Eine Freundschaft wurde auf diese Weise begründet, die sich zwischen den Boones und den Blue Jackets auch noch bewährte, als die Weißen und Indianer wieder zu ihrer alten, bösen Routine von Schlag und Gegenschlag zurückgekehrt waren. Auch Blaujacke ging bald in aller »Unschuld« wieder auf den Kriegs- und Beutepfad. Daß der Shawnee von den sportlichen Freuden des Pferdediebstahls nicht lassen konnte, brachte seinen Freund Boone eines Tages im Frühjahr 1788 in arge Bedrängnis.

Daniel Boone war zusammen mit Simon Kenton inzwischen zum Treuhänder der Ortschaft Limestone geworden, die jetzt Maysville hieß. In dieser Eigenschaft wurde ihm eines Tages der nicht gerade verlegen wirkende Blaujacke übergeben. Man hatte ihn nach einem Pferdediebstahl bei Strode's Station erwischt. Was blieb Boone anderes übrig, als Blaujacke zu binden und einzusperren? Ein richtiges Gefängnis gab es damals in Maysville noch nicht, also brachte Boone den Shawnee in einer soliden Blockhütte unter. Ob das Messer, mit dem der Gefangene dann bald darauf seine Fesseln durchschnitt und verschwand, von irgend jemandem vergessen oder übersehen oder gar absichtsvoll in der Hütte deponiert worden war, ließ sich nicht aufklären. Boone mußte sich ein paar mißtrauische Fragen gefallen lassen. Aber niemand tastete ihn an.

Er war jetzt angesehener denn je. Seinen Ruhm hatte der Schriftsteller John Filson verbreitet, aus dessen Feder das Werk »The Discovery, Settlement and Present State of Kentucke« stammte. Im Jahre 1784 war es mit dem 34seitigen Anhang »The Adventures of Col. Daniel Boon« erschienen. Übersetzungen des Buches machten den alten Pfadfinder sogar in Deutschland und Frankreich bekannt. Boones »Autobiography« war der interessanteste Teil des Buches. Es wurde noch mehr gelesen, als ein Mann namens John Trumbull Boones Geschichte aus dem Gesamtwerk herauslöste, von allem Schwulst befreite und eine spannendere Version über den Pfadfinder, den Jäger, den Pionier und Kämpfer herausbrachte. Sie erschien 1786 in Norwich, im Staate Connecticut, und machte Boone unter seinen Landsleuten populär – auch bis hin zum Otsego-See, an dem James F. Cooper lebte.

Zu diesem Zeitpunkt war Boone nicht nur berühmt, er war auch wohlhabend. Seine Handelsstation und seine Handelsreisen brachten gute Erträge. Seine Landansprüche erstreckten sich auf über 40 000 Hektar. Er erwarb drei schwarze Sklaven, die Rebecca und den Töchtern in den langen Zeiten seiner Abwesenheit bei den schweren Arbeiten zur Hand gehen sollten.

Es ging ihm also gut in Kentucky. Um so merkwürdiger erscheint uns der Schritt, den er jetzt unternahm. Plötzlich, im Jahre 1789, verließ er Maysville und zog nach Point Pleasant. Die Stelle am Großen Kanawha, wo Cornstalk seinen Kampf aufgegeben hatte, den er mit mehr Glück hätte gewinnen müssen, hatte sich zu einer passablen westvirginischen Siedlung entwickelt. War sie ein besser gelegener, ruhigerer Ausgangspunkt für Daniels neue Unternehmungen? An der alten Grenze jedenfalls waren Indianer und Weiße zu offenen Feindseligkeiten zurückgekehrt. In Winter 1789/90, als Daniel Boone den raren Dokumenten und Briefen nach zu urteilen, von einem Geschäftsmann in Philadelphia erwartet wurde, hatte General Josiah Harmar den Befehl, in das Land nördlich des Ohio einzumarschieren, das die Indianer als ihr Eigentum betrachteten und das auch immer noch unter britischer Oberhoheit stand.

15. Kapitel

Die Hintergründe des Unternehmens waren vielschichtig. Die Regierung wollte ihr Versprechen einlösen und den Veteranen des Unabhängigkeitskrieges Siedlungsraum in dem Gebiet schaffen, das sie im Kampf mit Briten und Indianern gewonnen hatten. Außerdem waren auch viele amerikanische Politiker, darunter der Präsident selbst, Landbesitzer in diesem Gebiet. Da waren die Indianer im Wege. Wir wissen nicht, warum Daniel Boone nicht in den Reihen der Miliz war, mit der Harmar zunächst ins Scioto-Tal marschierte. Er hatte doch in all den vorausgegangenen Jahren immer mit größter Entschiedenheit gegen die Shawnee gekämpft. Vielleicht hielt ihn die Einsicht zurück, daß man den Shawnee, mit denen er Frieden geschlossen hatte und unter denen Blaujacke sogar sein Freund war, nicht das letzte Rückzugsgebiet nehmen konnte.

Harmar wollte sogar noch mehr, er wollte auch das Land der Miami, der Wyandot, der Delaware und anderer Stämme im Nordwest-Territorium. Im September 1790, als Harmar in Fort Washington – später Cincinnati – 1 200 Mann für seinen Feldzug um sich versammelte, rief Kleinschildkröte, seiner Herkunft nach wirklich einer der letzten Mohikaner (seine Mutter war Mohikanerin, der Vater ein Miami-Häuptling), die Krieger befreundeter Stämme in die größte Miami-Siedlung, Kekionga, das beim heutigen Fort Wayne lag. Die Miami gehörten zur Sprachfamilie der Algonkin und waren mit den benachbarten Illinois verwandt. Die Engländer nannten sie Thwightees oder auch »Nackte Indianer«, was eine unstatthafte Übertreibung war; denn Frauen und Männer kleideten sich mit großem Farbsinn. Charakteristisch für die Erscheinung der Krieger waren dunkle Jagdhemden und Baumwoll-Leggins mit blauroten

Seidenverzierungen. Ihr Haar schmückten die wohlhabenderen Männer mit silbernen Ornamenten. Als Mitschikinikwa oder Kleinschildkröte zu den Waffen rief, konnte sein eigener Stamm kaum mehr als 1 000 Krieger aufbieten. Aber sie waren nicht allein. Viele andere Krieger folgten der Aufforderung des Miami-Häuptlings, als er den roten Tomahawk, zum Zeichen, daß Krieg war, durch die Dörfer der befreundeten Stämme schickte. Auch Häuptling Blaujacke kam mit einer Streitmacht seiner besten Shawnee-Krieger, zu denen der junge Tecumseh gehörte.

Harmar hatte insgesamt 1 435 Mann unter seinem Befehl. Das war eine Armee, die kaum ein indianischer Führer direkt angegriffen hätte. Als der General durch das Shawnee-Gebiet und auf Kekionga marschierte, räumten die beiden Stämme ihre Siedlungen und zündeten sie selbst an. Harmar verbuchte das schon als Erfolg. Dann kamen die Soldaten an den Maumee, wo Mitschikinikwa ebenfalls Feuer an seine Siedlung hatte legen lassen. Allzu deutlich wären nun für einen gewitzten Heerführer die Spuren verlaufen, die aus dem Dorf in alle möglichen Richtungen gingen. Harmar ließ sich verführen und schickte verschiedene Abteilungen hinter den vermeintlich geflohenen Indianern her. Sie warteten in den Wäldern. Die Soldaten liefen in das konzentrierte Feuer der gut gedeckten Krieger. In kurzer Zeit verloren die Weißen 183 Mann. Harmars Rückzug, erschwert durch den Transport von 31 Verwundeten, kam einer Flucht ziemlich nahe. Der Militärgouverneur wurde wegen seiner schlechten taktischen Führung heftig kritisiert, gab sein Amt freiwillig ab und zog sich zurück.

Washington schickte einen neuen Mann an die wilde Grenze, den sechsundfünfzigjährigen General St. Clair. Der Kongreß bewilligte ihm 2 000 Mann regulärer Truppen und eine Kentucky-Miliz von 1 000 Mann. Zuerst marschierte der alte Soldat ins Indianergebiet und baute an einem der Quellflüsse des Maumee Fort Jefferson. Die Indianer, unter der

Führung von Blaujacke, Kleinschildkröte und dem Delawarenhäuptling Bukongahelas waren über jeden seiner Schritte unterrichtet. Ihre Späher waren überall. Sie ließen St. Clair bauen. Ihre Zeit kam, als St. Clair und Generalmajor Butler im Herbst 1791 Fort Washington verließen. Schon auf dem Vormarsch wurde das Heer durch Desertionen geschwächt. Am 3. November erreichte es einen der Quellflüsse des Wabash im heutigen Dark County, Ohio, etwa 50 Kilometer von Fort Washington entfernt. Außer den 1748 Soldaten wärmten sich etwa 200 Frauen, die im Troß mitgezogen waren, an den zahlreich aufflackernden Lagerfeuern. Ihre Anwesenheit war ein Beweis für die Unerfahrenheit und den Leichtsinn der Führung.

Als der kalte Novembermorgen heraufdämmerte, wuchsen überall aus dem Nebel schemenhafte, gefiederte Gestalten aus dem Boden. Die Soldaten taumelten aus den Decken und gleich in die blitzenden Salven der Indianer hinein. Und dann waren die Krieger schon mitten unter ihnen. Tomahawk und Messer wüteten. St. Clair war nicht feige. Wo der Kampf am heftigsten tobte, war der alte, gichtgekrümmte Militär in seiner Sänfte zu finden, ermutigend, ordnend. Auch Generalmajor Butler versuchte, die völlige Auflösung zu verhindern. Aber diesmal hatten die Indianer, selbst sogar in der Minderzahl, alle Vorteile der Überraschung und der Geländekenntnis auf ihrer Seite. Und sie waren die entschlosseneren Kämpfer. Nach dreistündigem Gefecht war die Niederlage der Weißen besiegelt. Butler war tot, und St. Clair räumte das Feld. 629 Soldaten waren gefallen, von den 200 Frauen waren 56 tot. Als die Weißen Wochen später auf das Schlachtfeld kamen, um ihre Toten zu begraben, fanden sie Leichen vor, denen die Krieger Erde in die Münder gestopft hatten.

Zur Zeit, als St. Clairs Armee in den Wäldern Ohios verblutete, war Boone in Richmond, Virginia, und erhielt den Auftrag vom Gouverneur, Redstone in Pennsylvania und zwei weitere Forts mit Munition zu versorgen. Sein Transportgeschäft blühte. Außerdem wurde er Stellvertretender Oberst der Bürgerwehr in seinem County. Alles schien sich gut zu entwickeln.

1792 wurde Kentucky 15. Staat der Union. Der Kampf um neues Siedlungsland tobte hier inzwischen nicht mehr mit den Indianern. Die Weißen fochten ihn nun untereinander aus, und Boone wurde sein prominentestes Opfer. Sein Hochgefühl, Ansprüche auf 40 000 Hektar zu haben, nahm in dem Maß ab, in dem sich immer mehr Leute an ihn hielten, die durch seine Landvermessungen, vor allem aber durch seine Unfähigkeit zur Arbeit mit Papier, Schaden erlitten hatten. Dazu kamen noch ein paar Leute, die ihn mit Erfolg betrogen.

Den größten Coup landete ein gewisser Gilbert Imlay, von dem Boone für ein Stück Land einen Gutschein über 1 000 Pfund angenommen hatte. Imlay verkaufte das Land, segelte nach England und drückte dem betrogenen Boone schriftlich sein Bedauern darüber aus, daß er seine Schulden nicht bezahlen könne. In einem anderen Fall bürgte Boone mit 500 Pfund für einen Mann namens Ebenezer Platt, der ein Stück Land erwerben wollte. Boone lieh ihm auch noch einen Betrag für einen Ritt nach Louisville und mußte dann später herausfinden, daß Platt ein Krimineller war, der nicht nach Louisville gegangen war, sondern in New Orleans unauffindbar untertauchte.[14]

Viel schlimmer aber waren für den Pionier die zahlreichen Prozesse gegen ihn, durch die er immer tiefer in Schulden geriet. Die meisten wurden wegen überlappender Claims angestrengt. Da Boone auch noch Grundstücke vermessen hatte, an denen er nicht beteiligt war, wurde er in einigen Fällen auch Opfer des Streites zwischen den Vertragsparteien. War dann sein Klient der Verlierer, machte er Boone verantwortlich. War sein Kunde der Gewinner, haßte ihn die andere Partei. Des endlosen Streitens müde, gab Daniel ein großes Stück seines einwandfreien Landbesitzes einem Colonel John Grant zu treuen Händen mit der Bitte, damit alle Leute zufriedenzustellen, die gültige Ansprüche gegen ihn hätten.

Die Realitäten, denen sich Boone gegenübersah, waren ungleich bitterer als die Auseinandersetzungen, die Coopers Natty Bumppo in »Die Ansiedler« zu schaffen machten. Der Lederstrumpf im Roman reagiert mit Schüssen und Fußtritten auf die Versuche, ihn aus seiner Hütte zu vertreiben. Da ist der »echte« Lederstrumpf der größere Dulder. Um das Jahr 1798 hat er in dem Staat, den er einst der Besiedlung erschloß und verteidigte, keinen eigenen Grund und Boden mehr, und da war auch, bis hinauf zum Gouverneur Isaac Shelby, niemand, der sich seiner Verdienste erinnert hätte. Als sich Daniel Boone im Jahre 1796 schriftlich beim Gouverneur bewarb, das von der Regierung geplante Projekt der Erweiterung seines »Wilderness Roads« zu betreuen, erhielt er keine Antwort. Schon im Jahr zuvor hatte er Point Pleasant wieder verlassen und war an jenen Ort gezogen, der einst seinem Sohn Israel zum Schicksal geworden war – an den Blauen Lecken. Dort, an den Brushy Forks, baute er mit seiner Familie ein nur 40 Quadratmeter großes Blockhaus und zog sich von all dem Lärm und Streit um Land zurück.

Als erster Weißer stand der alte Pfadfinder vermutlich vor den Naturwundern am Yellowstone im heutigen Wyoming.

Boone sah am Yellowstone Bilder, die sich zum Glück bis zum heutigen Tag
erhalten haben; die schillernden Terrassen von Mammoth Hot Springs.

Nach seiner Rückkehr erzählte der alte Pionier, er sei dort gewesen, „wo der Grund Lava auskocht". Man glaubt, daß er bis zum Großen Salzsee gekommen ist, den er wie der Pionier Jim Bridger für einen „Arm des Pazifiks" hielt.

V. Teil
Über den Mississippi
in die Prärie

Ihr habt Gottes Geschöpfe aus der
Wildnis vertrieben und Verwirrung
und Unruhe in ein Land gebracht, wo
vorher kein Mensch den anderen stör-
te. Ihr habt mich, der ich Jahrzehnte
in diesem Winkel gehaust habe, aus
meiner Heimat und Wohnung vertrieben... Was wollt ihr von mir? Habt
ihr nicht schon genug?
Natty Bumppo in »Die Ansiedler«.

16. Kapitel

Das Land, auf dem Daniel Boone seine Blockhütte baute und vier Hektar bearbeitete, gehörte nicht einmal ihm, sondern seinem Sohn Daniel Morgan. Der Pionier besaß zwar noch immer 1100 Hektar, aber es war drittklassiger Boden und auch schon in Gefahr, unter den Hammer zu kommen. Boone war ein Verlierer, und anderen Pionieren der ersten Stunde erging es nicht besser. Zu den Verlierern gehörten auch Thomas Lincoln, der Vater Abraham Lincolns, und die Überlebenden der Bryan-Familie, die bei der Belagerung der Indianer um Bryan's Station gekämpft und gelitten hatten. Sie alle mußten wegen überlappender Claims ihr Land räumen. Den Bryans wurde sogar ein Besitztitel von einem Virginier präsentiert, der nie zuvor in Kentucky gewesen war. Alle hatte sie Söhne, Brüder, Verwandte an den Blauen Lecken verloren und in anderen Schlachten, in denen es für Kentucky ums Ganze gegangen war, aber Kentucky schützte sie jetzt nicht. Im selben Jahr, in dem eine Grafschaft in Kentucky nach Daniel Boone benannt wurde, nämlich 1798, brachten es die Sheriffs in zwei anderen Grafschaften, Maron und Clark, fertig 10000 Acre von Boones Land zu verkaufen, weil er dort Steuerschulden hatte. Das Vaterland war undankbar.

Boone empfand das auch so. Als sein Sohn Daniel Morgan 26 Jahre alt war, hatten sie ein langes Gespräch, in dem der Vater wohl noch einmal die alten Zeiten beschwor, als das Wild hier noch zahlreicher als der Mensch war. Beide waren sich einig: Kentucky war nicht mehr das gelobte Land, das Vater Boone einst gesucht und gefunden hatte. Boone erzählte von den Fahrten seines alten Freundes Jean Martin, der das Land im Westen als offen, wild und wasserreich geschildert hatte. Beide träumten am Feuer von einem Neuanfang in dieser fernen Wildnis. Sie wollten den Indianern hinterherziehen, die wie der alte Jäger und Trapper auch zu den Verlierern gehörten. Ein General, den die Zeitgenossen den »Verrückten Anthony« nannten, hatte dafür gesorgt, daß sie nie wieder über den Ohio kamen und ihren Fuß auf den Boden Kentuckys setzten. Sie hatten großartig gefochten; unter Little Turtle und Blaujacke hatten sie zwei Armeen besiegt und bei Fallen Timber beinahe auch Mad Anthony Waynes Truppen noch ins Wanken gebracht. Dann war die Schlacht aber doch verlorengegangen. Anschließend hatte der General ihre Felder im wahrsten Sinne des Wortes umgraben lassen, um auch noch das kleinste Nahrungspflänzchen zu vernichten, hatte die Häuptlinge, die für ihren Stamm den Hungertod fürchteten, bei Greenville einen Vertrag unterschreiben lassen, der sie zwang, noch weiter nach Westen auszuweichen.

Little Turtle, der alte Haudegen, gelangte zu der Einsicht: »Sehe ich Eure Städte, so sind es jedesmal dieselben beiden Dinge, die mich am meisten in Erstaunen versetzten: die Verschiedenheit Eurer Gesichter und Eure ungeheure Zahl. Es ist dessen kaum zwei Generationen, daß die Weißen in unser Land gekommen, und jetzt bedecken sie es wie Mükkenschwärme, während wir Geborenen des Bodens seit Urgedenken noch immer so zerstreut leben wie die Hirsche im Wald.

Ihr Bleichgesichter habt es eben gelernt, auf kleinem Raum auskömmliche Nahrung zu gewinnen. Von einem Stück Land, zwanzigmal so groß wie dieses Zimmer, sammelt einer von Euch den Lebensbedarf eines ganzen Jahres; der Hirsch, von dessen Fleisch die Sippe des roten Jägers sich nur zwei Tage lang sättigt, braucht zu seinem Wachstum ein Gebiet, viermal so groß wie diese ganze Stadt. Da ist es kein Wunder, wenn die Bleichgesichter uns vom Salzwasser bis an den Kitschi Kame und den Mitschi Sipi zurückgetrieben haben. Ihr breitet Euch aus wie Öl auf dem Wasser, wir schmelzen hinweg wie Schnee in der Frühlingssonne. Lernen wir nicht Eure Künste, so ist das Volk der roten Männer verloren, sind seine Tage gezählt.«[1]

Viele lernten die »Künste« der Landwirtschaft. Aber auch solche Anstrengungen wurden nicht belohnt. Nach 1830, mit der Verabschiedung des Indian Removal Act, duldeten die Amerikaner nur noch wenige Stämme in ihren alten Gebieten. Nicht nur die Cherokee, auch die Shawnee, die Delaware, die Miami und viele andere Völker, sollten eines Tages ihren »Pfad der Tränen« betreten und in das heiße, waldlose Oklahoma wandern. In Erinnerung an ihre Vertreibung und ihre frühere Heimat änderten die Erben von Cornstalk und Bukongahelas in Oklahoma ihre Stammesnamen. Absentee-Shawnee und Absentee-Delaware nannten sie sich, die Abwesenden.

Boone und seine Familie hatten bessere Alternativen. Diesmal sehen wir im Gegensatz zu früheren Jahren nicht den Alten zuerst Abschied nehmen, sondern die Söhne Daniel Morgan und Nathan. Wir sehen sie ihre Pferde für eine lange Reise bepacken und dann nach Westen reiten, entlang dem Licking River zum Ohio, und den Windungen des Ohio folgen, bis er beim heutigen Cairo nach einem Lauf von über 1500 Kilometern vom Vater der Ströme aufgenommen wird, vom gewaltigen Mississippi. Dieser Ritt der beiden Boones mochte, wenn er gemächlich ging, einige Wochen gedauert haben.

Es war nichts weniger als eine Emigration aus den Vereinigten Staaten, die sie vorbereiteten. St. Louis, ein paar Meilen unterhalb des Zusammenflusses von Mississippi und Missouri hoch auf dem Westufer des behäbig gewordenen Stromes gelegen, gehörte nämlich zu Spanisch-Amerika, dessen Zweiter Gouverneur, Don Zenon Trudeau, hier auch spanische Macht und Größe vertreten mußte. Macht zu repräsentieren, gelang angesichts der paar Häuserzeilen am Fluß nur sehr begrenzt. St. Louis war noch nicht Tor zum Westen, Hauptquartier des westlichen Pelzhandels und Kulturzentrum, was immer das letztere heißen sollte. An ihren Ketten zerrten aber schon viele Boote, die nach

New Orleans gingen oder von dort mit Waren kamen. Es gab Herbergen, Waren- und Lagerhäuser sowie Handwerker, die Gewehre, Sättel, Säcke, Taue und Werkzeuge machten. Von der Größe des Landes hinter der Stadt konnte der Gouverneur kaum eine rechte Vorstellung haben, geschweige denn Kontrolle darüber gewinnen. Dazu hätte er loyale Siedler finden müssen.

Daniel Morgan und Nathan wurden zu einer Audienz beim Gouverneur geladen. Trudeau garantierte ihnen und ihrem Vater vor allem großzügige Landschenkungen für den Fall, daß sie nach Ober-Louisiana kämen, darüber hinaus auch für alle jene, die ihnen folgen würden. Die Boones hatten auch in Spanisch-Amerika einen Ruf, der Hoffnungen auf neue Siedler rechtfertigte.

Als Daniel Morgan zusammen mit seinem jungen Bruder das Land erkundete und sich vielleicht 100 Kilometer in nordöstlicher Richtung von St. Louis entfernt hatte, entdeckte er eine Landschaft, die mit ihren sanften, dichtbewaldeten Hügeln, den lieblichen Tälern und baumbeschatteten Bächen jener am Licking River sehr ähnlich war. Und sie war noch unverbraucht. Daniel Morgan sah in den Bächen die vielen Biberbauten, im letzten Licht die hübschen Weißwedelhirsche heimlich an die Ufer treten und hörte im Dickicht den Schwarzbären schnaufen. Diese Landschaft, das wußten die Brüder, würde den Vater mit den Verlusten in Kentucky versöhnen.

Die Ozark-Berge gehörten zum Herzland der Osagen. Dieser Stamm, der einen der vielen Sioux-Dialekte sprach, war vor vielen Jahren aus dem östlichen Waldland über den Großen Fluß zum Rand der Großen Ebenen gewandert. Er lebte wie die benachbarten Pawnee und Wichita in festen Häusern und bepflanzte den Boden um seine Dörfer herum mit Mais, Bohnen und Kürbissen. Im Sommer, wenn die wilden Weidegründe in der Prärie vom endlosen Strom der großen Büffelherden überflutet wurden, lösten sich die Dorfgemeinschaften in kleine Jagdbanden auf, die mit ihren Tipis hinaus in die Prärie zogen. Ihren großen Spielraum gewannen die Osage erst, als sie durch Handel und Raub in den Besitz von Pferden gekommen waren. Pferde hatten den Stamm zwar beweglicher und freier gemacht, aber sein Leben doch nicht so entschieden revolutioniert wie das anderer Völker im Westen, die von Pflanzern und zeitweiligen Büffeljägern ganz zu Reiternomaden geworden waren. In den Plains westlich des Arkansas waren das zum Beispiel die Kiowa und die Comanche, in den Hochprärien nordwestlich des Platte-Flusses die Teton-Dakota, die Arapahoe und die Cheyenne.

Die Osage waren durch den Handel mit den Weißen am Missouri mächtig erstarkt; die »Feuerstöcke«, die sie für ihre Felle vielleicht zahlreicher erhielten als die benachbarten Pawnee, Wichita, Oto, Sac und Fox, gaben ihren ohnehin schon mutigen und gut geführten Kriegern eine Zeitlang die Aura der Unüberwindlichkeit. Als Daniel Morgan und Nathan in ihren Bergen und Uferwäldern umherzogen, waren die Osage auf dem besten Wege zu diesem Ruf. Beim Anblick der auf den kahlgeschorenen Schädeln vereinsamten Skalplocken, mochten sich die Boones an die schrecklichen Mingo erinnert fühlen und manches Mal den Tomahawk im Gürtel gelockert haben, wenn sie Osage-Kriegern begegneten. Aber die Roten waren zu den Weißen, die ihnen Vorteile brachten, freundlich. Sie ahnten nicht, daß die Männer, von denen sie jetzt in ihren Dörfern besucht wurden, sich von den lässigen Kreolen und französisch-kanadischen Händlern vor allem durch ihren Landhunger unterschieden und mit großem Appetit im Femme Osage-Tal gleich einmal über 200 Hektar beanspruchten, die ihnen der Gouverneur dann durch die Landgarantie »No. 20« auch verbriefte.

Darin übrigens ähnelte Daniel Morgan dem Alten – gleich zwei Jahre, nämlich zwischen 1795 und 1797, hielt er sich fern von Frau und Kindern im neuen Land auf, ehe er, auch wie einst der Alte, mit einer Vision nach Kentucky zurückkehrte.

Dem Vater ging es gar nicht gut. Seit ein, zwei Jahren schon umklammerte das Rheuma immer wieder seine Gelenke. Das Klima Kentuckys, das selbst in der Sommerhitze noch feucht war, begünstigte solche Erkrankungen, und Boone hatte viele Nächte auf dem nackten Boden unter freiem Himmel zugebracht, vor allem aber auch in den kalten Flüssen seine Biberfallen aufgestellt. Jetzt bezahlte er dafür. Der gefürchtete Kämpfer und gewandte Jäger fühlte sich an manchen Tagen wie ein Gelähmter. An den schmerzfreien Tagen war er freilich voll des alten Unternehmungsgeistes, und sein Sohn Daniel Morgan erwischte einen dieser Tage, als er den Eltern, unterstützt von Nathan, vom Westen erzählte. Freilich, Rebecca hatte in ihrem langen Leben schon allzu viele solcher gelobten Länder erlebt. Welchen Kummer würde dieses wieder bringen? Daniel war beinahe 65 Jahre alt. Welche Aussichten hatten sie denn noch?

Vielleicht war es ihre Erbitterung über die Undankbarkeit Kentuckys, die Erinnerung an ihre toten Kinder und Verwandten in diesem Boden und die Perspektivlosigkeit an diesem traurigen Bach, dem Brush Creek, die sie veranlaßten, ihre Warnungen weniger energisch zu vertreten als in vorausgegangenen Diskussionen mit Daniel. Soviel aber wußten sie beide: Dies würde ihr letzter Aufbruch sein.

Die neue Herausforderung verjüngte den alten Pionier und gab ihm Kräfte wie in früheren Jahren. Mit Daniel Morgan gemeinsam suchte er sorgfältig die Verwandten, Freunde und Bekannten aus, denen sie Ober-Louisiana schmackhaft machen wollten. Sie überlegten, wie sie das Vieh und Hausrat wegschaffen könnten und entschieden, daß sie ihre kleine Herde den Überlandweg am Fluß entlang treiben würden, während die unbewegliche Habe auf dem Wasserweg schwimmen müßte. Daniel Boone selbst wäre vielleicht wie Coopers »Lederstrumpf« mit leichtem Marschgepäck in die Prärie hinausgegangen und hätte sich seinen Wohnbedarf dort zusammengehämmert. Aber da waren zu viele Dinge, an denen Rebecca und die Kinder hingen.

Wir wissen, wo Daniel Boone den gewaltigen Tulpen-
baum fällte, aus dessen Stamm er ein nahezu 20 Meter
langes Kanu brannte, einen Einbaum, der sechs Tonnen
Last tragen konnte. Er stand am Big Sandy, einem der Zu-
flüsse des Ohio. Von dort aus konnte man auch gut den
Ohio erreichen. Die Wassertafel Kentuckys war zu jener
Zeit reicher, als sie heute ist. Die Nebenflüsse der großen
Ströme führten weit mehr Wasser.

Das Datum des Abschieds war im September 1799, zwei
Monate vor Daniels 65. Geburtstag.

17. Kapitel

Es war beinahe der ganze Boone-Clan, der Kentucky verlassen wollte. Mit Daniel gingen seine Frau Rebecca und sein Bruder Squire mit Frau und Kindern; sodann Daniels Tochter Susannah, 29 Jahre alt, und deren Mann William Hays mit den Kindern, seine Tochter Jemima, 27 Jahre alt, und deren Mann Flanders Callaway, sein Sohn Daniel Morgan, 30 Jahre alt, und dessen Frau Sarah sowie Daniels jüngster Sohn, Nathan, 18 Jahre alt. Nicht weniger als sechs Erwachsene verteilten sich im Kanu: Rebecca, Susannah, Jemima, Squire, Daniel Morgan und Nathan, dazu die kleinen Kinder. Sie saßen zwischen Möbeln, Kleiderkisten, Werkzeugen und Vorräten. Der alte Pionier und Schwiegersohn Flanders Callaway folgten auf der Überlandroute mit dem Vieh.

Zum Glück stieg der 18jährige Nathan in Maysville wieder aus dem Boot, weil er Kentucky doch nicht ohne seine erste Liebe, die 16jährige Olive Van Bibber, verlassen wollte. So gewinnen wir wenigstens einen Eindruck vom Abenteuer der Landreise. Olive sollte später, als alte Dame, ihrer Schwiegertochter Mary Wardlow davon erzählen.

Am 26. September hatten sie in Kentucky geheiratet. Fünf Tage später stiegen sie auf ihre beiden Ponys. Ihre Habe, Kleider, Decken, eine Axt und ein Gewehr, luden sie auf ein Packpferd. Die jungen Reisenden schliefen unter freiem Himmel neben dem verglühenden Feuer. Vorräte hatten sie nicht dabei. Sie lebten von dem Wild, das Nathan unterwegs erlegte. Bis Vincennes im heutigen Indiana hatten sie Gesellschaft durch ein anderes Paar auf dem Weg nach Westen. Die Siedlung mit ihrem befestigten Kern hatte sich seit den Tagen von George Rogers Clark nicht wesentlich verändert. Sie war langweilig. Die beiden aber saßen drei Wochen hier fest, weil sich eines ihrer Pferde verletzt hatte und erst gesund gepflegt werden mußte. Im Herbst ritten sie dann allein weiter. Wenn irgendwo Rauch aufstieg, der auf die Nähe von Menschen schließen ließ, dann war es Rauch aus den Hütten von Indianern, die es zu meiden galt. Endlich, der November war schon nahe, kamen sie nach St. Louis.

Die Residenzstadt des Gouverneurs muß trotz ihrer Bescheidenheit für die beiden eine völlig neue Erfahrung gewesen sein. Sie stellte eine ganz ungeheure Ansammlung von Menschen dar. Doch Nathan war selbstbewußt genug. Er schlug einen Handel aus, in dem man ihm über 30 Hektar Land für seine drei Pferde anbot. Die Ufer des Mississippi und auch des Missouri wurden damals durch keinen noch so bescheidenen Brückenschlag verbunden. Nathan und Olive mußten ihre Habseligkeiten in ein Boot laden und in dem unsicheren Gefährt oberhalb von St. Louis den schiebenden, wirbelnden Missouri-Strom durchqueren. Während Nathan sich in die Riemen legte, hielt Olive das Steuer und die Zügel der drei schwimmenden Ponys. Die lange und, wie Olive später erzählte, gefährliche Reise endete im Tal der Osagenfrau, wo die anderen Boones schon seit einigen Wochen unter den Augen der Indianer beilten und hämmerten.

Als die beiden ersten Gruppen St. Louis erreicht hatten, waren sie von den Spaniern mit allen Ehren empfangen worden. Der Anblick der wehenden Flaggen Spaniens und der Vereinigten Staaten, die Fanfaren und die kleine Militärparade hatten das Herz des durch all die Landverluste verwundeten alten Löwen Daniel mächtig erwärmt. Auch der respektvolle Händedruck des scheidenden Trudeau und des neuen Zweiten Gouverneurs tat ihm wohl. Noch mehr aber erfreute ihn das sanft geneigte Tal, in dem Daniel Morgan bereits während seines ersten Aufenthaltes eine bescheidene Bleibe gezimmert hatte.

Wie sie es aus den Pioniertagen in Kentucky gewohnt waren, befestigten die Boones ihre Anwesen durch Palisaden. Die meisten Osage hier waren zwar freundlich, aber da waren die Sac und die Fox im Norden und die Oto im Westen, deren unternehmungslustige Krieger das Tal mit seinen neuen Aussichten auf Skalps und ungewohnte Beute anlockte.

Der neue Zweite Gouverneur, Oberst Delassus, hatte Boone zum Treuhänder jenes Landes gemacht, das die Siedler, die Daniels Ruf folgen würden, von der spanischen Krone erhalten sollten. Das waren 400 bis 600 Arpents (1 Arpent gleich 85 Acre gleich etwa 34 Hektar) je Familienvorstand und weitere 40 Arpents für jedes Familienmitglied und jeden Diener. Das Siedlungsgebiet hatte nach Westen hin praktisch keine Grenzen, so daß die Treuhänder den Ankömmlingen gutes Land aussuchen und zuweisen konnten. Die Spanier verlangten, daß jeder Siedler zunächst einmal vier Hektar unter den Pflug bringen mußte. Für seine Dienste versprach Delassus Boone 340 000 Hektar, und dieser merkte sich erstklassiges Schwemmland vor, das an den Nordabschnitt von Daniel Morgans Land angrenzte.

Bis zum Frühjahr 1800 kamen noch nicht viele Siedler. Boone fand ein wenig Zeit, zu jagen und Fallen zu stellen und dabei das Land weiter zu erkunden. Und eines Tages, als er einen Weißwedelhirsch verfolgte, entdeckte er eine wunderbare Stelle. Sie lag in einiger Entfernung von Daniel Morgans Blockhaus. Eine ausladende Amerikanische Ulme überragte dort alle anderen Bäume. Sie stand am Fuße eines malerischen Hügels, aus dem eine Quelle entsprang. Daniel liebte den Ort vom ersten Augenblick an. Hier wollte er für Rebecca und den jungverheirateten Nathan eines Tages ein großes Steinhaus errichten, eines von der Art, wie es sein Großvater in Pennsylvania und in Devonshire, England, besessen hatte. Dieser Bau, so beschloß er, sollte das erste Steinhaus westlich des Mississippi werden.

Vorerst aber herrschten noch die Provisorien. Wir können uns den Bienenfleiß der Boones bei der Besitznahme des neuen Landes gut vorstellen. Den indianischen Nachbarn muß er beängstigend vorgekommen sein. Da fielen Bäume für Blockhäuser, Palisaden und Einfriedungen. Da wurde der Boden gerodet und urbar gemacht für Mais, Weizen, Gemüse und Flachs. In den Flußauen krachten die Büchsen, schnappten die Fallen der passionierten Jäger und Trapper. In einem Camp, das Rebecca und Daniel im Februar 1800 errichteten, wurde Ahornsaft zu nicht weniger als 300 Pfund Zucker verkocht. Auch Nathans Fleiß im Bett wurde belohnt. Olive war schwanger.

Als nach einem milden Winter das Frühjahr kam, schwemmten die gekräftigten Fluten des Ohio neue Siedler ins Missouri-Territorium. Die Spanier in St. Louis waren so froh über jeden Zugang, daß sie sogar in Fragen der Religion Toleranz übten. In jenen Tagen mußte eigentlich noch jedermann in spanischen Landen Katholik sein. Die Registerbeamten fragten also jeden der neuen Siedler: »Wie hältst du's mit der Religion?« Gab er an, er sei Baptist oder Methodist, wurde er einfach als guter Katholik religiös vereinnahmt. Protestanten erhielten viel Zeit zur Besinnung. Ihre Prediger wurden so lange geflissentlich übersehen, bis sie fast alle ihre Schäfchen erreicht und gesegnet hatten. Dann komplimentierte man sie unter Androhung von Arrest aus dem Distrikt.

Der Zweite Gouverneur hatte seine Freude an Boone, und so ernannte er ihn am 11. Juli 1800 zum Richter des Distrikts. Das neue Amt bedeutete Machtzuwachs. Boone betrachtete es aber vor allem als Verpflichtung. Nun konnte er nicht länger vom Blockhaus seines Sohnes Daniel Morgan aus das Geschäft des Landverteilers wahrnehmen. In der Nähe jener schattenspendenden Ulme, die bald als Gerichtsbaum, als Judgement Tree, bekannt werden sollte, errichtete er mit Nathans Hilfe – und nun auf dessen Land – ein Blockhaus. Es bestand aus zwei Räumen, die durch einen stattlichen Flur in der Mitte voneinander getrennt waren. Eine Attika darüber ergänzte das Haus. Zunächst diente es dem Alten als Ausweichquartier für die Tage, in denen er unter der Ulme oder bei Regen im Haus Rechtssachen entscheiden mußte. Eine richtige Bleibe aber war das noch nicht. Der Boden bestand nur aus festgetretener Erde, und für ein Feuer fehlte der Rauchabzug.

Der Ort aber war besonders gut gewählt. Nur 15 bis 20 Schritte entfernt sprudelte die Quelle. Sie zog auch das Wild an, und abends, wenn der alte Jäger vor seiner Tür saß, hätte er von dort aus bequem einen Hirsch oder eine Antilope schießen können. Er tat es nicht. Dagegen ging er mit Nathan, der Geld für den Ausbau seines Hausstandes benötigte, öfters auf die Jagd. Was sie an Häuten und Fellen erbeuteten, verkauften sie auf dem Markt in St. Louis, wo eine unbearbeitete Haut gut 40 Cents brachte.

Auf einem dieser Jagdausflüge geschah dann, was im Boone-Clan nicht selten passierte. Die Männer waren wieder einmal nicht zur Hand, wenn sie gebraucht wurden. Olive hatte gerade mit Hilfe Rebeccas ihr erstes Kind geboren, und die beiden Frauen waren in das Blockhaus bei der Quelle gezogen. Während eines heftigen Regens spürten die beiden Frauen plötzlich, wie ihnen das Wasser innerhalb des Hauses den Boden unter den Füßen wegspülte. Offenbar hatte es seinen Weg unter den Wänden hindurch gefunden. Olive war längst wieder auf den Beinen. Zusammen mit einer schwarzen Hilfskraft aus Daniel Morgans Haus schlug sie kleine Stämme, löste die Rinde und legte den ganzen Boden mit den runden Hölzern aus. Darüber wurden die halbierten Teile der abgelösten Rinde geschlagen.

Ebenso zügig arbeiteten die Frauen und der Schwarze an einem Schornstein. Sie kletterten auf das Dach und schlugen mit der Axt einfach eine Öffnung hinein. Dann bauten sie vom Boden aus einen Rauchabzug aus Lehm und kleinen Hölzern. Rebecca brachte nun ihren Webstuhl aus Daniel Morgans Haus herüber und begann, den ersten Flachs zu verarbeiten, den ihr Mann gepflanzt hatte.

Das Jahr 1800 brachte für Daniel und Rebecca wichtige familiäre Ereignisse und auch Erschütterungen. Nathan und Olive hatten ihr erstes Baby. Daniel Morgan heiratete am 2. März die 24jährige Sarah Griffin Lewis. Und die älteste Tochter der Boones, Susannah, starb 40jährig im Oktober. Der alte Pionier und seine Frau hatten die Wechselfälle von Geburt und Tod oft erlebt und erlitten. Sie konnten sie durchstehen. Sie konnten sich aber auch in ihrer großen Familie mit Kindern und Enkelkindern geborgen fühlen.

Ende des Jahres kündigten sich politische Veränderungen an. Die Spanier, die sich in Europa Napoleons Armee ergeben mußten, überschrieben Frankreich ihre nordamerikanischen Besitzungen. Die bange Frage war: Würden die Franzosen die spanischen Landgarantien anerkennen? Noch blieb alles beim alten. Selbst die spanischen Verwalter und ihre Helfer blieben im Amt. So auch Boone.

Seine Richtersprüche unter der Ulme sorgten für Ordnung. Zwar peilte der Alte das Recht über den Daumen. Aber da war eigentlich niemand, der ihn der Ungerechtigkeit geziehen hätte, auch wenn es auf seinen Befehl hin manchmal Prügel setzte. Boones Untersuchungen waren ohne jede juristische Raffinesse. Er stellte keine großartigen Kreuzverhöre an und hielt sich auch nicht spitzfindig mit Indizien auf. Er fragte schlicht nach der Wahrheit, und nur, wenn die für ihn feststand, fällte er sein Urteil, dessen Ausführung er hoheitsvoll überwachte. Ein Gefängnis gab es nicht, Geldstrafen wurden selten verhängt. Eine Sache galt meistens für alle Seiten als bereinigt, wenn ein Schuldner seine Portion Peitschenhiebe erhalten hatte. Dann wurde er ohne weiteres am selben Tag wieder in die Gesellschaft entlassen. Rauhe Leute verstanden rauhe Behandlung am besten. Hinterher setzte sich der Richter an seinen Schreibtisch:

June 30th, 1804
This Day Came before me Justice of the Peace for the District of the Femmosage, Francis Woods, Peter Smith & *John Manley and made oath that on the 29th of June of said Month at the house of David Bryan a Certain James Meek and the Bearer here of Bery Vinzant had some difference*

Which Came to blows and in the scuffle the said James
Meek bit of a piece of Bery Vinzants Left Ear, further the
Deponent sayeth not Given under my Hand and seal the
day and Date above written.

Daniel Boone (Seal)[2]

Diesen kleinen Schriftsatz sollte man möglichst in Englisch lesen, weil nur so die strikte Sprache des autodidakti-
schen Schreibers und Richters Boone zur Geltung kommt.
Die Übersetzung lautet: »An diesem Tag erschienen vor
meinem Friedensgericht des Femme Osage-Distrikts Francis Woods, Peter Smith und John Manley und schworen, daß
am 29. Juni des besagten Monats im Hause David Bryans ein
gewisser James Meek und der Besitzer dessen gewisse Diffe-
renzen hatten, die zu Schlägereien führten, und in der Rau-
ferei biß der besagte James Meek ein Stück von Bery Vinzants linkem Ohr ab; weiter sagte der Deponent nichts.
Gegeben in meine Hände und besiegelt am obigen Tage und
Datum.«

Der spanische Gouverneur war mit Boone zufrieden. Die
Indianer konnten es kaum sein. Schon bald sahen sie in
ihren Jagdgründen die Schäden, die Büchse und Biberfalle
anrichteten. Allein der junge Nathan Boone fing im Jahr
1802 zusammen mit seinem angeheirateten Neffen William T. Lamme am Bourbeuse-Fluß 900 Biber, deren Felle
sie zu 2,50 Dollar je Stück nach Lexington, Kentucky, verkauften. Der Vater Nathans war am Anfang weniger erfolgreich. Als er im Winter 1801/2 seine Fallen untersuchte,
schnappte eine davon zu und verbiß sich tief in seine rechte
Hand. Der alte Trapper war unfähig, sich allein zu befreien.
In der eisigen Kälte mußte er mit einer Hand die ganze Falle
aus ihrer Verankerung lösen und sie dann, selbst darin gefangen, über Eis und Schnee in das Camp schleppen, wo
Nathan sie endlich öffnete und die Wunde versorgte. Später
dann wurde das Vorratslager mit den Biberfellen von einer
Gruppe Indianer ausgeräumt, so daß Daniel nur für etwa

100 Dollar Biberfelle verkaufen konnte. Ich würde das einen gerechten Ausgleich nennen. Den Betrag gab er Nathan zu treuen Händen, damit dieser auf seiner Reise in Kentucky einen kleinen Teil seiner alten Schulden bezahle. Der Betriebsunfall aber war bald vergessen. Boone kehrte schnell zu seiner alten Jäger- und Trapperroutine zurück.

Die Indianer sahen nicht nur das Defizit in ihren Jagdgründen. Sie beobachteten auch mit Besorgnis, wie immer neue Siedler ins Land kamen. Zu den ersten Familien, die Boone unmittelbar nachgefolgt waren, kamen im folgenden Jahr weitere hundert. Oberst Delassus löste sein Versprechen ein und garantierte Daniel Boone 240 000 Hektar Land. Außerdem befreite er ihn wegen seiner öffentlichen Aufgabe von der Verpflichtung, zur Aufrechterhaltung seiner Ansprüche jährlich wenigstens vier Hektar davon zu bearbeiten.

18. Kapitel

All das war natürlich Indianerland. Es war auch Indianerland, das Frankreich im Jahr 1804 an die Vereinigten
Staaten verkaufte. Napoleon brauchte Geld, um seine Krie-
ge in Europa finanzieren zu können. Der heutige Bundesstaat Louisiana ist aber nur ein Bruchteil von jenem Louisiana, das Frankreich am 10. März den Amerikanern über-
eignete. Für 15 Millionen Dollar hatte Präsident Jefferson
eine Landmasse erworben, auf der sich später einmal 13
neue Bundesstaaten formen sollten. Boone, der Auswande-
rer, war von den politischen Ereignissen eingeholt worden.
Er befand sich wieder im Schoße der Vereinigten Staaten.
Als deren Vertreter dann nach einigen Monaten am Mississippi eintrafen, hatten die Boones und die Siedler, die Daniels Ruf gefolgt waren, neue Schwierigkeiten zu befürch-
ten.

Und sie kamen. Zuerst sah alles noch recht gut aus. Vor
dem Ausschuß der Landkommissare konnte Daniel Boone
nachweisen, daß für die Landgarantien der Spanier zu seinen Gunsten die Vermessungen ordentlich durchgeführt
worden waren. Im Gegensatz zu Kentucky war da auch kein
anderer Titelinhaber, der ihm seine Ansprüche hätte streitig machen wollen. Und doch hatte der Pionier wieder einmal Pech. Als es am 13. Februar 1806 zur Anhörung seines
Falles kam, stellte man fest, daß er seine großen Landab-
schnitte nicht in der von den Spaniern geforderten Weise
bearbeitet hatte. Auch hatte er versäumt, seine Landtitel
beim Gouverneur in New Orleans per Unterschrift bestäti-
gen zu lassen. Zu allem Überfluß hatte er bis zum Jahre
1804 nicht einmal auf seinen eigenen Land gewohnt, sondern im Haus seines Sohnes Daniel Morgan, und die Blockhütte, in die er dann gezogen war, stand auf dem Grund und

A Convention

Between the United States of America
and the French Republic

The President of the United States of America and the First
Consul of the French Republic in the name of the French
people, in consequence of the treaty of cession of Louisiana
which has been signed this day; wishing to regulate definitively
every thing which has relation to the said cession have
authorized to this effect the Plenipotentiaries that is to say;
the President of the United States has, by and with the
advice and consent of the Senate of the said States, nomi-
nated for their Plenipotentiaries Robert R. Livingston
Minister Plenipotentiary of the United States and
James Monroe Minister Plenipotentiary and Envoy
Extraordinary of the said United States, near the Government of the French Republic: and the First Consul
of the French Republic in the name of the French
People has named as Plenipotentiary of the said Republic the citizen Francis Barbé-Marbois: who
in virtue of their full powers, which have been exchanged
this day, have agreed to the following articles. —

Art: 1

The Government of the United States engages to pay
to the French Government in the manner specified in the
following article the Sum of Sixty millions of francs independent
················ dans of the

Die erste Seite des Dokuments über den Kauf von Louisiana. Der Kaufpreis
von über 11 Millionen Dollar ist darin erwähnt. Auf dem Gebiet, das die
Vereinigten Staaten von Frankreich erwarben, entstanden die Staaten: Louisiana, Kansas, Missouri, Arkansas, Iowa, Minnesota, North Dakota, South
Dakota, Nebraska, Oklahoma, Colorado, Wyoming und Montana.

222

Boden seines Sohnes Nathan. Da halfen auch die guten Argumente nicht weiter, als »Beamter« der spanischen Regierung sei er von all diesen Zwängen befreit worden. Die Kommission empfahl strikt, daß Boones Ansprüche nicht bestätigt werden sollten.

Das empfanden nun aber doch viele Leute als ungerecht, nicht nur Verwandte, Freunde und Nachbarn. Auch das Komitee für öffentliches Land beim Kongreß in Washington hatte keine Freude an der Empfehlung aus St. Louis, folgte ihr aber dann doch durch einen Beschluß am 1. Dezember 1809. Unter den Freunden Daniel Boones besaßen zwei Männer die Macht, etwas dagegen zu unternehmen. Das war der Richter John Coburn, der sich als früherer Landkommissar in der Materie und den entsprechenden Rechtsfragen auskannte, und das war Oberst Return Jonathan Meigs, der, bevor er Mitglied des Kongresses wurde, Kommandeur im St. Charles County gewesen war, zu dem Boones Tal gehörte. Der eine schrieb eine Petition zugunsten Boones, der andere sorgte für eine günstige Antwort. Außerdem setzte er sich dafür ein, Boones Verdienste durch eine finanzielle Unterstützung zu würdigen.

Der alte Lederstrumpf ließ die Politiker und Bürokraten miteinander streiten. Er lebte seinen Rhythmus, in dem die Jagd und die Fallenstellerei den Takt bestimmten. Etwas Neues aber bestimmte diesen Rhythmus doch mit, trotz all der Unsicherheiten und Probleme in den Landangelegenheiten. Die Boones hatten all die Jahre in rauhen Blockhütten gelebt, die eng und dunkel und nie so recht sauber zu halten waren. Von den Möbeln, deren ehrwürdigste Stücke noch aus England stammten, konnten sie nur den geringsten Teil richtig aufstellen, gerade mal einen alten Schaukelstuhl und einen Tisch, an dem Daniel Schreibsachen erledigte. Das sollte ein Ende haben. Im Jahre 1803 begannen Nathan und Daniel nun endlich mit dem Bau des Steinhauses, von dem sie so lange geträumt hatten. Dafür mußte ein wunderbarer alter Walnußbaum fallen, der ein paar Schritte vom Blockhaus entfernt stand. Boone schnitt das

Holz zurecht und gab es einem deutschen Nachbarn, der daraus einen Geschirrschrank mit vielen Geheimfächern tischlerte.

Den Grundriß des Hauses planten sie äußerst weiträumig. Sie richteten die Längsachse von Norden nach Süden aus. Vater Boone wollte das Haus so solide haben wie George Boones Haus im Berks County, in Pennsylvania, oder das seiner Altvorderen, das in Devonshire, England, immer noch stand. Deshalb wählte er den in der Umgebung anstehenden soliden Limestone für die Mauern aus. Über achtzig Zentimeter dick, sollten sie eine Grundfläche umfassen, auf der gut zehn der alten Blockhäuser Platz gefunden hätten. Im Erdgeschoß sollte der größte Raum einer Art Wohnküche vorbehalten sein und einer Tafel, an der man Familienangehörige und zahlreiche Gäste bewirten wollte. In den beiden angrenzenden Räumen sollte Rebeccas Webstuhl stehen und der Backofen für das Brot.

In den zwei Geschossen darüber, die jeweils in einen großen Raum und zwei kleinere Zimmer aufgeteilt wurden, wollten dann Daniel und Rebecca das mittlere und Nathans Familie das obere beziehen. Die beiden Bauherren stellten sich das Haus im Georgianischen Stil vor. Das heißt, bewußt war ihnen das wohl nicht. Der Baugedanke, wobei das Haus des Großvaters als Vorbild diente, lief einfach auf diesen Stil hinaus. Für solche Häuser waren die Kamine an den beiden Giebelseiten charakteristisch. Auf die drei Geschosse bezogen, bedeutete das insgesamt sechs Kamine. Großzügige Sprossenfenster sollten Licht und Luft in die Räume lassen. Auf der dem sanften Talhang zugeneigten Seite sollte eine Veranda einen weiten Blick über die Uferwälder am Missouri ermöglichen. Sechs Schießscharten in der nördlichen Mauer, außerdem eine hohe Umfassungsmauer um das Anwesen herum, sollten im Falle eines Indianerangriffs den Verteidigern Schutz bieten. Denn dem Frieden war natürlich auch hier nicht immer zu trauen.

Daniel machte diese Erfahrung, als er eines Tages in den Callaway Forks Holz für eine Einzäunung spaltete. Auf einmal sah er sich drei indianischen Kriegern gegenüber. Die Indianer der unmittelbaren Umgebung waren zwar freundlich, aber unter den weiter entfernt lebenden Oto, den Sac und Fox fanden sich immer wieder junge Krieger zusammen, die auf Mutproben, auf Bewährung im Kampf und auf Beute aus waren. Welchem Stamm die drei angehörten, sagt die Chronik nicht.[3] Sie berichtet nur, daß die Krieger durch die hallenden Axtschläge angelockt worden wären und den Alten freundlich aufforderten, sie zu begleiten. Ebenso freundlich habe er erwidert, sie sollten ihn erst noch den Stamm spalten lassen. Noch schneller ginge es freilich, wenn sie ihm dabei mithülfen. Die Indianer seien links und rechts des Stammes niedergekniet und hätten nur mit den Händen den Spalt auseinanderzubiegen versucht. In diesem Augenblick habe er die Axt herausgerissen und alle drei hätten mit eingeklemmten Fingern in der Falle gesessen. Daniel habe sein Gewehr genommen und sich empfohlen. Auch wenn diese Geschichte nicht stimmt, ist es doch eine amüsante Anekdote.

Boone verstand sich meisterhaft auf Holzarbeiten. Davon sprechen nicht nur die soliden Balkendecken des Hauses, die bis heute überdauert haben. Auch die feinen Walnußtäfelungen in den oberen Räumen und die sauberen, mit ebenmäßigen Schmuckrillen versehenen Einfassungen der Kamine sind sein Werk. Doch gut Ding will Weile haben, besonders bei einem so unruhigen Geist wie Daniel Boone. Für dieses Haus sollten Daniel und Nathan gut acht Jahre benötigen. Erst im Jahre 1810 stand der Bau, umgeben von seiner steinernen Einfriedung, endlich vollendet da. Boone war jetzt 76 Jahre alt, und man möchte annehmen, die Zeit wäre reif gewesen für ruhige Tage auf dem Schaukelstuhl vor dem Kamin. Aber wir sehen den Alten noch im selben Jahr wieder im Sattel und auf dem Weg nach Osten. Er wollte seinen Bruder Squire in Indiana und in Kentucky alte Freunde besuchen. Die Reise in das Land seiner glücklichsten, aber auch schwersten Jahre, sollte eine sentimen-

In diesem Brief Daniel Boones an Richter Coburn ist eine Petition erwähnt, in der die Gesetzgebende Versammlung und der Kongreß von Kentucky um die Rückgabe von Land gebeten werden, das Boone dort verloren hatte. (*Mit Genehmigung der Kentucky Historical Society, Frankfort*) tal journey werden, ein langes Abschiednehmen von Freunden, die noch lebten, und Freunden, die schon gestorben waren. Außerdem wäre Boone nicht Boone gewesen, hätte er nicht auch alles Geld, das er zusammenraffen konnte, genommen, um echte oder vermeintliche Schulden zu bezahlen.

Zeitweiliger Wegbegleiter und zugleich begieriger Zuhörer des in Erinnerungen verlorenen alten Lederstrumpfs war der Ornithologe John James Audubon. Audubon stand am Beginn einer zeichnerischen Arbeit, die der Vogelwelt Amerikas gewidmet war. Sein Werk sollte später zum Besten gehören, was es an Tierdarstellungen in der Welt gab. Die ästhetische und zugleich exakte Weise, in der der 26jährige Künstler und Wissenschaftler zeichnete, gefiel dem alten Boone. Er ahnte nicht, daß Audubon ihn später aus der Erinnerung heraus porträtieren sollte und daß dieses Bild heute die beste Vorstellung vom Aussehen des alten Pioniers vermittelt.

Audubon beobachtete genau: »Mein Compagnon, ein ausdauernder, rüstiger und athletischer Mann, gekleidet in ein selbstgewebtes Jagdhemd, in Leggins und Mokassins, trug ein langes und schweres Gewehr, von dem er sagte, daß es sich als wirksam in all seinen früheren Unternehmungen erwiesen habe und das auch bei dieser Gelegenheit, wie er hoffte, nicht fehlgehen würde...«[4]

Die Gelegenheit war eine Jagd auf Eichhörnchen. Sie ist, erinnerte sich Audubon, »ein köstlicher Sport und verlangt nach meiner Meinung ein größeres Maß an Genauigkeit als jeder andere.«[5]

Boone zeigte dem jungen Begleiter, wie man Eichhörnchen tötet, indem man nicht unmittelbar auf das Tier zielt, sondern auf die Baumrinde. Sie muß so abplatzen, daß sie das Hörnchen trifft. Die Proben, die Boone gern von seiner Schießkunst gab, erinnern wieder an Coopers Natty Bumppo in der Erzählung »Der Pfadfinder«: »...Und jedes Auge war auf Pfadfinder gerichtet, der seinen Stand nahm. Der Gedanke war kaum schneller als sein Schuß, und wie der

Rauch über seinem Haupte hinschwebte, war auch der Kolben der Büchse auf dem Boden, die Hand ruhte auf dem Lauf, und sein gewöhnliches, stilles, herzliches Lachen belebte sein ehrliches Gesicht.

›Wenn man es glauben könnte‹, rief Major Duncan, ›so würde ich sagen, Pfadfinder habe auch die Scheibe verfehlt.‹ ›Nein, nein‹, behauptete der Jäger zuversichtlich. ›Ich habe die Büchse nicht geladen und weiß nicht, was darin war. Ist es aber Blei gewesen, werden Sie die Kugel auf die von Eau douce und dem Quartiermeister getrieben finden.‹«

Boone war fähig, im Alter noch Freundschaften zu schließen, und in Audubon hatte er einen neuen Freund gewonnen. Was aber war aus den alten Freunden geworden? Wenn politische Karriere ein Kriterium für einen erfolgreichen Lebensweg ist, war George Rogers Clark am tiefsten gefallen und John Logan am höchsten aufgestiegen. Die Kentukkyer wählten Logan erst zum Abgeordneten, dann gar zu ihrem Senator. Da war er in Frankfort bald häufiger anzutreffen als auf dem eigenen Grund und Boden, war mitverantwortlich für manches Gesetz, das die Wildnis und das wilde Leben ordnete. Und Clark, der so maßgeblich beim Erobern dieser Wildnis mitgewirkt hatte? Seine Dienste waren seit der Expedition gegen Old Chillicothe und Piqua (1779/80) nicht mehr gefragt. Der Staat Virginia, dem er lange treu gedient hatte, half ihm nicht aus den Schulden heraus, die er zur Versorgung der Milizen hatte machen müssen. Das Land, das man ihm geschenkt hatte, war ihm zur Befriedigung der Gläubiger wieder genommen worden. George Rogers Clark, der bitter enttäuschte, schon immer ein Freund des Whiskeys, war im Alter der Trunksucht verfallen und hätten Verwandte ihm nicht einen Platz an ihrem Kamin gewährt, er wäre wohl verkommen.

Und Simon Kenton? Er mehrte seinen Ruhm als Führer der Ordnungstruppen in Kentucky. Seinen Landgewinn, Lohn für die militärischen Dienste, konnte er kaum übersehen. Und der alte Jean (Joseph) Martin war ein wichtiger

Handelsmann geworden, der eine eigene Flotte von Flachbooten unterhielt, die bis nach New Orleans fuhr. Er besaß eine Faktorei, eine Mühle und ein stattliches Haus in Louisville. Aber den ganzen Reichtum behielt er nicht für sich allein. Er half, wo er konnte, französischen Emigranten, die auf der Flucht vor der Revolution und ihren Folgen nach Amerika gekommen waren. Jean Martin war alt geworden, 85 Jahre bald – welch eine Zeitspanne, die beide, Boone und Martin, gemeinsam überschauten!

Und dann war da vom Urgestein noch Harrod gewesen. Den alten Harrod unter den Lebenden anzutreffen, war Boone nicht vergönnt. Er habe sich, erzählten sie ihm, um Gemeinwesen und Familie gekümmert. Aber, in Abständen, habe er seine alte Büchse geschultert und sei dann für Tage in den Wäldern verschwunden. Und von einem dieser einsamen Jagdabenteuer sei er nicht zurückgekehrt. Niemand habe ihn jemals wiedergesehen. Dieser Tod paßte zum alten Harrod und war wie sein Leben gut für Legenden.

Blieb noch sein Bruder Squire, mit dem Daniel von den frühen Jagdexpeditionen nach Kentucky bis zum letzten Unternehmen der Auswanderung nach Spanisch-Amerika im Jahre 1799 viele Abenteuer gemeinsam durchgestanden hatte. Squire wurzelte nach all den Gefahren tief im Glauben, war dabei ein Prediger aus Passion, egal, ob er eine Gemeinde um sich hatte oder nur einen Jagdgefährten als Begleiter. (Daniel war nach Squires Ansicht in den Glaubensfragen wohl ein wenig verwildert.) Squire war zwar aus Kentucky mit ins obere Louisiana ausgewandert, aber dann doch nicht im Femme Osage-Tal geblieben, sondern zu einer Stelle zurückgekehrt, die er im Jahre 1790 bei einem Streifzug mit Daniel entdeckt hatte. Sie lag nahe beim heutigen Croydon, etwa 33 Meilen westlich von Louisville, in Indiana. Das Rattern eines Mühlrades in seinem hölzernen Lager hatte dem sattelmüden Daniel den Weg zu Squires Hof gewiesen.

Der Bruder zeigte ihm in den nächsten Tagen die unterirdisch fließenden Quellen, Wasseradern und Wasserfälle, die hier ein phantastisches Höhlenlabyrinth ausgeformt hatten. Darin hatte sich Squire einmal vor Indianern verbergen müssen. Es bedeutete auch Sicherheit für seine Familie. Als die beiden alten Boones die Höhlen erkundeten, entdeckten sie schneeweiße Krebstiere und blinde Fische in den schimmernden unterirdischen Lagunen. Es gab erstarrte »Wasserfälle« und gigantische, vielfarbige Zapfen aus Kalkstein, die von den Höhlendecken und den Höhlenböden aufeinanderzuwuchsen. In dieses Gebiet also war Squire zurückgekehrt. Er hatte das Land vor den Höhlen bearbeitet und eine Mühle gebaut, deren gewaltiges Holzrad den Schwung einer kräftigen Quelle ausnutzte, die aus einer der Höhlen hervortrat.

Daniel hatte seinem Bruder wohl eine glückliche Hand zugetraut, aber so schön hatte er sich Squires neue Heimat nicht vorgestellt. Dies hier war ein Paradies. Zum Abschied lagen sie sich lange in den Armen. In ihrem Alter konnte es bei aller Rüstigkeit ein Abschied für immer sein.

19. Kapitel

Squire verlebte die kommenden Jahre in ruhigem Gleich-
maß und starb einundsiebzigjährig im Jahre 1815. Vor Daniel, der zehn Jahre älter war, lag noch ein volles Lebens-
jahrzehnt, und es sollte kaum weniger aufregend sein, als es
die vergangenen Jahre gewesen waren.

Es begann damit, daß ein gewaltiges Erdbeben mit Epizen-
trum im Lagunengebiet um St. Francis das Mississippi-Tal
erschütterte. In St. Louis und Umgebung stürzten die Häuser zusammen. Der große Strom veränderte seinen Lauf und
schwemmte bearbeitetes Land fort. Aus den Tagen von
Transylvania hatte der Pionier offenbar die Ideen Hendersons mit nach Ober-Louisana gebracht, hatte ein großes
Gebiet im Flußtal ausgesucht und den Plan für eine Siedlung entwickelt, die Missouriton heißen sollte. Er hatte
Siedler aus Virginia geworben und mit ihnen einen guten
Anfang gemacht. Dann aber, mit dem Erdbeben von 1811,
veränderte der Missouri in einem Teilabschnitt seinen
Lauf, und ein großer Teil von Boones »Pfalz« schwamm
davon. Daniel hatte wieder einmal Pech in seinen Landsa-
chen! Das Steinhaus aber überstand die Katastrophe. Über
zehn Zentimeter wurde das solide steinerne Fundament
von seinem Platz gerückt, ohne daß es zusammengestürzt
wäre. Die Bewegung ist noch heute an den Mauern in der
großen Wohnküche ablesbar.

Das Beben erschütterte auch die Indianerwelt, und vielleicht könnte ein geschulter Historiker auf einer der pikto-
graphischen Stammeschroniken den Schaden entdecken,
den es bei den roten Völkern anrichtete. Unter den Indianern war aber zumindest einer, dem es nützte. Das war
Tecumseh, der »Fallende Stern«, Boones ehemaliger

»Adoptivbruder«. In ihm war den bedrängten Stämmen links und rechts vom Mississippi/Missouri ein genialer Führer erwachsen, der von Kanada bis zum Golf von Mexiko eine Allianz schmiedete. Zusammen mit seinem Bruder Tenskwatawa, einem Shawnee-Schamanen, spannte er zu diesem Zweck auch übernatürliche Kräfte ein – und jetzt das Erdbeben! Den zaudernden Südvölkern, den Creek, Choctaw, Chickashaw und anderen, hatte er vor dem Hohen Rat der Creek in der Indianerstadt Tukhabatchee vorausgesagt: »Ich weiß, Ihr glaubt nicht an meine Sendung vom Großen Geist! Ihr sollt sie erkennen. Ich verlasse Euch jetzt und gehe nach Detroit. Dort will ich zum Zeichen aufstampfen und Eure Häuser sollen bis in den Grund erschüttert werden!« Als es Tage später bebte und viele Häuser zusammenstürzten, blickten sich die Ratskrieger fassungslos an: »Tecumseh ist in Detroit!« Auf welche Art und Weise der Shawnee die Katastrophe vorhersagen konnte, weiß niemand. Die Prophezeiung brachte aber viele Krieger auf seine Seite.

Solange die Kanus von Tecumseh und seinen Begleitern den Vater der Ströme befuhren, sahen und hörten die Boones nichts von den altvertrauten Shawnee-Feinden. Zumal die Osage, ihre Nachbarn, die Kriegstreiberei ablehnten. Auch der Lärm der fernen Schlacht von Tippecanoe, die für die Indianer verlorenging, erreichte das Tal von Femme Osage nicht. Dann aber führte der große Tecumseh seine rote Streitmacht auf die Seite der Engländer, mit denen ein neuer Krieg bevorstand. In St. Louis warnte man die Siedler vor indianischen Attacken, hinter denen wieder einmal die Briten stünden. Bei den Boones war man kaum überrascht, daß die Shawnee erneut den Kern des Widerstandes bildeten. Als dann ein paar Monate später, im Sommer 1812, der Krieg mit den Briten eine erklärte Sache war, meldete sich der achtundsiebzigjährige Boone freiwillig. Er war ganz unglücklich, daß man ihn und sein erprobtes Gewehr zurückwies. Dafür nahm man später in der ganzen Umgebung seine Dienste als Wundarzt gern in Anspruch. Darauf verstand sich der alte Kämpfer auch gut.

Der militärische Schutz der Gegend war inzwischen auf seine Söhne übergegangen. Beide waren Mitglieder der Miliz. Die Miliz an der Grenze war in jener Zeit fast in jeder Hinsicht auf den guten Willen der Siedler angewiesen. Die Männer mußten im Grunde genommen noch Geld mitbringen, wenn sie dienten. Und sie dienten ja auch mehr ihrer eigenen Sicherheit als dem noch sehr rudimentären Staat. Dieser verlangte, daß Offiziere ohne Patent ebenso wie gewöhnliche Soldaten zu den Einsätzen ihre eigenen Gewehre und Seitenwaffen mitbrachten und selbstverständlich ihre eigenen Pferde sowie deren Futter. Außerdem mußten die Männer sich selbst mit Verpflegung und Kleidung versorgen. Als Ausgleich gewährte der Staat dem Infanteristen 75 Cent pro Tag und dem Berittenen einen Dollar.

Nathans eigentliche Karriere begann mit der Miliz. So begleitete er mit einer von ihm geführten Ranger-Kompanie im Jahre 1808 die Missouri-Expedition des Generals William Clark, half ihm, Fort Osage zu errichten und mit den Osage zu verhandeln, denen der General Schutz vor ihren Feinden und Vorräte versprach, wenn sie im Schatten der Palisaden blieben. Bei Ausbruch des Krieges von 1812 organisierte Nathan dann eine Ranger-Kompanie, deren Captain er war, und stieg, als die Truppe in die US-Armee integriert wurde, zum Major auf. Auch Daniel Morgan baute einen Trupp berittener Ranger auf, deren Captain er im Juli 1813 wurde.

Daniel Morgan und Nathan waren ganz aus dem Holz des Vaters. Sie hatten auch schnell eines jener Geschäfte in Gang gebracht, für die schon der Vater einen Instinkt besaß. Im Gebiet des heutigen Howard County hatten sie eine Salzquelle ausfindig gemacht und schon um 1807 mit der »Boone Lick Salt Manufacturing« begonnen. Die Produktion hatte mit 40 Kesseln den Anfang gemacht, in denen beide mit sechs Helfern ihre 25 bis 30 Scheffel (ein Scheffel gleich 36,25 Liter) Salz pro Woche kochten. Dann hatten sie das Unternehmen um einen Ofen erweitert, 60 Kessel mehr herbeigeschafft und mit nun 18 Helfern 100 Scheffel pro Woche hergestellt; das Salz war per Kielboot nach St. Louis transportiert worden, wo man ihnen zwei Dollar pro Scheffel bezahlt hatte. Der Profit wäre sicher noch größer gewesen, wenn die Indianer ihnen nicht bald zwei Arbeitsochsen entführt hätten, die das Brennholz zu den Öfen zogen. So waren sie im Jahre 1811 erst einmal zur Aufgabe des Unternehmens gezwungen worden. Aber eines war doch von Dauer: das war der Trail zur Salzquelle. Wie einst Daniels Wilderness Road vom Cumberland Gap nach Boonesborough wurden die 150 Meilen des Boone's Lick Trail von St. Charles nach Franklin County nach 1812 zur Überlandroute für den Zug nach Westen. Sie war Vorläufer und Anfang des späteren Santa Fé Trails.

Im Jahr 1813, am 18. März, verlor Daniel Rebecca. Sie war 74 Jahre alt geworden und niemals kränklich gewesen. Selbst im Monat ihres Todes hatte sie sich rüstig genug gefühlt, die etwa 35 Kilometer durch den Schnee zum Hause von Flanders Callaway zu reiten, wo sie mit ihrer Tochter Jemima noch gemeinsam Ahornsirup herstellen wollte. Dort war sie ganz plötzlich krank geworden und gestorben. Der alte Daniel hatte oft, viel zu oft in seinem Leben, von Rebecca Abschied genommen und wohl kaum mehr als das halbe Leben an ihrer Seite verbracht. Dieser endgültige Abschied aber wurde ihm so schwer, daß Jemima und Flanders ihn baten, so lange bei ihnen zu bleiben, wie er der Toten ganz nahe sein wollte. Auf einem Hügel über der Plantage am Teuque-Fluß hatte Rebeccas Cousin David Bryan schon bald nach seiner Ankunft in Ober-Louisiana einen Familienfriedhof angelegt, wo Rebecca beerdigt wurde. Vom Hause Jemimas hatte es Daniel nicht weit, wenn er zur Zwiesprache mit ihr unter die alte Eiche auf dem Hügel wollte, von wo aus man weit in das Missouri-Tal blicken konnte. Er blieb mehrere Monate in der Nähe der Toten.

Daniel sollte noch einen weiteren Schlag erleiden. Am Heiligabend entschied das Komitee für öffentliches Land in Washington zwar endlich zugunsten des alten Pioniers, und die 340 000 Hektar wären nun endgültig sein Besitz geworden, hätte nicht der Missouri-Delegierte Fate behauptet, Boone beanspruche nur 34 000 Hektar. Die Mitglieder des Komitees garantierten ihm achselzuckend seine 34 000 Hektar, und diese wurden ihm am 10. Februar 1814 durch die Unterschrift Präsident Madisons auch übereignet. Boone war außer sich: »Wofür halten die mich?« tobte er. »Bin ich ein Bittsteller, ein Popanz?« Er verlangte seine 340 000 Hektar oder gar nichts. Außerdem drohte er damit, an den Sprecher des Parlaments zu schreiben. Aber es blieb bei den 34 000 Hektar. Daniel wies sie am Ende doch nicht zurück. Der Kongress, dem er schreiben wollte, tagte gerade nicht. Im übrigen verkaufte Boone auch dieses Land ein gutes Jahr später wieder, weil nämlich weitere Gläubiger aus Kentucky anreisten, die von seinem neuen Landbesitz gehört hatten.

»Der letzte Mann, der einen Anspruch gegen Boone präsentierte, war der Ehemann eines Waisenkindes... dem der großzügige alte Pionier ein Stück Land zum Geschenk gemacht hatte. Es hatte sich dann gezeigt, daß jemand einen älteren oder besser gesicherten Anspruch auf das Land besaß. Der Ehemann verlangte einen Ausgleich und plagte Boone auch noch, als man ihm sagte, daß kein Geld mehr übrig sei.«[6]

Daniel blickte jetzt auf acht Lebensjahrzehnte zurück und wollte Bilanz ziehen. In den langen Wochen, die er mit Jemima und Flanders unter einem Dach lebte, machte er viele Aufzeichnungen oder diktierte aus seinen Erinnerungen. Die Blätter blieben im Haus der beiden, als Daniel in sein Steinhaus zurückkehrte. Das war Anfang des Jahres 1814. In dieser Zeit gingen Gerüchte von einem bevorstehenden Angriff feindlicher Indianer um.

Schon im Winter hatte einer der Jagdgefährten Daniels,

der Trapper James Davis, im entlegenen Howard County einen bösen Zusammenstoß mit einer Kriegerbande von Oto-Indianern gehabt. Die Oto hatten Davis beim Fallenstellen überrascht, ihm Pferde und Waffen weggenommen und ihn splitterfasernackt ausgezogen. Dann hatten sie ihm eine alte Muskete ausgehändigt und laufen lassen. Davis wußte, daß seine einzige Rettung eine Höhle war, die ein paar Stunden entfernt lag. Er rannte durch den Schnee, und erreichte vor Einbruch der Dunkelheit die Höhle. Als er hineinkroch, entdeckte er einen Bären im Winterschlaf. Davis kroch so nahe an den Bären heran, wie er konnte, und mit der einzigen Kugel, die er im Lauf hatte, tötete er das Tier aus weniger als einem Meter Entfernung. Mit einem erbärmlichen Werkzeug, nämlich dem Feuerstein der Muskete, schlug er den Bären aus der Decke, ohne Kopf und Tatzen zu entfernen, und kroch dann in den blutigen Mantel, um erst einmal zu schlafen. Dann, am nächsten Morgen, hatte er sich in der blutigen Robe und mit einem Vorrat an rohem Fleisch auf den Hundert-Meilen-Marsch nach Femme Osage gemacht und nach acht Tagen endlich weichen Kerzenschein gesehen, wie er in einer Mondnacht voll auf das bleiche Schneefeld vor der Hütte des Jonathan Bryan fiel. Als er klopfte, öffnete ihm ein schottischer Wanderlehrer, den der Anblick des eisüberzogenen Bären in eine gnädige Ohnmacht fallen ließ. Jonathan Bryan ließ den armen Davis dann endlich ins Haus und taute ihn am Kamin auf. Dann ließ er ihm alle Gastfreundschaft und Rücksicht angedeihen, die ihm nach all den Qualen gebührte.

Diese Geschichte hatte die Runde gemacht und die Gerüchte über Unruhen genährt, die Flanders Callaway, zeitig im Jahre 1814, veranlaßten, Jemima mit den noch nicht erwachsenen Kindern von der allzu nahe am Rande der Wildnis gelegenen und auch nicht gut befestigten Farm wegzuschicken, dann selbst mit wichtigen Habseligkeiten ein Kanu zu besteigen, um es in die Sicherheit des dichter besiedelten Femme Osage-Tals zu paddeln. Aber in den angeschwollenen Frühjahrsfluten des Missouri wurde das

Stilleben aus Pulverhorn, Jagdtasche und langen Büchsen beim Trapper-Treffen in Fort Bridger, Wyoming.

Auch die Indianer kommen wieder zu den vielen „Rendezvous" der Moun-
tain-Men in den Vereinigten Staaten. Die Wiederentdeckung der Erfahrungen
und Fähigkeiten der Pioniere ist ein Abenteuer, für das viele Amerikaner gern

Opfer bringen. So halten zum Beispiel Leo Hakola und seine Lebensgefährtin ein Dasein in der Natur für weniger gefährlich als eine gesicherte Existenz in den Städten.

Lederstrumpf wohnt in den Herzen vieler tausend Menschen in Europa und Amerika, die wenigstens von Zeit zu Zeit einmal die romantische, die unblutige Seite der Pioniertage leben wollen.

Boot gegen ein Stück Treibholz getrieben und kenterte. Der halbe Haushalt schwamm davon oder versank. Flanders konnte lediglich die nackte Haut retten. Sein privates Unglück war auch ein Unglück für die Nachwelt; denn in dem Boot war das Manuskript mit den Erinnerungen Daniel Boones gewesen.

Dieser nahm seinen Lebensweg offenbar nicht so wichtig, um jetzt noch einmal Zeit für ein Manuskript zu opfern. Er wollte die verbliebene Kraft und Zeit auch für eine andere Herausforderung nutzen – die Erfüllung eines letzten großen Traums. Er wollte den fernen Westen sehen, reiten, reiten bis zum Horizont und von einem Horizont zum nächsten. Er hatte im Hause seines Neffen Jonathan Bryan mit Lewis und Clark vor ihrer großen Forschungsexpedition zum Pazifik gesprochen, ihnen auch seine Kenntnisse vom ersten Stück ihres Weges vermittelt. Ein paar Jahre nach ihrer Rückkehr mit dem phantastischen Reisejournal über die endlosen Prärien, die fernen Berge, die Indianer, den Pazifik hatte sein Sohn Nathan General William Clark den Missouri hinauf begleitet. Alles, was er über die Erlebnisse dieser Männer sah und hörte, beflügelte noch einmal Boones Phantasie. Noch einmal Wild in unübersehbaren Herden schauen, noch einmal den Kitzel der Begegnung mit fremden Indianern erleben – bevor es zu spät war! Über den Boone's Lick Trail rumpelten immer neue Ochsengespanne ins Land. Es wurde schon wieder eng.

Das bekamen zuerst einmal die Indianer zu spüren. Es heißt, in dem Landdreieck zwischen Salt River-Hannibal und Loutre-Meneola sowie St. Charles, das die Missouri-Ranger unter Nathan, Daniel Morgan und David Musick kontrollierten, habe es an die 100 größere und kleinere Zwischenfälle mit Indianern gegeben, meist mit Sac und Fox sowie Oto-Indianern. Die Sac und Fox, die, im Gegensatz zu den Osage, unter ihrem Häuptling Black Hawk mit Tecumseh für die Briten gekämpft hatten, blieben den Siedlern immer besonders feindlich gesonnen. Sie hatten zwar keinen Strategen von Rang in ihren Reihen, wie es Cornstalk, Little Turtle oder der 1813 an der kanadischen Themse gefallene Tecumseh gewesen waren, aber in der Region doch die Rolle der ausgebluteten Shawnee übernommen.

Die Sac und Fox waren es auch, die im März 1815 Boones Enkel James Callaway töteten. Callaway war Captain der Miliz in Fort Clemson auf Loutre Island. Er hatte den Indianern mit seiner Truppe eine Anzahl gestohlener Pferde wieder abgejagt. Als die Männer dann zum Fort zurückkehrten, gerieten sie am Fluß in einen tödlichen Hinterhalt. Boone war unter den Männern, die später die Verwundeten versorgten und die Toten begruben. Es waren solche Beutezüge, Überfälle auf die einsamen Gehöfte der Siedler und ähnliche Nadelstiche, zu denen sich die Kriegertrupps zusammenfanden. Daniel hat keinen der Kämpfe mehr mit ausgefochten, jedenfalls keinen, von dem wir wüßten. Er hatte in den blutigen Kentucky-Jahren aber große Erfahrung in der Behandlung von Beil- und Messerwunden gesammelt. Solche furchtbaren Verletzungen sollte der alte Mann im Frühjahr 1815 noch einmal zu versorgen haben.

Ein paar Wochen nach dem Überfall auf die Truppe am Fluß, am 20. Mai, suchten die Indianer das kleine Anwesen der Farmerfamilie Ramsey heim, das etwa 16 bis 17 Meilen von Boones Haus entfernt an der Grenze des Siedlungsgebietes von Femme Osage lag. Die Krieger hatten die drei Kinder der Ramseys draußen im Hof überrascht, eines skalpiert und die anderen beiden mit ihren Tomahawks verletzt. Als Ramsey und seine Frau den Kindern zur Hilfe kommen wollten, wurden sie von den Kugeln aus den Indianerbüchsen zu Boden geworfen. In höchster Not griff der verwundete Ramsey zur Trompete, die er bei sich hatte, und blies aus Leibeskräften. Das vertrieb die Indianer. Die Trompete gehörte zum Bestand der meisten Pionierhaushalte hier.

Sie hatte auch diesmal die benachbarten Siedler herbeigerufen, die ihrerseits Boone benachrichtigt hatten. Für Mrs. Ramsey kam jede Hilfe zu spät. Sie verstarb am nächsten Tag. Daniel konnte aber die Kugel aus dem Körper des

Farmers entfernen und die Schnittwunden der beiden überlebenden Kinder behandeln.

Die Indianer zogen weiter und tauchten am nächsten Morgen, nur eineinhalb Meilen von Boones Haus entfernt, vor dem Anwesen seines Neffen Jonathan Bryan auf, der mit zu den Ramseys geritten war. Offenbar waren es nur zwei Krieger. Wieder machten sie Jagd auf die Kinder, die vor der Tür spielten. Ihr Schreien schreckte Mrs. Bryan und ihre schwarze Haushaltshilfe von ihren Beschäftigungen im Hause auf. Sie stürzten zur Tür und sahen wie ein Indianer, das Gewehr in der linken, den hoch erhobenen Tomahawk in der rechten Faust, hinter dem Jungen herrannte. Er lief direkt auf die Tür zu und schlüpfte mit knapper Not ins Haus. In dem Augenblick, in dem auch sein Verfolger unter dem Türsturz ankam, knallte Mrs. Bryan die Tür zu und warf sich davor. Sie hatte den ausgestreckten Arm des Kriegers samt Tomahawk eingeklemmt. Die kräftige schwarze Frau packte nun beherzt die Waffe und spaltete den Schädel des schreienden Mannes. Jetzt schauten die Frauen nach draußen. Sie sahen wie der andere Junge seinen Verfolger immer wieder narrte, indem er geschickt Haken schlug. In diesem Augenblick rannte auch er auf das Haus zu. Mrs. Bryan nahm schnell das Gewehr des toten Kriegers und feuerte, als der Indianer nur noch ein paar Sätze von dem fliehenden Kind entfernt war. Sie traf ihn tödlich.

Das war der letzte Kampf mit Indianern in Boones unmittelbarer Nachbarschaft. Es war auch der letzte, mit dessen Folgen er zu tun hatte. Es war nun an der Zeit, daß andere halfen und kämpften. Boone rüstete zu seinem letzten großen Abenteuer.

20. Kapitel

»Die Sonne, die den ganzen Tag über durch große Massen von Gewölk bedeckt gewesen war, trat endlich gegen Abend noch einmal hervor und sank leuchtend hinter dem weiten Horizont der Ebene. Die Herden, die auf den wilden Weiden der Prärie gegrast hatten, verschwanden allmählich, und die endlosen Schwärme der Wasservögel, die ihre gewöhnliche jährliche Reise von den Seen des Nordens zum Golf von Mexiko fortsetzten, durchschnitten nicht mehr die Luft, die sich langsam mit Nebel füllte. Die Schatten der Nacht fielen auf den Felsen... und hüllten ihn in den Mantel der Finsternis... Als am folgenden Morgen die Sonne aufging, fiel ihr Licht auf die weite Prärie, die in Ruhe und Einsamkeit dalag... Den Fluß konnte man an seinem geschlängelten, rauchenden Bett weit durch die endlose Prärie verfolgen, und die kleinen Dunstwolken, die über den Sümpfen und Quellen hingen, begannen sich in der warmen Luft aufzulösen.«

Diese Landschaftsschilderungen aus Coopers »Lederstrumpf«-Erzählung »Die Prärie« weckt Sehnsüchte. Wer wollte nicht einem dieser noch namenlosen Flüsse folgen, von Horizont zu Horizont unberührtes Land durchstreifen, bis zur Barriere der Berge, der Rocky Mountains im Fernen Westen, und darüber hinweg bis zum schimmernden Meer? Ich habe keine Mühe, die Lockungen und die Tröstungen nachzuempfinden, die das neue wunderbare Tierparadies noch einmal auf Coopers Helden, den alten Natty Bumppo, ausübten und auf jenen Mann, an den er beim Schreiben dachte, auf Daniel Boone. Wie sehr müssen die Bisonherden, die Schwärme der Kanadagänse diesen an seine frühen Jagdabenteuer in Kentucky erinnert haben. Nur – hier war der Blick noch freier und auch der Weg.

Im Sommer 1816, da Daniel Boone nach Westen ritt, waren die beiden Forscher Lewis und Clark längst von ihrer Reise vom Mississippi zum Pazifik zurückgekehrt. Sie hatten genau 7 689 Meilen zurückgelegt, neben wertvollen Informationen über 50 verschiedene Indianerstämme, über viele hundert Tiere und Pflanzen vor allem so viele topographische Skizzen mitgebracht, daß man »auf Anordnung der Regierung der Vereinigten Staaten« eine Karte der »Western Portion of North America« anfertigen konnte. Und John Colter, ein Mitglied der Expedition, der in St. Louis lebte, hatte noch detailliertere Wegkenntnisse zur Hand.

Colter hatte zwei Trapper, Joseph Dickson und Forrest Hancock, im Herbst 1806 vom oberen Missouri zum Yellowstone River und ein Jahr darauf den unternehmungslustigen Manuel Lisa mit über 60 Mann zum Bighorn River geführt. Er hatte geholfen, dort ein Fort zu bauen, hatte auf der Suche nach guten Biber-Fanggründen im Winter 1807/ 1808 in den Rocky Mountains die Ostseite der Absaroka-Kette und das Wind River-Tal im heutigen Wyoming erkundet, schließlich einen Weg über die kontinentale Wasserscheide gefunden (den Union Pass) und war bis zum Snake River vorgedrungen. Er wußte von den Wundern der heißen Quellen und der Geysire zu berichten, hielt aber auch Warnungen bereit – vor allem vor den Schwarzfüßen, die ihn um sein Leben hatten laufen lassen und der eigentliche Grund für die Rückkehr des außerordentlichen Mannes in das »zivilisierte« St. Louis gewesen waren.

Daniel Boone trat vermutlich erst tief im Westen, in den Rocky Mountains, in John Colters Spur. Die ersten paar hundert Kilometer zu Beginn seiner Reise zog er durch das Land der Osage, mit denen er gut stand. Aus deren Mitte waren bereits kleine Delegationen nach Washington gereist, wo Präsident Jefferson sie in goldbetresste Offiziersröcke hatte stecken und dem Maler Fevre de Saint Memin Porträt sitzen lassen. Die erste Etappe endet in Fort Osage nahe dem heutigen Kansas City, wo Boone vierzehn Tage blieb.

Hier hat er sich auf das eigentliche Abenteuer vorbereitet. Die Offiziere halfen ihm vermutlich, einen indianischen Scout zu finden, der ein gutes Stück des weiteren Weges kannte und bei der Verständigung mit den verschiedenen Indianerstämmen nützlich war. Die meisten westlichen Völker kannte man damals noch nicht. Auf der Karte von Lewis und Clark waren ihre Jagdgebiete auch nur ungefähr eingezeichnet, ihre Namen meist verballhornisiert. So dicht man sie mit Dörfern und Anzahl der »Seelen« am Missouri-Lauf eingezeichnet fand, so mager wurden die Angaben weiter westlich.

Zu Boones kleiner Reisegesellschaft gehörte noch ein schwarzer Helfer. Die drei reisten wie damals üblich mit nicht ganz leichtem Marschgepäck. Am meisten drückten die 25 Pfund Pulver und gut 100 Pfund Blei pro Mann. Zur Ausrüstung gehörten die langläufige Büchse, dazu Ersatzschloß und Flintsteine, dann Messer und Tomahawk. Als Vorräte führten sie Salz, Kaffee, vielleicht noch Tee und Mehl, mit. Der alte Lederstrumpf wird auch Salben, Tinkturen und verschiedene andere Medizinen dabei gehabt haben, auf deren Gebrauch er sich ja verstand. Zu kurz kam wie immer die Bequemlichkeit. Man trug Woll- und Hirschlederhemden, und in der Sattelrolle steckte die Schlafdecke aus Büffelfell. Im übrigen galt der alte Pioniergrundsatz: »Ein Reisender sollte die Nase des Wildschweins, die Beine des Hirsches und den Rücken des Esels haben.«

Die meisten Expeditionen in der Spur John Colters und Manuel Lisas folgten dem Lauf des Missouri bis zur Einmündung des Yellowstone. Da war die Route klar, und man nahm dafür in Kauf, daß mit den Teton-Sioux und vor allem den Arikara am Oberlauf nicht gut Kirschen essen war. Wir haben einen Hinweis darauf, daß Boone vermutlich andere Wege ging. Die Offiziere in Fort Osage berichten, er sei »nach dem Platte in einiger Entfernung oberhalb« aufgebrochen. In Coopers Erzählung »Die Prärie« ist das der Fluß mit dem »geschlängelten Bett«, den man »weit durch die endlose Prärie verfolgen« kann.

Auf alten Landkarten sieht man diesen Fluß auf seinem Weg vom Felsengebirge bis zum Missouri in einem klar umrissenen Bett. Aber so sehr die Karten der Natur dieses Wasserlaufes auch gerecht zu werden suchten, sie sind über weite Strecken eine Fiktion. Denn dieser Platte, für den der Name River zumindest stellenweise eine Übertreibung ist, lag dem Boden bevor der Mensch eingriff, manchmal nur auf, und wenn er dann durch Regenfälle oder Schneeschmelzen größere Wasserschwälle aufzunehmen hatte, war er sichtlich überfordert und überließ die Fluten den Zufälligkeiten der Topographie. Sie griffen vielarmig in die Landschaft ein, bildeten Inseln oder ließen sie verschwinden, schafften manchmal meilenbreite, aber kurzlebige Seen, die sich im Frühjahr mit Enten, Gänsen und Watvögeln bevölkerten, oder breite Wasserbahnen, die nach dem Abenteuer eines Landausflugs nur zögernd wieder in die Hauptströmung zurückkehrten. Im Sommer dann fiel der Platte auf seine wahre Größe zurück.

Schon bevor die großen Wagenzüge (nach 1849) diesen unsicheren Kantonisten als Wegweiser nach Westen nutzten, folgten ihm die frühen Reisenden, meist Trapper und Händler. Boone dürfte einer der ersten gewesen sein. Vermutlich gab ihm der Scout Gründe für seine Wahl, weil er die Indianer dort kannte.

Am »River La Platte« hatte man in der Prärie zunächst nach der Karte von Lewis und Clark mit den Great Pawnee (4 000 Seelen), den Ka-na-vish (1 800 Seelen) und den Ki-a-wa (1 800 Seelen) zu tun, den Kiowa vermutlich, die damals auch noch in der nördlicheren Ebene jagten. Dann, wenn man in der Hochprärie des heutigen Wyoming dem nördlichen Flußarm folgte, konnte man auf die Cas-ta-ha-wa und die Yep-pe treffen. Nach unserer heutigen Kenntnis waren da freilich mehr Stämme versammelt. Da waren die Cheyenne und ihre Verbündeten, die Arapahoe, da waren die Brule- und die Oglala-Sioux. In der Hochprärie vor dem Felsengebirge streiften die Crow und die Shoshone. Auch die Krieger der Schwarzfuß, der Nez Perce und der Flathead drangen manchmal bis in die Landschaften des heutigen Wyoming vor. Sie alle hatten ihre Kraftproben mit dem weißen Mann noch vor sich. Verständigung mit ihnen war nur durch Zeichensprache möglich, die Boone und der Indianer mit Sicherheit beherrschten.

In seinem ehrwürdigen Alter war Verständigung fürs Überleben ohnehin richtiger als Kampf, besonders in dem Gebiet, wo John Colter gewesen war, in der Absaroka- und der Bighorn-Kette. Boone war ja nun, im neuen Westen, auch frei von den Lasten des Wegbereiters, des Pioniers, der für andere Verantwortung trug. Das ist auch der Grund dafür, daß es für diese Reise so wenig historische Belege gibt.

Heute, da die Stämme der Großen Ebenen längst in Reservate abgedrängt oder gar ausgelöscht sind, die Natur in Missouri, Kansas und Nebraska dem Diktat der großräumigen Farmwirtschaft unterworfen wurde, endlose Flächen vom Gold des Frühjahrsweizens und dem Blau der Flachsblüte beherrscht sind, können wir Boone die Freuden und Aufregungen kaum nachfühlen. Man erwischt sich dabei, wie man unwillkürlich aufs Gaspedal drückt, um der Monotonie schneller zu entgehen. Üppigere Lebenszonen für Wildtiere und -pflanzen sind auf geschützte Parks und Reservate beschränkt sowie die schwerer zugänglichen Uferregionen des Platte River, die mit dichten Baumwollbäumen, Weiden und Büschen aller Art bewachsen sind.

Auch Boone dürfte, wie heute der Weißwedel- und der Maultierhirsch, die Deckung der Ufervegetation auf seinem Weg genutzt haben, bis er die Hochprärie von Wyoming erreichte. Wir können darüber nur spekulieren, aber vielleicht ist er nach Norden in die Landschaften gezogen, die Colters »Spezialität« waren. Das war vor allem der Lauf des Bighorn-Flusses bis zum Yellowstone-Gebiet mit all seinen Naturwundern.

Im Yellowstone-Nationalpark, wo Boone sah, »wie der Grund Lava auskocht«, haben sich auch für uns noch Naturbilder erhalten, die schon der alte Lederstrumpf so oder ähnlich erlebte. Das Bild von Hayden Valley, wo der Fluß, der dem Park den Namen gibt, zwischen ausgedehnten Feuchtwiesen dahinströmt, wo zwischen den gemächlichen Bisons Coyoten nach Mäusen jagen, die krächzenden Rufe ungezählter Krähenvölker die Luft erfüllen und selbst der Goldadler manchmal so dicht über die Köpfe der Menschen dahinstreicht, daß man im schönen Fächer seiner weißen Schwanzfedern die schwarzen Tupfen zählen könnte. Das Bild von Landschaften, die noch der Biber gestaltet. Das Bild von gelben, besonnten Rohrlichtungen, in denen die Wapitis ruhen. Das Bild von stillen Wasserflächen, in denen sich der Elch spiegelt, der vom Seeboden die Pflanzen abweidet. Die anderen, die dramatischeren Bilder von den wipfelhohen Geysir-Fontänen, den brodelnden Schlammbecken und den schillernden Terrassen der heißen Quellen dürften auch den alten Jäger überwältigt haben.

Als Boone nach seiner Rückkehr gefragt wurde, ob er bis zu den Quellen des Missouri gelangt sei und gar bis zur kontinentalen Wasserscheide, antwortete er knapp: »Ja, und weiter!« Cooper muß davon Wind bekommen haben; denn er läßt auch seinen alten Natty Bumppo die ganze Weite der Prärie bis zu den Rocky Mountains durchstreifen. Bis dorthin aber sind die Nachrichten über den frühen und prominenten Reisenden Daniel Boone bis heute nicht gedrungen. Als ich für unseren Film mit Karlheinz Baumann 1988 beim Trappertreffen in Fort Bridger war und der Kuratorin Linda Newman von Boone erzählte, war sie in heller Aufregung: »Der alte Mann«, erzählte ich ihr, »will sogar den Ozean gesehen haben. Man vermutet aber, daß er nur bis zum Großen Salzsee gelangt ist und ihn für den Pazifik gehalten hat.«

Wenn der alte Lederstrumpf also so weit gekommen ist, dann wäre er der erste weiße Mann in diesem Territorium gewesen – sieben Jahre vor Jim Bridger, der 1822 als Mitglied der Ashley-Henry-Pelzhandelsgesellschaft nach dem Westen kam. Boone hätte noch vor Bridger das wunderbare

Tal des Green River gesehen und auch im heutigen Utah den Großen Salzsee, dessen Entdeckung Bridger für sich beansprucht. Wie Boone hielt auch er ihn für einen »Arm des Pazifiks«, als er ihn, dem Lauf des Bear River folgend, zum erstenmal sah. In Wyoming und Utah sollten Historiker der Sache nachgehen. In Staaten mit einer so kurzen »weißen« Geschichte ist eine Entdeckungsgeschichte, die sieben Jahre früher beginnt, als man bislang glaubte, eine ganz bedeutende Sache.

21. Kapitel

Als die kleine Reisegesellschaft im Laufe des Jahres 1816 und noch vor Beginn des Herbstes in das vertraute Femme Osage-Tal zurückkehrte, war es höchste Zeit für Daniel Boone, Dr. John Jones aufzusuchen. Auf dem langen Ritt war eine Alterstuberkulose schlimmer geworden. Sein Körper war anfällig und vor allem auch ruhebedürftig. Die überwältigenden Eindrücke, die er von den Landschaften im Westen, dem Wildreichtum dort und den berittenen Jägernomaden auf den Ebenen gewonnen hatte, regten den noch immer begeisterungsfähigen alten Mann aber zu einem letzten Versuch an, etwas von seiner Lebenswanderung für die Nachwelt festzuhalten. Dr. Jones war der gebildete Ehemann einer seiner Enkeltöchter und gern bereit, für die Dauer der Heilbehandlung und darüber hinaus zu notieren, was »Großvater« Boone, wie ihn die Verwandtschaft seit einigen Jahren nannte, für berichtenswert hielt. Er war jetzt, entgegen seinen früheren Gewohnheiten, recht mitteilsam geworden und eine unerschöpfliche Quelle von Geschichten vor allem für die Enkelkinder.

Wir hätten über die Reise und andere Erlebnisse Daniels vielleicht also doch mehr erfahren, wäre nicht auch das andere, noch unfertige Manuskript nach dem Tod von Dr. Jones im Jahre 1848 verlorengegangen. Vielleicht wird irgendwann einmal auf irgendeinem Dachboden der Staub von den verschollenen Blättern heruntergeblasen, und wir werden mehr über Boones Leben erfahren und die Irrtümer all der Autoren, die sich wie ich mit ihm und seiner Zeit abmühten. Aus den letzten Lebensjahren ist nur ein magerer Brief erhalten geblieben, der neben der einmal mehr abenteuerlichen Rechtschreibung zeigt, daß unser Held, dessen Kathedrale immer der Wald gewesen war und der keine der verschiedenen religiösen Überzeugungen von Herzen geteilt hatte, nun am Ende doch dem christlichen Gottesbegriff zuneigte und in der Bibel las. Jedenfalls schrieb er am 19. Oktober 1816 an Sarah, die Frau seines im selben Jahr 88jährig verstorbenen Bruders Samuel:

»Liibe Schwester
Mit Vergneugen Las ich einen brieff von deinem Son Samuel Boone, der mich informerte, das du noch am Lebben bist und bei guter Gesundheit, in abetracht deines Alters. Ich schreibbe dir um dich wissen zu laasen ich habe dich Nicht vergessen und dich über meine eigene situation zu informiren. Naach dem tod deiner Schwester Rabacah lebbe ich mit Flanders Calaway Aber bin zur Zeit in meines sones Nathans und bei annehmbarer Gesundheit du kannst meine Gefühle verstehen vermute ich als wären es die deinen da wir uns So Nahe im Alter sind und ich muß dir Nicht über unsere Sittuation schreiben zumal Samul Bradley oder James grimes dich über Alle umstende in bezug auf unsere familie und wie wir in dieser Welt leeben und welche Aussicht wir in der nächsten [Zukunft! *Verf.*] haben... für meinen Teil bin ich so ingerant wie ein kind alle die Relegon die ich habe ist Goot zu Lieben und zu fürchten an Jeses Christ zu glauben und meinen Nachtbarn und mir selbst alles Gut zu tun das ich kann und so wenig wie ich kan Leid zu tun und für den rest auf Gottes Gnaade zu vertrauen und ich glaube Gott macht es daß niemals einen meiner Prinzipen verlorenging und ich schmeichle mich Liebe Schwester daß du wohl auf deinem christlichen Weg bist, gebe meine Liebe zu allen deinen Kindern und allen meinen freunden, farewohl meine Teure schwester Daniel Boone.
Frau Sarah Boone
N.B. Ich Laaß gestern einen brif von Schwester Hanah peninston von ihrem Großson Dal Ringe. Sie und alle ihre kinder sind zur Zeit Wohlauf DB.«[7]

Daniel Boone hatte mit Coopers Romanhelden Natty

Bumppo die schlichte Gläubigkeit gemeinsam, und vielleicht glaubte er auch an eine göttliche Buchhaltung, die dem Menschen am Ende des Lebensweges präsentiert werden würde. Er bemühte sich um eine ausgeglichene Bilanz. Noch einmal verkaufte er ein größeres Gebiet, das an den Besitz seines Sohnes Daniel Morgan grenzte, um mit dem Erlös letzte Schulden in Kentucky zu tilgen – oder was er für Schulden hielt, denn ordentliche Aufzeichnungen darüber führte er ja nicht. Er nahm sich für das folgende Jahr eine Reise nach Kentucky vor, zu der es jedoch beinahe schon nicht mehr gekommen wäre. Während eines Jagdausfluges im Winter des Jahres 1817 wurde der alte Mann so krank, daß sein Enkel James ihn in die Blockhütte seiner Großtochter Van Bibber schaffen mußte, die nahe am Loutre-Fluß lag. Sie benachrichtigte Nathan.

Nathan kam mit einem Sarg, den er in aller Eile hatte anfertigen lassen – und sah sich herber Kritik ausgesetzt. Der Alte hatte sich mit Hilfe eines reisenden Doktors wieder erholt und befand als talentierter Zimmermann, der er ja war, daß diese Arbeit ohne Qualität sei. Sobald er vollends bei Kräften war, ließ er nach seinen Vorstellungen einen neuen Sarg aus dem Holz der Wildkirsche anfertigen und überwachte die Arbeit streng. Der neue Sarg wurde unter seinem Bett verstaut. Der andere fand aktuellere Verwendung.

Im Sommer 1817 war Daniel Boone wieder rüstig genug, um auf sein Pferd »Old Roan« zu klettern und noch einmal in das ferne Kentucky zu reiten. Dort fanden sich genügend Gläubiger, so daß ihm von seinem Landverkauf bei seiner Rückkehr ganze 50 Cent in seiner Tasche verblieben.

Er brauchte auch nicht mehr viel. Chester Harding, der Maler, dem die Nachwelt eines der beiden Porträts »nach dem Leben« verdankt, fand den 86jährigen Mann allein in seiner spartanischen Blockhütte nahe dem Missouri. Er war umgeben von den Dingen, die man für das einfache Leben benötigte, das er die meisten Jahre geführt hatte.

Harding war von Bewunderern Boones in St. Louis beauftragt worden, ein Porträt des Pioniers zu malen, mußte jedoch auf seinem Ritt in das Femme Osage-Tal feststellen, daß viele Leute dort nicht wußten, wer Boone war, und wo er wohnte: »Ich entdeckte, daß man um so weniger von ihm wußte, je näher ich seiner Behausung kam. Als ich weniger als zwei Meilen von seinem Haus entfernt war, bat ich einen Mann, mir zu sagen, wo Colonel Boone lebe. Er sagte, er wisse nichts von einem solchen Mann. ›Wieso? Doch, du kennst ihn‹, sagte seine Frau. ›Es ist der weißhaarige alte Mann, der auf dem Grund und Boden nahe dem Fluß lebt!‹ Eine gute Illustration des Sprichwortes, nach dem der Prophet in eigenen Land nichts gilt.

Ich fand das Objekt meiner Suche damit beschäftigt, seine Mahlzeit zu kochen. Es lag in seiner Schlafkoje nahe dem Feuer und hatte ein großes Stück Wildbret um seinen Ladestock gewunden und war dabei, es über dem lebhaften Feuer zu wenden und es mit Salz und Pfeffer zu würzen. Ich erläuterte ihm die Angelegenheit, und er war damit einverstanden, mir zu sitzen. Er war 90 Jahre alt und recht gebrechlich; seine Erinnerung an vergangene Ereignisse war ziemlich beeinträchtigt, indessen amüsierte er mich jeden Tag mit neuen Anekdoten aus seinem früheren Leben. Ich fragte ihn eines Tages, unmittelbar nach der Schilderung einer seiner langen Jagden, ob er sich ohne Kompaß denn nie verirrt habe. ›Nein‹, sagte er, ›ich kann nicht sagen, daß ich mich jemals verirrt hätte, aber ich war einmal für drei Tage in Verwirrung…‹«[8]

Chester Harding malte das einzige Bild, für das Boone je Porträt gesessen hatte. Das Bild läßt Todesnähe vielleicht noch nicht ahnen. Und doch war der Tod Boones nächster Besucher.

Wenige Wochen, nachdem Harding mit seinen Skizzen fortgeritten war, unternahm Daniel Boone einen Ritt zu seiner geliebten Tochter Jemima und deren Mann, Flanders Callaway. Als er ankam, fühlte er sich krank, und sie mußten ihn ins Bett packen. Kaum, daß er sich wieder erholt hatte, drängte es ihn, nach Hause zu reiten – das war diesmal nicht das Blockhaus, das Harding besucht hatte, sondern jener stattliche Steinbau, den er zusammen mit Nathan errichtet hatte. Ein paar Tage lang ging es ihm wieder besser, und er war unvernünftig genug, sich den Bauch mit Süßkartoffeln zu füllen, die er besonders gern aß. Er erkrankte am 23. September ein zweites Mal und diesmal so schwer, daß sie den bewährten Dr. Jones riefen. Aber Daniel wollte sich nicht mehr helfen lassen. Es sagte: »Ich bin zum letzten Mal krank. Ich fürchte mich nicht zu sterben.«

Er starb am Morgen des 26. September 1820, als die Sonne noch hinter den Uferhügeln des Missouri stand. Einen Tag lang hatten die Angehörigen in dem großen Steinhaus den Toten für ihre Trauer allein. Sie kleideten ihn in seinen befransten Jagdrock, zogen den Kirschholzsarg, der vor Daniels Augen noch Gnade gefunden hatte, unter dem Sterbelager hervor und betteten ihn hinein. Am nächsten Tag fuhren sie den Leichnam zum Haus von Jemima und Flanders Callaway, das nahe bei Rebeccas Grab stand.

Es zeigte sich nun, daß Chester Hardings Eindruck falsch gewesen war. Boone war nie einsam gewesen, auch in seinen letzten Lebensjahren nicht. Er hatte nur oft die Einsamkeit gesucht. Und das war etwas anderes. Die Nachricht vom Tod des großen Pioniers brachte im Femme Osage-Distrikt außer den Verwandten so viele Freunde und Bewunderer auf die Beine, daß das Haus der Callaways für die große Trauergemeinde viel zu eng wurde. So entschieden sie sich, den Trauergottesdienst mit Pfarrer James Craig im Freien vor einer 30 Schritte entfernten Scheune abzuhalten, in deren Eingang sie den offenen Sarg aufgebahrt hatten. Nach dem Gottesdienst bewegte sich eine lange Prozession etwa eineinhalb Kilometer bis zu jener Erdbank über dem Missouri-Schwemmland, wo Rebecca unter den Ulmen des Familienfriedhofs begraben lag. Der Sarg hätte zu ihrer Rechten in den Boden gesenkt werden sollen. Dort befand sich aber schon eine Grabstelle. An ihrer linken Seite war der Boden felsig. So hoben sie das Grab zu Rebeccas Füßen aus. Mehrere hundert Menschen entboten an diesem und den folgenden Tagen dem Toten einen letzten Gruß. Und viele erinnerten sich daran, daß er ihrer Existenz in diesem neuen Land den Boden bereitet hatte.

Auch in Kentucky, das ihn so schnöde behandelt hatte, erinnerte man sich viele Jahre später daran. Im Jahre 1845 faßte die gesetzgebende Versammlung in Frankfort den Entschluß, Daniel Boone und seine Frau Rebecca heimzuholen, sie in der Erde Kentuckys zu begraben und mit einem stolzen Monument zu ehren. Obwohl die beiden großen Pioniere in ihrem Leben wohl ebensoviel für Missouri getan hatten, setzte sich die Delegation aus Frankfort dort mit ihrem Wunsch nach Exhumierung und Überführung der beiden Toten durch. Die Politiker in Missouri waren ohnehin ziemlich undankbar. Über dem Grab am Teuque Creek gab es nur einen bescheidenen Stein, den ein Verwandter der Boones, David Bryan, aus eigener Tasche bezahlt hatte. Der Staat hatte da nichts investiert, sollte auch später nichts einsetzen, als es darum ging, das alte Steinhaus im Tal der Osagenfrau der Nachwelt zu erhalten.

Als die Delegation aus Kentucky also im Jahre 1845 auf dem kleinen Friedhof erschien, um die Gräber zu öffnen, zeigte ihnen Susannah Bryan, ein Enkelkind der beiden Toten, die Stelle, während Alonzo Callaway, ein ehemaliger Sklave von Flanders Callaway, bei der Exhumierung half. Er bestätigte später, daß sie ein Skelett an Rebeccas Seite ausgegraben hätten – nicht aber zu ihren Füßen, wo Daniel beerdigt lag. Rebecca lag noch in ihrem guterhaltenen Sarg. Von Daniels solidem Kirschholzsarg aber war merkwürdigerweise nichts mehr übrig, obwohl er doch erst sieben Jahre später in die Erde gesenkt worden war. Niemand schöpfte Verdacht, man könnte an der falschen Stelle gegraben haben. Die Delegation reiste mit den Toten den langen Weg nach Kentucky zurück. Um diese Zeit wäre Daniel Boone, wenn er denn wirklich im Boot war, in ein Land »ohne Ellbogenraum« gekommen. Kentucky hatte

schon über 70 000 Einwohner, das alte Virginia gar die zehn-
fache Größe, und in North Carolina, wo Boone seinen Weg
in die Wildnis aufgenommen hatte, betrug die Zahl der
Einwohner 300 000.

In Frankfort war der Trauerzug für die vermeintlich
Heimgekehrten dreieinhalb Kilometer lang. Sie erhielten
ein Begräbnis mit allen Ehren, mit Flaggenschmuck, mit
Reden und Salutschüssen. Das Geld für das teure Denkmal
aber brachte man erst 35 Jahre später zusammen.

Es kann gut sein, daß die Kentuckyer nur Rebecca und
einen unbekannten Toten neben ihr ehrten. In unserer Zeit
untersuchte ein Mediziner den Gipsabguß vom Schädel des
Skeletts, das in Frankfort liegt. Aus den Charakteristiken
schloß er bündig, daß an der Seite Rebeccas die sterblichen
Überreste eines Schwarzen begraben lägen. Wie beschließt
James Fenimore Cooper seinen Roman »Die Prärie«? Er läßt
ihn mit dem Satz enden: »Möge keine rohe Hand je seine
Ruhe stören«.

Die Erben von Cooper,
Natty Bumppo und Chingachgook

James Fenimore Cooper hat Daniel Boone mit seinem »Lederstrumpf« ein Denkmal gesetzt, das die Erinnerung an ihn in einer Weise wachhält, wie es die beiden Gedenksteine in Missouri und Kentucky nicht könnten. Sie sind allenfalls von lokaler Anziehungskraft. Coopers Romane aber wurden ein Welterfolg. Im Europa des 19. Jahrhunderts lösten sie manchen Entschluß zur Auswanderung nach dem Pionierland Amerika aus. Und wer zu Hause blieb, der träumte von Freiheiten, für die in seiner Heimat und in seinem Leben kein Platz war.

Vor 1848, als es in Deutschland und vielen seiner Nachbarstaaten an bürgerlichen Freiheiten fehlte, waren die »Lederstrumpf«-Erzählungen Lesestoff der Erwachsenen. Angesichts der Enge in den Städten und Dorfgemeinden, der Fesseln, die Gesellschaft, Beruf und Familie auferlegten, bestand für viele Leser der Reiz der Romane nicht nur in den Abenteuern, die Cooper ersonnen hatte, sondern vor allem in der leisen Botschaft vom abenteuerlichen Leben im Einklang mit der Natur, vom mutigen Einstehen für eine schlichte Auffassung von Gerechtigkeit und schließlich vom Glück, niemandem verpflichtet zu sein als Gott und sich selbst.

Als mit der Entwicklung demokratischer Freiheiten das Interesse erwachsener Leser nachließ, paßten Verleger den »Lederstrumpf« der Aufnahmefähigkeit der Jugend und ihren Bedürfnissen an. In Deutschland begann damit bereits im Jahr 1845 der Buchhändler Franz Hoffmann. Ihm gelang die Zähmung des »Wildtöters«, seiner Gefährten und Feinde so vollkommen, daß die Jugendbücher die politischen Wechselfälle bis zum heutigen Tag überdauerten. Junge

Menschen fühlten sich von ihrem Helden verstanden, wenn sie insgeheim oder offen gegen die Regeln und Grenzen rebellierten, die ihnen Eltern, Lehrer und Lehrherren aufzwangen. Die Erwachsenen andererseits konnten nichts gegen die Bücher haben, die zur Bedürfnislosigkeit und zum Heldentum erzogen. Auch in der Nazizeit wurde Cooper geduldet. Das bißchen Freundschaft zwischen einem Weißen und einem Farbigen war nicht gefährlich. Indianer genossen ohnehin seit Karl May eine Sonderstellung in Deutschland. Da wollte man nicht kleinlich sein.

In 100 Jahren wurden vermutlich gut 100 Millionen »Lederstrumpf«-Bücher aufgelegt. Diese Zahl erfuhr ich von Henry Cooper, einem direkten Nachfahren des Schriftstellers, der nichts davon hat, weil kein Verleger mehr für eine Neuauflage bezahlen muß. Während eines Besuches in der Sowjetunion erzählte man Henry Cooper, daß dort über 25 Millionen Exemplare nach 1917 gedruckt wurden. Auch seien Jugendliche *und* Erwachsene die Leser. Den Verdacht, dieser Erfolg habe vielleicht mit ähnlichen Motiven zu tun wie bei uns vor 1848, wiesen Coopers Gesprächspartner zurück. Rußland sei in weiten Gebieten noch immer ein Land der Pioniere, und das hielte das Interesse der Sowjetbürger am »Lederstrumpf« wach.

Leider haben die meisten von Coopers neueren Verlegern bislang die Kosten einer kompetenten dramaturgischen und sprachlichen Renovierung der Erzählungen gescheut. Dabei hatte schon Mark Twain seine Mühe mit der Lektüre: »Ein Kunstwerk?« fragte er ironisch. »...Sein Humor, sein Pathos, seine Wege sind seltsam; seine Unterhaltungen – oh, unbeschreiblich... Sein Englisch ist ein Verbrechen gegen die Sprache. Dies alles nicht gezählt, ist, was übrig bleibt, Kunst. Ich denke, das müssen wir alle zugeben.«[1]

Lederstrumpf hätte den bissigen Mark Twain an den Marterpfahl gebunden! Und ob es dem Schöpfer von Tom Sawyer und Huckleberry Finn nun gefiel oder nicht – in Amerika ist es neben ihm nur Cooper gelungen, mit Natty Bumppo und Chingachgook zwei unsterbliche Gestalten zu schaffen. Und in aller Welt gab es Menschen, die Coopers Helden nachstrebten.

Wir überspringen die Zeit um 150 und mehr Jahre und betreten eine Szene, die von Pfadfindern, Kundschaftern, Fallenstellern, Hinterwäldlern und Mountain Men beherrscht wird. Ein paar Ute- und Oglala-Indianer vertreten hier, in Wyoming, die letzten Mohikaner. Lange Büchsen, farbige Perlarbeiten, Quiltwork, Lederwämse und Pelzkappen, Indianerponys und bepackte Hunde zwischen Tipis und Palisaden lassen das Auge nicht zur Ruhe kommen. Aber es riecht hier nicht sauer nach dem Schweiß ungewaschener Körper und auch nicht ranzig nach dem Fett im Haar der Indianer. Wenn weiße Männer hier schießen, dann nicht auf Logans wehrlose Familie im Kanu, sondern auf Scheiben, und wenn sie das Skalpmesser zücken, dann, um über das Alter und den Grad der Abgenutztheit ihrer Antiquität zu streiten. Vergessen sind die Blutsäufereien aus drei Jahrhunderten. Konfliktfrei lebt man die romantische Seite der amerikanischen Tradition. Wir befinden uns im Jahr 1988, bei einem Rendezvous in Fort Bridger, am Rand der Rocky Mountains.

Der Name Rendezvous stammt aus den Tagen William Ashleys und der Rocky Mountains Fur Company, die im Jahre 1825 in den zentralen Bergen, meist an einem Arm des Green River, die ersten Treffen veranstaltete, wo Händler, Trapper und Indianer ihre winterliche Fellausbeute gegen Pulver, Blei, Fangeisen, Messer, Tabak, Schnaps, Zucker, Kaffee und andere Vorräte eintauschten oder verkauften. Von den Freiheiten und Risiken jener Zeit können die Menschen hier nichts mehr erfahren. Aber wenigstens für Stunden und Tage wollen sie in den Mokassins eines Lederstrumpfs stehen, aufgehoben sein im Zeltkreis der Gleichgesinnten und gewärmt von den Sympathien der Brüder im Geiste. 1 500 Mountain Men- und Trapper-Treffen gibt es jedes Jahr in den Vereinigten Staaten, auf denen gut 250 000 Männer und Frauen zusammen Pionierzeit leben.

Einige wagen in den entlegenen Falten der Berge sogar

ständig ein Dasein in Blockhaus und Tipi, halten ein Leben in der rauhen Landschaft für weniger gefährlich als eine gesicherte Existenz in den Städten. Aus dem vollen schöpfen sie nicht. Dafür genießen sie die Wiederentdeckung der Kenntnisse und Fähigkeiten früherer Generationen und auch, was Natur in Amerika noch immer zu bieten hat – Stille, Weite, Schönheit, Einsamkeit. Sie pflanzen ein wenig Gemüse und Korn an, backen ihr eigenes Brot, schießen sich mal ein Kaninchen, eine Pronghorn-Antilope und, wenn es hochkommt, einen Maultierhirsch. Für weitere Lebensmittel sowie Hausrat und Munition müssen sie ihre Perlen- und Lederarbeiten auf den Trapper-Treffen verkaufen. Ein eindrucksvoller Rückzug. Dennoch fragt man sich, ob es all diesen neuen Wildnisleuten oft nicht mehr um die Daseinsform als um den Daseinsinhalt geht.

Daniel Boone, seine Zeitgenossen und die Mountain Men einer späteren Generation waren leidenschaftliche Jäger, Abenteurer, Entdecker und Kämpfer. Sie zerstörten die Wildnis, töteten oder verdrängten die Indianer. Heute sind Bisons und Bären nur noch geheiligte Monumente der Natur, die Shawnee- und Delaware-Indianer leben im fernen Oklahoma und sind dort in ihrer Stammesidentität kaum noch auszumachen. Ein Brückenschlag zwischen Weißen und Indianern ist – trotz Natty Bumppo und Chingachgook – nie erfolgreich gewesen. Auf den Treffen sind die Indianer immer noch selten und, wenn sie denn kommen sollten, meist isoliert und nur Dekoration der Paraden.

Aber schließen wir versöhnlich. Das alles kann sich ändern. Die Rendezvous in Fort Bridger, die Blockhäuser in den Bergen, die Wiederentdeckung der Pionierzeit sind Ausdruck einer Sehnsucht, die in unserer Zeit größer ist, als sie es je war – der Sehnsucht nach Harmonie mit der Natur, die Cooper in seinen Erzählungen anmahnt. Vielleicht gelingt es ja doch noch, Wunsch und Wirklichkeit miteinander in Einklang zu bringen.

Zeittafel

1734 Daniel Boone wird am 22. Oktober in Exeter Township, Berk's County, Pennsylvania, geboren.

1755 Am 9. Juli wird der britische General Braddock mit seinen Truppen von Franzosen und Indianern vernichtend geschlagen. Boone und George Washington, die beide auf Seiten der britischen Truppen sind, lernen eine erste Lektion von der Überlegenheit indianischer Taktik an der Pioniergrenze. Sie kommen mit dem Leben davon.

1756 Ausbruch des Kolonialkriegs zwischen Frankreich und England in den amerikanischen Besitzungen. General Montcalm nimmt das Fort William Henry. (Historischer Rahmen der »Wildtöter«-Erzählung.)

1759 Die Engländer unter General Wolfe erobern Quebec.

1763 Der Kolonialkrieg endet mit dem Pariser Frieden. Frankreich muß Kanada an England abtreten, Louisiana an Spanien. – Der bei den Ottawa lebende Catawba-Sioux Pontiac beginnt einen Indianeraufstand gegen die Briten.

1764 Boone unternimmt von North Carolina aus erste Streifzüge, die nach Kentucky hineinführen.

1765 Boone geht nach Florida und kauft bei Pensacola Land.

1769 Boone bricht mit fünf Gefährten nach Kentucky auf, das von der Krone den Indianern garantiert wurde. Er erkundet Kentucky für eine spätere Besiedlung.

1773 Boone führt einen Siedlertreck nach Kentucky, der aber scheitert.

1774 Angesichts eines drohenden Indianeraufstandes holt Boone 30 Landvermesser aus Kentucky nach Virginia zurück. Der folgende Indianerkrieg gipfelt in der

Schlacht am Großen Kanawha, die für die Shawnee und ihre Verbündeten unter Häuptling Cornstalk verlorengeht.

1775 Richard Henderson gründet die Transylvania Company und verhandelt mit Boones Hilfe erfolgreich mit den Cherokee um den Besitz Kentuckys. Boone führt Siedler über den von ihm eröffneten Wilderness Road nach Kentucky. Boonesborough wird gegründet.

1776 Beginn des Unabhängigkeitskrieges. Die Shawnee und ihre Verbündeten kämpfen für die englische Partei. Erster Angriff auf Boonesborough.

1778 Boone wird mit 30 Mann von den Shawnee gefangengenommen. Während die meisten Männer an die Engländer ausgeliefert werden, bleibt er bei den Indianern als Adoptivsohn von Häuptling Blackfish. Er flieht, als er von dem beabsichtigten Angriff der Indianer auf Boonesborough erfährt und nimmt an der erfolgreichen Verteidigung des Forts teil.

1780 Boone wird Oberst der Miliz und Bezirksvermesser
/81 von Fayette County. Er vertritt den Bezirk auch bei der gesetzgebenden Versammlung in Virginia. – Boones Bruder Edward wird von Indianern getötet.

1782 Indianer unter englischer Führung beginnen einen Feldzug gegen Kentucky, der in der Schlacht an den Blue Licks gipfelt. Die Indianer siegen. Boones Sohn Israel ist unter den 77 Toten. – Christianisierte Indianer werden in der Mission Gnadenhütten von Miliztruppen abgeschlachtet. – George Rogers Clark unternimmt einen Rachefeldzug gegen die Indianer und zerstört Old Chillicothe. – Daniel Boone zieht aus Boonesborough fort und wird Händler und Landvermesser in Limestone (Maysville) am Ohio.

1789 James F. Cooper wird am 15. September in Burlington, New Jersey, geboren. Boone zieht ins heutige West-Virginia (Kanawha County).

1790 Boone erleidet große Landverluste. – Little Turtle,

Häuptling der Miami, führt die Indianer gegen General Harmar und schlägt die Amerikaner vernichtend.

1791 Little Turtle und Blue Jacket schlagen eine zweite amerikanische Invasionstruppe unter General St. Clair vernichtend.

1794 General »Mad« Anthony Wayne besiegt die Indianer bei Fallen Timber und zerstört ihre Ernten.

1795 Daniel Boone zieht zum Brush Creek und siedelt auf einem Stück Land seines Sohnes Daniel Morgan.

1799 Boone verläßt das damalige Gebiet der Vereinigten Staaten und wandert nach Ober-Louisiana aus, das im Besitz der Spanier ist.

1800 Boone wird Richter im Femme Osage-Tal und Treuhänder von Siedlungsland.

1802 James F. Cooper geht bei New Haven aufs Yale-College.

1803 Napoleon verkauft Ober-Louisiana, das inzwischen an Frankreich übergegangen ist, an die Vereinigten Staaten.

1804 Die Amerikaner erkunden das neue Staatsgebiet. Jefferson schickt eine Expedition unter Lewis und Clark bis zum Pazifik.

1805 James F. Cooper verläßt das College und tritt als Midshipman in die Marine ein. – Der Shawnee-Häuptling Tecumseh beginnt mit seinem Einigungswerk unter den Indianern.

1811 James F. Cooper zieht auf das Landgut seines Vaters bei Cooperstown am Otsego-See (Bundesstaat New York). – Bei Tippecanoe werden die Indianer von Gouverneur Harrison geschlagen. Tecumsehs Einigungswerk ist in Gefahr.

1812 Ein zweiter Krieg zwischen England und Amerika beginnt. Tecumseh führt die Indianer auf die Seite der Engländer.

1813 In der Schlacht an der kanadischen Themse werden die Briten geschlagen. Tecumseh fällt. – Rebecca Boone stirbt im Femme Osage-Tal.

1816 Boone begibt sich auf eine letzte große Erkundungs-
reise, die ihn vermutlich bis ins Yellowstone-Gebiet
und zum Großen Salzsee führt.

1820 Am 26. September stirbt Daniel Boone in Missouri.

1823 Coopers Roman »Die Ansiedler« erscheint.

1826 Cooper veröffentlicht mit »Der letzte Mohikaner«
seinen zunächst erfolgreichsten Roman. Der Autor
reist nach England und Frankreich.

1827 Die »Lederstrumpf«-Erzählungen werden mit dem
Roman »Die Prärie« vorläufig abgeschlossen.

1829 Die Indianererzählung »Die Grenzbewohner oder
Die Beweinte von Wish-ton-Wish« erscheint. Cooper legt sein Amt als Konsul in Lyon nieder. Er besucht Dresden, anschließend die Schweiz und Ita-
lien.

1831 Cooper kehrt in die Vereinigten Staaten zurück,
schreibt auf seinem Besitz bei Cooperstown Erzählungen und Reiseskizzen.

1840 Cooper veröffentlicht den zweiten Teil der »Lederstrumpf«-Erzählungen, und zwar »Die Pfadfinder«,
ein Jahr darauf erscheint »Der Wildtöter«.

1844 Cooper erkrankt an Wassersucht.

1845 Daniel Boone wird nach Kentucky überführt und
erhält ein Staatsbegräbnis. Ob er in Frankfort begraben liegt, ist unsicher.

1851 Am 24. September stirbt James F. Cooper in Cooperstown. Sein Werk umfaßt zu dieser Zeit neben anderen Veröffentlichungen 35 Romane.

1880 Daniel Boone wird in Frankfort, Kentucky, ein
Denkmal gesetzt.

Quellen und Anmerkungen

Auf den Spuren von Coopers Lederstrumpf

1 Fielder, Leslie A.: *Liebe, Sexualität und Tod*, Berlin 1960, S. 156
2 Railton, Stephen: *Fenimore Cooper, A Study of his Life and Imaginations*, Princeton 1978, S. 90
3 *Ebenda*, S. 91
4 *Ebenda*, S. 91

I. Teil. Daniel Boone, der Wildtöter

1 Fielder, Leslie A.: *Liebe, Sexualität und Tod*, Berlin 1960, S. 157 f.
2 Gagern, Friedrich von: *Das Grenzerbuch*, Berlin 1927, S. 160
3 *Ebenda*, S. 159
4 Filson, John, Adventures of Col. Daniel Boon, On of the Original Settlers at Kentucke, In: *The European Magazine*, Oct. 1790, S. 247 ff.
5 *Ebenda*, S. 247 ff.
6 *Ebenda*, S. 247 ff.

II. Teil. Logan, ein Mann wie der letzte Mohikaner

1 Filson, John, Adventures of Col. Daniel Boon, On of the Original Settlers at Kentucke, In: *The European Magazine*, Oct. 1790, S. 247 ff.

III. Teil. Die Ansiedler von Kentucky

1 Lofaro, Michael A.: *The Life and Adventures of Daniel Boone*, Lexington 1986, S. 44 f.

2 Präsentation von Dokumenten in: *Museum of the Cumberland Gap National Historical Park*, Kentucky
3 Lofaro, Michael A.: *The Life and Adventures of Daniel Boone*, Lexington 1986, S. 47
4 Präsentation von Dokumenten in: *Museum of the Cumberland Gap National Historical Park*, Kentucky
5 Lofaro, Michael A.: *The Life and Adventures of Daniel Boone*, Lexington 1986, S. 48
6 Isenberg, Col. James L.: *George Rogers Clark*, Harrodsburg 1927, S. 19
7 Faksimile von »Clark's Diary«, *Harrodsburg State Historical Society*

IV. Teil. Pfadfinder, Falkenauge und Lange Büchse
1 Lofaro, Michael A.: *The Life and Adventures of Daniel Boone*, Lexington 1986, S. 74
2 *Ebenda*, S. 93
3 *An Eyewitness Account of the Battle of Blue Licks*, Kentucky 1985, S. 4
4 *Ebenda*, S. 4
5 *Ebenda*, S. 4
6 *Ebenda*, S. 1
7 *Ebenda*, S. 2
8 *Ebenda*, S. 2 f.
9 *Ebenda*, S. 5
10 Lofaro, Michael A.: *The Life and Adventures of Daniel Boone*, Lexington 1986, S. 105
11 *Ebenda*, S. 108 f.
12 *Ebenda*, S. 109
13 *Ebenda*, S. 110
14 *Ebenda*, S. 113

V. Teil. Über den Mississippi in die Prärie
1 Zeugnis des französischen Gelehrten Volney, Philadelphia 1797
2 Lofaro, Michael A.: *The Life and Adventures of Daniel Boone*, Lexington 1986, S. 119

3 Andrae, Rolla P.: *A True, Brief History of Daniel Boone,* Defiance, 1985, S. 40

4 Audubon, John James: *Delineations of American Scenery and Charactre, ed.* Francis H. Herrick, New York 1926

5 *Ebenda*

6 Lofaro, Michael A.: *The Life and the Adventures of Daniel Boone,* Lexington 1986, S. 128

7 Andrae, Rolla, P.: *A True, Brief History of Daniel Boone,* Defiance 1985, S. 47

8 Harding, Chester: *My Egotistigraphy,* Cambridge, Mass. 1866

Die Erben von Cooper, Natty Bumppo und Chingachgook

1 *North American Review,* LXI, Juli 1985

Dank

Mit Hilfe, mit Anregungen, Ermutigungen, Wissen und Kritik haben mir bei der Verwirklichung dieses Buches auf die Sprünge geholfen: James A. Michener in Coral Gables, Florida, dem ich auch das Vorwort verdanke, Beate Pinkerneil und Gudrun Ziegler, die mit ihrer Entscheidung für die Filmidee auch dieses Buch ermöglicht haben. Ferner danke ich Gisela von Wissell und Karlheinz Baumann; USIA, Washington, insbesondere Don McDonough und Alan Botto; Bob Ford und den Mitarbeitern der Fort Harrod Drama Productions; Linda Newman, Kurator im Fort Bridger State Park, und den Mountain Men, die ihre Freunde sind; Fort Clatsop National Park, Oregon, insbesondere Frank Walker und seinen Mitarbeitern; den Verantwortlichen im Fort Boonesborough und Fort Harrod State Park; The Daniel Boone House bei Defiance, Missouri, insbesondere Randall Andrae; dem Staat von New York, insbesondere Mrs. Jones-Takata; Henry Cooper und Hugh C. MacDougall in Cooperstown, New York.

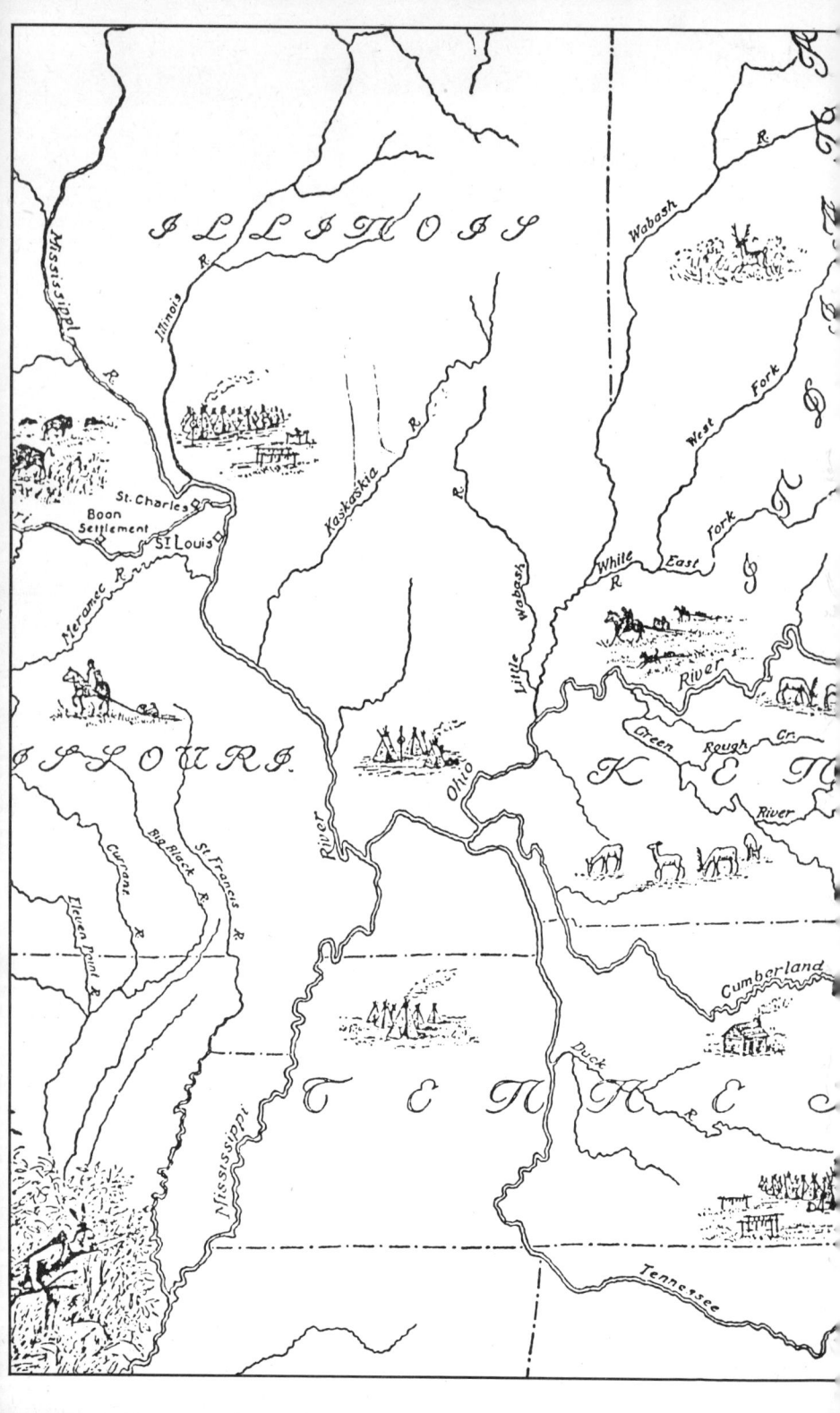